Visuelles Wörterbuch
FRANZÖSICH – DEUTSCH

Visuelles Wörterbuch

FRANZÖSISCH – DEUTSCH

coventgarden

coventgarden
BEI DORLING KINDERSLEY
London, New York, Melbourne, München und Delhi

Lektorat Angeles Gavira
Bildredaktion Ina Stradins
DTP-Design Sunil Sharma, Balwant Singh,
Harish Aggarwal, John Goldsmid, Ashwani Tyagi
DTP-Koordination Pankaj Sharma
Herstellung Liz Cherry
Bildrecherche Anna Grapes
Cheflektorat Liz Wheeler
Chefbildlektorat Phil Ormerod
Programmleitung Jonathan Metcalf

Design für Dorling Kindersley: WaltonCreative.com
Bildbetreuung Colin Walton, Tracy Musson
Gestaltung Peter Radcliffe, Earl Neish, Ann Cannings
Bildrecherche Marissa Keating

Sprachenteil für Dorling Kindersley: g-and-w Publishing
Leitung: Jane Wightwick, **Assistenz:** Ana Bremón
Übersetzung und Lektorat: Christine Arthur
Weitere Unterstützung: Dr. Arturo Pretel, Martin Prill,
Frédéric Monteil, Meinrad Prill, Mari Bremón,
Oscar Bremón, Anunchi Bremón, Leila Gaafar

Für die deutsche Ausgabe:
Programmleitung Monika Schlitzer
Projektbetreuung Kathrin Schmidt
Herstellungsleitung Dorothee Whittaker
Herstellung Anna Strommer

Bibliografische Information Der Deutschen Bibliothek
Die Deutsche Bibliothek verzeichnet diese Publikation
in der Deutschen Nationalbibliografie;
detaillierte bibliografische Daten sind im Internet über
http://dnb.ddb.de abrufbar.

© Dorling Kindersley Limited, London, 2005
Ein Unternehmen der Penguin-Gruppe

© der deutschsprachigen Ausgabe by
Dorling Kindersley Verlag GmbH, München, 2005, 2009
Alle deutschsprachigen Rechte vorbehalten

ISBN: 978-3-8310-9035-8

Colour reproduction by Colourscan, Singapore
Printed and bound at Tlaciarne BB, Slovakia

Besuchen Sie uns im Internet
www.dk.com

table des matières
Inhalt

42
la santé
die Gesundheit

146
sortir manger
auswärts essen

252
le temps libre
die Freizeit

à propos du dictionnaire
über das Wörterbuch

comment utiliser ce livre
die Benutzung des Buchs

les gens 10
die Menschen

l'apparence 28
die äußere Erscheinung

la maison 56
das Haus

les services 92
die Dienstleistungen

les courses 102
der Einkauf

la nourriture 116
die Nahrungsmittel

l'étude 160
das Lernen

le travail 170
die Arbeit

le transport 192
der Verkehr

les sports 218
der Sport

l'environnement 278
die Umwelt

l'information 302
die Information

index 324
Register

remerciements 360
Dank

TABLE DES MATIÈRES • INHALT

les gens •
die Menschen

le corps | der Körper	12
le visage | das Gesicht	14
la main | die Hand	15
le pied | der Fuß	15
les muscles | die Muskeln	16
le squelette | das Skelett	17
les organes internes die inneren Organe	18
les organes de reproduction die Fortpflanzungsorgane	20
la famille | die Familie	22
les relations die Beziehungen	24
les émotions | die Gefühle	25
les événements de la vie die Ereignisse des Lebens	26

l'apparence • die äußere Erscheinung

les vêtements d'enfants die Kinderkleidung	30
les vêtements pour hommes die Herrenkleidung	32
les vêtements pour femmes die Damenkleidung	34
les accessoires die Accessoires	36
les cheveux | das Haar	38
la beauté | die Schönheit	40

la santé •
die Gesundheit

la maladie | die Krankheit	44
le médecin | der Arzt	45
la blessure | die Verletzung	46
les premiers secours die erste Hilfe	47
l'hôpital | das Krankenhaus	48
le dentiste | der Zahnarzt	50
l'opticien | der Augenoptiker	51

la grossesse die Schwangerschaft	52
la naissance | die Geburt	53
les thérapies alternatives die Alternativtherapien	54

la maison •
das Haus

la maison | das Haus	58
les systèmes domestiques die Hausanschlüsse	60
le salon | das Wohnzimmer	62
la salle à manger das Esszimmer	64
la cuisine | die Küche	66
les ustensiles de cuisine die Küchengeräte	68
la chambre das Schlafzimmer	70
la salle de bain das Badezimmer	72
la chambre d'enfants das Kinderzimmer	74
la buanderie der Allzweckraum	76
l'atelier | die Heimwerkstatt	78
la boîte à outils der Werkzeugkasten	80
la décoration | das Tapezieren	82
le jardin | der Garten	84
les plantes de jardin die Gartenpflanzen	86
les outils de jardin die Gartengeräte	88
le jardinage | die Gartenarbeit	90

les services •
die Dienstleistungen

les services d'urgence die Notdienste	94
la banque | die Bank	96
les communications die Kommunikation	98
l'hôtel | das Hotel	100

les courses •
der Einkauf

le centre commercial das Einkaufszentrum	104
le grand magasin das Kaufhaus	105
le supermarché der Supermarkt	106
la pharmacie die Apotheke	108
le fleuriste das Blumengeschäft	110
le marchand de journaux der Zeitungshändler	112
le confiseur der Konditor	113
les autres magasins andere Geschäfte	114

la nourriture •
die Nahrungsmittel

la viande | das Fleisch	118
le poisson | der Fisch	120
les légumes | das Gemüse	122
le fruit | das Obst	126
les céréales et les légumes secs die Getreidearten und die Hülsenfrüchte	130
les herbes et les épices die Kräuter und Gewürze	132
les aliments en bouteilles die Nahrungsmittel in Flaschen	134
les produits laitiers die Milchprodukte	136
les pains et la farine das Brot und das Mehl	138
les gâteaux et les desserts Kuchen und Nachspeisen	140
la charcuterie | die Feinkost	142
les boissons | die Getränke	144

français • deutsch

TABLE DES MATIÈRES • INHALT

sortir manger •
auswärts essen

le café | das Café	148
le bar | die Bar	150
le restaurant | das Restaurant	152
la restauration rapide der Schnellimbiss	154
le petit déjeuner das Frühstück	156
le repas die Hauptmahlzeit	158

l'étude • das Lernen

l'école | die Schule	162
les mathématiques die Mathematik	164
la science | die Wissenschaft	166
l'enseignement supérieur die Hochschule	168

le travail • die Arbeit

le bureau | das Büro	172
l'ordinateur | der Computer	176
les médias | die Medien	178
le droit | das Recht	180
la ferme | der Bauernhof	182
la construction | der Bau	186
les professions | die Berufe	188

le transport •
der Verkehr

les routes | die Straßen	194
le bus | der Bus	196
la voiture | das Auto	198
la moto | das Motorrad	204
la bicyclette | das Fahrrad	206
le train | der Zug	208
l'avion | das Flugzeug	210
l'aéroport | der Flughafen	212
le navire | das Schiff	214
le port | der Hafen	216

les sports •
der Sport

le football américain der Football	220
le rugby | das Rugby	221
le football | der Fußball	222
le hockey | das Hockey	224
le cricket | das Kricket	225
le basket | der Basketball	226
le baseball | der Baseball	228
le tennis | das Tennis	230
le golf | das Golf	232
l'athlétisme | die Leichtathletik	234
les sports de combat der Kampfsport	236
la natation der Schwimmsport	238
la voile | der Segelsport	240
l'équitation | der Reitsport	242
la pêche | der Angelsport	244
le ski | der Skisport	246
les autres sports die anderen Sportarten	248
la forme physique die Fitness	250

le temps libre •
die Freizeit

le théâtre | das Theater	254
l'orchestre | das Orchester	256
le concert | das Konzert	258
le tourisme die Besichtigungstour	260
les activités de plein air die Aktivitäten im Freien	262
la plage | der Strand	264
le camping | das Camping	266
les distractions à la maison die Privatunterhaltung	268
la photographie | die Fotografie	270
los juegos | die Spiele	272
les arts et métiers das Kunsthandwerk	274

l'environnement •
die Umwelt

l'espace | der Weltraum	280
la terre | die Erde	282
le paysage | die Landschaft	284
le temps | das Wetter	286
les roches | das Gestein	288
les minéraux | die Mineralien	289
les animaux | die Tiere	290
les plantes | die Pflanzen	296
la ville | die Stadt	298
l'architecture die Architektur	300

l'information •
die Information

l'heure | die Uhrzeit	304
le calendrier | der Kalender	306
les nombres | die Zahlen	308
les poids et mesures die Maße und Gewichte	310
la carte du monde die Weltkarte	312
particules et antonymes Partikeln und Antonyme	320
phrases utiles praktische Redewendungen	322

français • deutsch

7

à propos du dictionnaire

Il est bien connu que les illustrations nous aident à comprendre et retenir l'information. Fondé sur ce principe, ce dictionnaire bilingue richement illustré présente un large éventail de vocabulaire courant et utile dans deux langues européennes.

Le dictionnaire est divisé de façon thématique et couvre en détail la plupart des aspects du monde quotidien, du restaurant au gymnase, de la maison au lieu de travail, de l'espace au monde animal. Vous y trouverez également des mots et expressions supplémentaires pour la conversation et pour enrichir votre vocabulaire.

Il s'agit d'un outil de référence essentiel pour tous ceux qui s'intéressent aux langues – pratique, stimulant et d'emploi facile.

Quelques points à noter

Les deux langues sont toujours présentées dans le même ordre – français et allemand.

Les noms sont donnés avec leurs articles définis qui indiquent leur genre (masculin, féminin ou neutre) et leur nombre (singulier ou pluriel):

la graine   **les amendes**
der Samen   die Mandeln

Chaque langue a également son propre index à la fin du livre. Vous pourrez y vérifier un mot dans n'importe laquelle des deux langues et vous serez renvoyé au(x) numéro(s) de(s) page(s) où il figure. Le genre est indiqué par les abréviations suivantes:

m = masculin
f = féminin
n = neutre

über das Wörterbuch

Bilder helfen erwiesenermaßen, Informationen zu verstehen und zu behalten. Dieses zweisprachige Wörterbuch enthält eine Fülle von Illustrationen und präsentiert gleichzeitig ein umfangreiches aktuelles Vokabular in zwei europäischen Sprachen.

Das Wörterbuch ist thematisch gegliedert und behandelt eingehend die meisten Bereiche des heutigen Alltags, vom Restaurant und Fitnesscenter, Heim und Arbeitsplatz bis zum Tierreich und Weltraum. Es enthält außerdem Wörter und Redewendungen, die für die Unterhaltung nützlich sind und das Vokabular erweitern.

Dies ist ein wichtiges Nachschlagewerk für jeden, der sich für Sprachen interessiert – es ist praktisch, anregend und leicht zu benutzen.

Einige Anmerkungen

Die zwei Sprachen werden immer in der gleichen Reihenfolge aufgeführt – Französisch und Deutsch.

Substantive werden mit den bestimmten Artikeln, die das Geschlecht (Maskulinum, Femininum oder Neutrum) und den Numerus (Singular oder Plural) ausdrücken, angegeben, zum Beispiel:

la graine   **les amendes**
der Samen   die Mandeln

Am Ende des Buchs befinden sich Register für jede Sprache. Sie können dort ein Wort in einer der zwei Sprachen und die jeweilige Seitenzahl nachsehen. Die Geschlechtsangabe erfolgt mit folgenden Abkürzungen:

m = Maskulinum
f = Femininum
n = Neutrum

français • deutsch

comment utiliser ce livre

Que vous appreniez une nouvelle langue pour les affaires, le plaisir ou pour préparer vos vacances, ou encore si vous espérez élargir votre vocabulaire dans une langue qui vous est déjà familière, ce dictionnaire sera pour vous un outil d'apprentissage précieux que vous pourrez utiliser de plusieurs manières.

Lorsque vous apprenez une nouvelle langue, recherchez les mots apparentés (mots qui se ressemblent dans différentes langues) et les faux amis (mots qui se ressemblent mais ont des significations nettement différentes).

Vous pouvez aussi voir comment les langues se sont influencées.

Activités pratiques d'apprentissage
- Lorsque vous vous déplacez dans votre maison, au travail ou à l'université, essayez de regarder les pages qui correspondent à ce contexte. Vous pouvez ensuite fermer le livre, regarder autour de vous et voir combien d'objets vous pouvez nommer.
- Forcez-vous à écrire une histoire, une lettre ou un dialogue en employant le plus de termes possibles choisis dans une page. Ceci vous aidera à retenir le vocabulaire et son orthographe. Si vous souhaitez pouvoir écrire un texte plus long, commencez par des phrases qui incorporent 2 à 3 mots.
- Si vous avez une mémoire très visuelle, essayez de dessiner ou de décalquer des objets du livre sur une feuille de papier, puis fermez le livre et inscrivez les mots sous l'image.
- Une fois que vous serez plus sûr de vous, choisissez des mots dans l'index de la langue étrangère et essayez de voir si vous en connaissez le sens avant de vous reporter à la page correspondante pour vérifier.

die Benutzung des Buchs

Ganz gleich, ob Sie eine Sprache aus Geschäftsgründen, zum Vergnügen oder als Vorbereitung für einen Auslandsurlaub lernen, oder Ihr Vokabular in einer Ihnen bereits vertrauten Sprache erweitern möchten, dieses Wörterbuch ist ein wertvolles Lernmittel, das Sie auf vielfältige Art und Weise benutzen können.

Wenn Sie eine neue Sprache lernen, achten Sie auf Wörter, die in verschiedenen Sprachen ähnlich sind sowie auf falsche Freunde (Wörter, die ähnlich aussehen aber wesentlich andere Bedeutungen haben).

Sie können ebenfalls feststellen, wie die Sprachen einander beeinflusst haben.

Praktische Übungen
- Versuchen Sie sich zu Hause, am Arbeits- oder Studienplatz den Inhalt der Seiten einzuprägen, die Ihre Umgebung behandeln. Schließen Sie dann das Buch und prüfen Sie, wie viele Gegenstände Sie in den anderen Sprachen sagen können.
- Schreiben Sie eine Geschichte, einen Brief oder Dialog und benutzen Sie dabei möglichst viele Ausdrücke von einer bestimmten Seite des Wörterbuchs. Dies ist eine gute Methode, sich das Vokabular und die Schreibweise einzuprägen. Sie können mit kurzen Sätzen von zwei bis drei Worten anfangen und dann nach und nach längere Texte schreiben.
- Wenn Sie ein visuelles Gedächtnis haben, können Sie Gegenstände aus dem Buch abzeichnen oder abpausen. Schließen Sie dann das Buch und schreiben Sie die passenden Wörter unter die Bilder.
- Wenn Sie mehr Sicherheit haben, können Sie Wörter aus dem Fremdsprachenregister aussuchen und deren Bedeutung aufschreiben, bevor Sie auf der entsprechenden Seite nachsehen.

français · deutsch

les gens
die Menschen

LES GENS • DIE MENSCHEN

le corps • der Körper

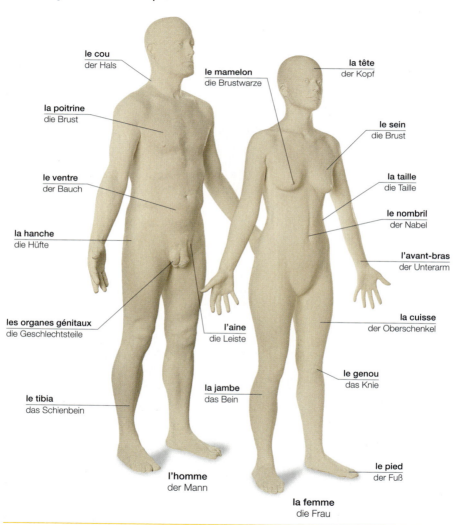

le cou / der Hals
le mamelon / die Brustwarze
la tête / der Kopf
la poitrine / die Brust
le sein / die Brust
le ventre / der Bauch
la taille / die Taille
le nombril / der Nabel
la hanche / die Hüfte
l'avant-bras / der Unterarm
les organes génitaux / die Geschlechtsteile
l'aine / die Leiste
la cuisse / der Oberschenkel
le genou / das Knie
le tibia / das Schienbein
la jambe / das Bein
le pied / der Fuß
l'homme / der Mann
la femme / die Frau

français • deutsch

LES GENS • DIE MENSCHEN

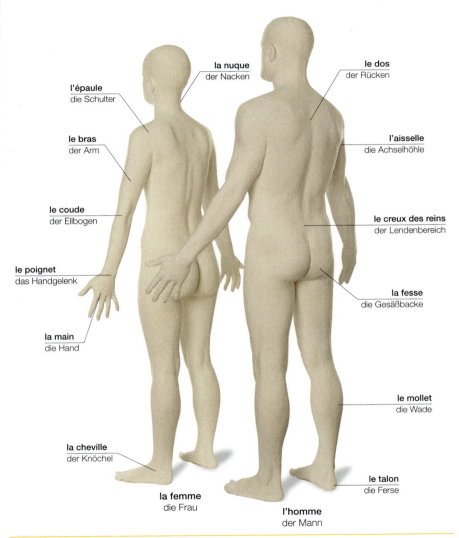

français • deutsch 13

LES GENS • DIE MENSCHEN

le visage • das Gesicht

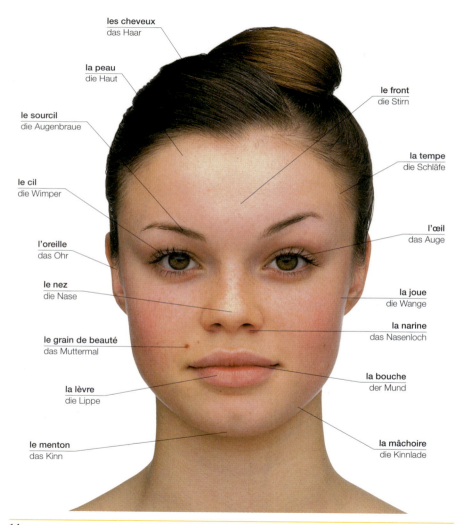

les cheveux / das Haar
la peau / die Haut
le front / die Stirn
le sourcil / die Augenbraue
la tempe / die Schläfe
le cil / die Wimper
l'œil / das Auge
l'oreille / das Ohr
le nez / die Nase
la joue / die Wange
la narine / das Nasenloch
le grain de beauté / das Muttermal
la bouche / der Mund
la lèvre / die Lippe
le menton / das Kinn
la mâchoire / die Kinnlade

français • deutsch

LES GENS • **DIE MENSCHEN**

la ride
die Falte

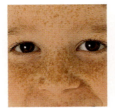
la tache de rousseur
die Sommersprosse

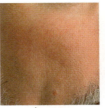
le pore
die Pore

la fossette
das Grübchen

la main • die Hand

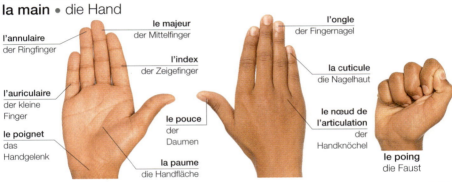

- **le majeur** — der Mittelfinger
- **l'annulaire** — der Ringfinger
- **l'index** — der Zeigefinger
- **l'auriculaire** — der kleine Finger
- **le pouce** — der Daumen
- **le poignet** — das Handgelenk
- **la paume** — die Handfläche
- **l'ongle** — der Fingernagel
- **la cuticule** — die Nagelhaut
- **le nœud de l'articulation** — der Handknöchel
- **le poing** — die Faust

le pied • der Fuß

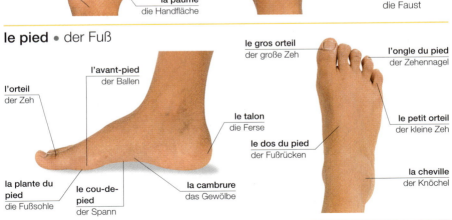

- **l'avant-pied** — der Ballen
- **le gros orteil** — der große Zeh
- **l'ongle du pied** — der Zehennagel
- **l'orteil** — der Zeh
- **le talon** — die Ferse
- **le dos du pied** — der Fußrücken
- **le petit orteil** — der kleine Zeh
- **la plante du pied** — die Fußsohle
- **le cou-de-pied** — der Spann
- **la cambrure** — das Gewölbe
- **la cheville** — der Knöchel

français • deutsch

15

LES GENS • DIE MENSCHEN

les muscles • die Muskeln

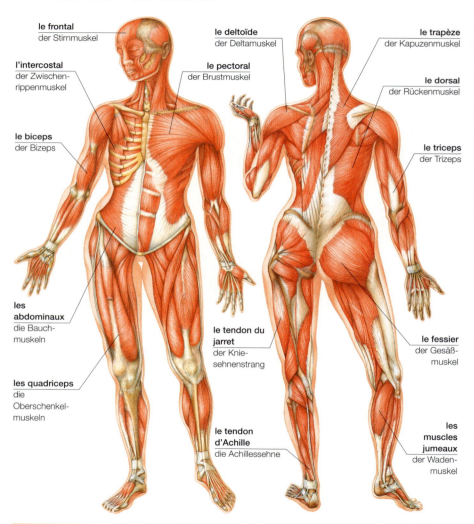

16   français • deutsch

LES GENS • DIE MENSCHEN

le squelette • das Skelett

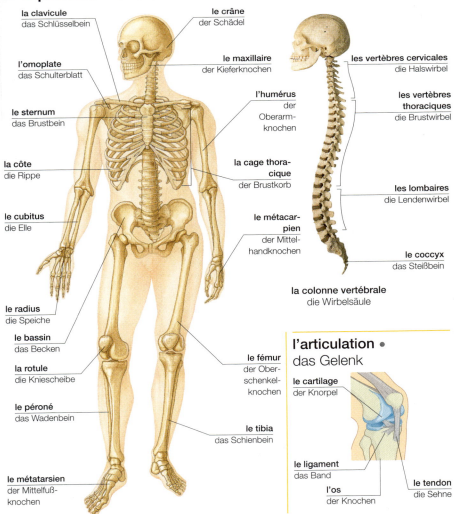

- la clavicule / das Schlüsselbein
- le crâne / der Schädel
- l'omoplate / das Schulterblatt
- le maxillaire / der Kieferknochen
- le sternum / das Brustbein
- l'humérus / der Oberarmknochen
- la côte / die Rippe
- la cage thoracique / der Brustkorb
- le cubitus / die Elle
- le métacarpien / der Mittelhandknochen
- le radius / die Speiche
- le bassin / das Becken
- la rotule / die Kniescheibe
- le fémur / der Oberschenkelknochen
- le péroné / das Wadenbein
- le tibia / das Schienbein
- le métatarsien / der Mittelfußknochen

- les vertèbres cervicales / die Halswirbel
- les vertèbres thoraciques / die Brustwirbel
- les lombaires / die Lendenwirbel
- le coccyx / das Steißbein
- la colonne vertébrale / die Wirbelsäule

l'articulation • das Gelenk

- le cartilage / der Knorpel
- le ligament / das Band
- l'os / der Knochen
- le tendon / die Sehne

français • deutsch

LES GENS • DIE MENSCHEN

les organes internes • die inneren Organe

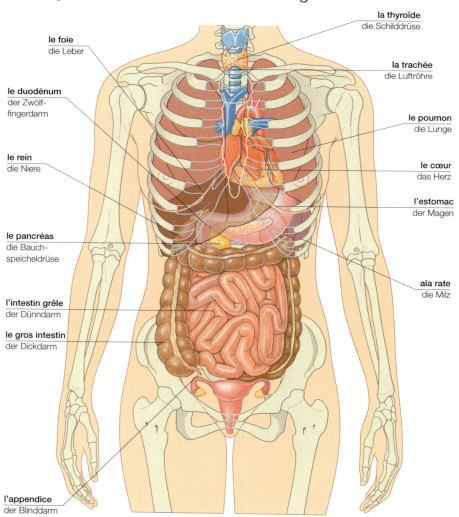

français • deutsch

LES GENS • DIE MENSCHEN

la tête • der Kopf

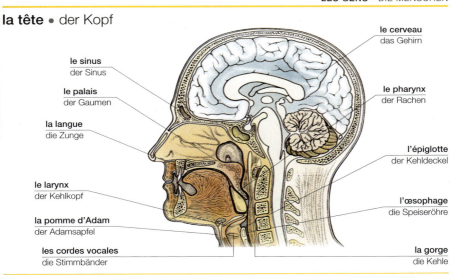

- le cerveau / das Gehirn
- le sinus / der Sinus
- le palais / der Gaumen
- la langue / die Zunge
- le pharynx / der Rachen
- l'épiglotte / der Kehldeckel
- le larynx / der Kehlkopf
- l'œsophage / die Speiseröhre
- la pomme d'Adam / der Adamsapfel
- les cordes vocales / die Stimmbänder
- la gorge / die Kehle

les systèmes du corps • die Körpersysteme

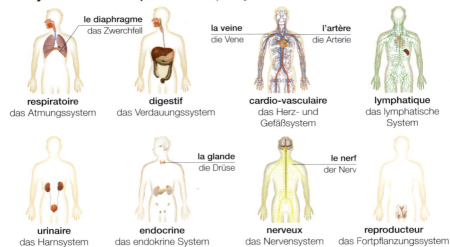

- le diaphragme / das Zwerchfell
- la veine / die Vene
- l'artère / die Arterie

respiratoire / das Atmungssystem

digestif / das Verdauungssystem

cardio-vasculaire / das Herz- und Gefäßsystem

lymphatique / das lymphatische System

- la glande / die Drüse
- le nerf / der Nerv

urinaire / das Harnsystem

endocrine / das endokrine System

nerveux / das Nervensystem

reproducteur / das Fortpflanzungssystem

français • deutsch

LES GENS · DIE MENSCHEN

les organes de reproduction · die Fortpflanzungsorgane

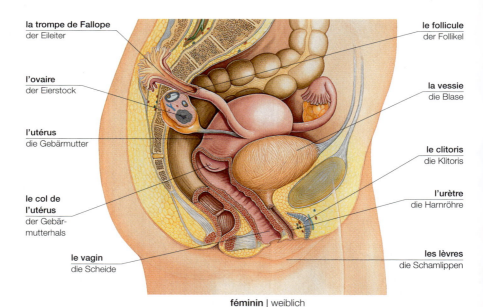

la trompe de Fallope
der Eileiter

l'ovaire
der Eierstock

l'utérus
die Gebärmutter

le col de l'utérus
der Gebärmutterhals

le vagin
die Scheide

le follicule
der Follikel

la vessie
die Blase

le clitoris
die Klitoris

l'urètre
die Harnröhre

les lèvres
die Schamlippen

féminin | weiblich

la reproduction · die Fortpflanzung

le sperme
das Spermium

l'ovule
das Ei

la fertilisation | die Befruchtung

vocabulaire · Vokabular

l'hormone das Hormon	impuissant impotent	les règles die Menstruation
l'ovulation der Eisprung	fécond fruchtbar	les rapports sexuels der Geschlechtsverkehr
stérile steril	concevoir empfangen	la maladie sexuellement transmissible die Geschlechtskrankheit

LES GENS • DIE MENSCHEN

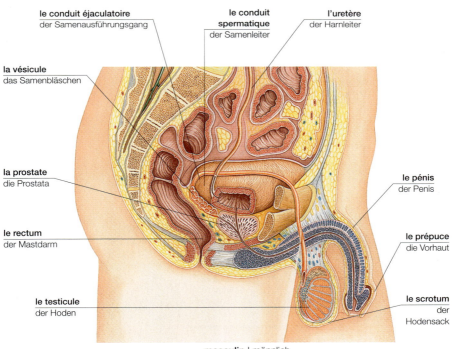

masculin | männlich

la contraception • die Empfängnisverhütung

la cape cervicale das Pessar | **le diaphragme** das Diaphragma | **le condom** das Kondom | **le stérilet** die Spirale | **la pilule** die Pille

LES GENS • DIE MENSCHEN

la famille • die Familie

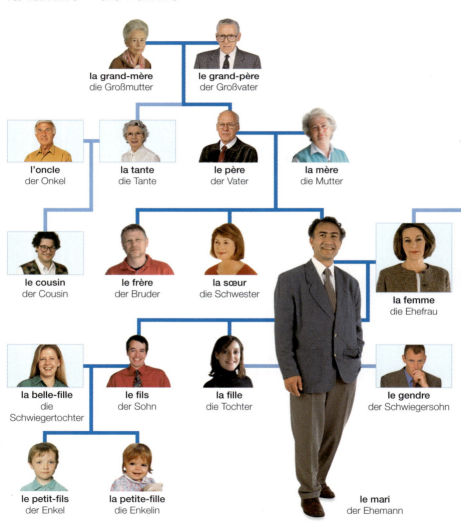

22 français • deutsch

LES GENS • DIE MENSCHEN

vocabulaire • Vokabular						
les parents die Verwandten	**les parents** die Eltern	**les petits-enfants** die Enkelkinder	**la belle-mère** die Stiefmutter	**le beau-fils** der Stiefsohn	**la génération** die Generation
les grands-parents die Großeltern	**les enfants** die Kinder	**le beau-père** der Stiefvater	**la belle-fille** die Stieftochter	**le/la partenaire** der Partner/die Partnerin	**les jumeaux** die Zwillinge

les stades • die Stadien

la belle-mère
die Schwiegermutter

le beau-père
der Schwiegervater

le bébé
das Baby

l'enfant
das Kind

le beau-frère
der Schwager

la belle-sœur
die Schwägerin

le garçon
der Junge

la fille
das Mädchen

la nièce
die Nichte

le neveu
der Neffe

l'adolescente
die Jugendliche

l'adulte
der Erwachsene

Madame
Frau

les titres • die Anreden

Monsieur
Herr

Mademoiselle
Fräulein

l'homme
der Mann

la femme
die Frau

français • deutsch

LES GENS • DIE MENSCHEN

les relations • die Beziehungen

le chef | der Chef
l'assistante | die Assistentin
l'associée | die Geschäftspartnerin
l'employeuse | die Arbeitgeberin
l'employé | der Arbeitnehmer
le collègue | der Kollege
le bureau | das Büro

le voisin | der Nachbar
l'ami | der Freund
la connaissance | der Bekannte
le correspondant | der Brieffreund

le petit ami | der Freund
la petite amie | die Freundin
le fiancé | der Verlobte
la fiancée | die Verlobte
le couple | das Paar
les fiancés | die Verlobten

français • deutsch

LES GENS · DIE MENSCHEN

les émotions · die Gefühle

le sourire / das Lächeln

heureux
glücklich

triste
traurig

excité
aufgeregt

ennuyé
gelangweilt

surpris
überrascht

effrayé
erschrocken

le froncement de sourcils / das Stirnrunzeln

fâché
verärgert

confus
verwirrt

inquiet
besorgt

nerveux
nervös

fier
stolz

confiant
selbstsicher

gêné
verlegen

timide
schüchtern

vocabulaire · Vokabular			
consterné bestürzt	**rire** lachen	**soupirer** seufzen	**crier** schreien
choqué schockiert	**pleurer** weinen	**s'évanouir** in Ohnmacht fallen	**bâiller** gähnen

français · deutsch

LES GENS • DIE MENSCHEN

les événements de la vie • die Ereignisse des Lebens

naître
geboren werden

commencer à l'école
zur Schule kommen

se faire des amis
sich anfreunden

obtenir sa licence
das Examen machen

trouver un emploi
eine Stelle bekommen

tomber amoureux
sich verlieben

se marier
heiraten

avoir un bébé
ein Baby bekommen

le mariage | die Hochzeit

le divorce
die Scheidung

l'enterrement
das Begräbnis

vocabulaire • Vokabular

le baptême
die Taufe

l'acte de naissance
die Geburtsurkunde

confirmation
die Konfirmation

mourir
sterben

l'anniversaire de mariage
der Hochzeitstag

émigrer
emigrieren

le repas de noces
die Hochzeitsfeier

faire son testament
sein Testament machen

le voyage de noces
die Hochzeitsreise

prendre sa retraite
in den Ruhestand treten

français • deutsch

LES GENS • DIE MENSCHEN

les fêtes • die Feste

la fête
die Geburtstagsfeier

la carte
die Karte

les fêtes • die Feste

l'anniversaire
der Geburtstag

le cadeau
das Geschenk

Noël
Weihnachten

la Pâque
das Passah

le Nouvel An
das Neujahr

le carnaval
der Karneval

le défilé
der Umzug

le Ramadan
der Ramadan

le ruban
das Band

le festin
das Festessen

Pâques
das Ostern

la veille de la Toussaint
das Halloween

la Diwali
das Diwali

français • deutsch

l'apparence
die äußere Erscheinung

L'APPARENCE • DIE ÄUSSERE ERSCHEINUNG

les vêtements d'enfants • die Kinderkleidung

le bébé • das Baby

la combinaison de neige
der Schneeanzug

le tricot de corps
das Hemdchen

le bouton-pression
der Druckknopf

la grenouillère
der Strampelanzug

le pyjama
der Schlafanzug

la combinaison-short
der Spielanzug

le bavoir
das Lätzchen

les moufles
die Babyhandschuhe

les chaussons
die Babyschuhe

la couche en éponge
die Stoffwindel

la couche jetable
die Wegwerfwindel

la culotte en plastique
das Gummihöschen

le petit enfant • das Kleinkind

le chapeau de soleil
der Sonnenhut

le tablier
die Schürze

la salopette
die Latzhose

le bermuda
die Shorts

le t-shirt
das T-Shirt

la jupe
der Rock

français • deutsch

L'APPARENCE • DIE ÄUSSERE ERSCHEINUNG

l'enfant • das Kind

- **la robe** / das Kleid
- **la capuche** / die Kapuze
- **le jean** / die Jeans
- **le sac à dos** / der Rucksack
- **le bouton** / der Knebelknopf
- **l'écharpe** / der Schal
- **l'anorak** / der Anorak
- **les sandales** / die Sandalen
- **les bottes de caoutchouc** / die Gummistiefel

l'été / der Sommer
l'imperméable / der Regenmantel
l'automne / der Herbst
le duffel-coat / der Dufflecoat
l'hiver / der Winter

- **la robe de chambre** / der Morgenrock
- **le logo** / das Logo
- **les baskets** / die Sportschuhe
- **la chemise de nuit** / das Nachthemd
- **les pantoufles** / die Hausschuhe

la tenue de foot / der Fußballdress
le survêtement / der Trainingsanzug
les leggings / die Leggings

les vêtements de nuit / die Nachtwäsche

vocabulaire • Vokabular

la fibre naturelle / die Naturfaser

synthétique / synthetisch

C'est lavable en machine? / Ist es waschmaschinenfest?

C'est la bonne taille pour deux ans? / Passt das einem Zweijährigen?

français • deutsch

L'APPARENCE • DIE ÄUSSERE ERSCHEINUNG

les vêtements pour hommes • die Herrenkleidung

le col / der Kragen

la cravate / die Krawatte

la ceinture / der Gürtel

le revers / das Revers

la boutonnière / das Knopfloch

la manchette / die Manschette

la poche / die Tasche

la veste / die Jacke

le pantalon / die Hose

le bouton / der Knopf

le costume / der Straßenanzug

le manteau / der Mantel

la doublure / das Futter

les chaussures en cuir / die Lederschuhe

vocabulaire • Vokabular			
la chemise das Hemd	**le peignoir** der Bademantel	**le survêtement** der Trainingsanzug	**long** lang
le cardigan die Strickjacke	**les sous-vêtements** die Unterwäsche	**l'imperméable** der Regenmantel	**court** kurz

Avez-vous ça en plus grand/petit?
Haben Sie das eine Nummer größer/kleiner?

Je peux l'essayer?
Kann ich das anprobieren?

L'APPARENCE • DIE ÄUSSERE ERSCHEINUNG

le blazer / der Blazer

la veste de sport / das Sportjackett

le gilet / die Weste

l'encolure en V / der V-Ausschnitt

le col rond / der runde Ausschnitt

l'anorak / der Anorak

le sweat-shirt / das Sweatshirt

le coupe-vent / die Windjacke

le t-shirt / das T-Shirt

le pantalon de jogging / die Trainingshose

le pullover / der Pullover

le pyjama / der Schlafanzug

le tricot de corps / das Unterhemd

les vêtements sport / die Freizeitkleidung

le short / die Shorts

le slip / der Slip

le caleçon / die Boxershorts

les chaussettes / die Strümpfe

français • deutsch

L'APPARENCE • DIE ÄUSSERE ERSCHEINUNG

les vêtements pour femmes • die Damenkleidung

la veste
die Jacke

l'encolure
der Ausschnitt

la couture
die Naht

la manche
der Ärmel

long
knöchellang

la jupe
der Rock

à genou
knielang

l'ourlet
der Saum

les collants
die Strumpfhose

les chaussures
die Schuhe

sans bretelles
trägerlos

sans manches
ärmellos

la robe du soir
das Abendkleid

la robe
das Kleid

le chemisier
die Bluse

le pantalon
die Hose

décontracté
leger

français • deutsch

L'APPARENCE • DIE ÄUSSERE ERSCHEINUNG

la lingerie • die Unterwäsche

le mariage • die Hochzeit

la dentelle
die Spitze

le voile
der Schleier

le bouquet
das Bukett

la traîne
die Schleppe

la robe de mariée
das Hochzeitskleid

le négligé
das Negligé

le caraco
der Unterrock

la bretelle
der Träger

la camisole
das Mieder

la jarretelle
der Strumpfhalter

la guêpière
das Bustier

les bas
die Strümpfe

le collant
die Strumpfhose

le tricot de corps
das Unterhemd

le soutien-gorge
der Büstenhalter

le slip
der Slip

la chemise de nuit
das Nachthemd

vocabulaire • Vokabular	
le corset das Korsett	**ajusté** gut geschnitten
la jarretière das Strumpfband	**dos-nu** rückenfrei
l'épaulette das Schulterpolster	**le soutien-gorge sport** der Sport-BH
la ceinture der Rockbund	**à armature** mit Formbügeln

français • deutsch

35

L'APPARENCE • DIE ÄUSSERE ERSCHEINUNG

les accessoires • die Accessoires

la casquette / die Mütze
le chapeau / der Hut
le foulard / das Halstuch
la ceinture / der Gürtel
la boucle / die Gürtelschnalle
le manche / der Griff
la pointe / die Spitze
le parapluie / der Regenschirm
le mouchoir / das Taschentuch
le nœud papillon / die Fliege
l'épingle de cravate / die Krawattennadel
les gants / die Handschuhe

les bijoux • der Schmuck

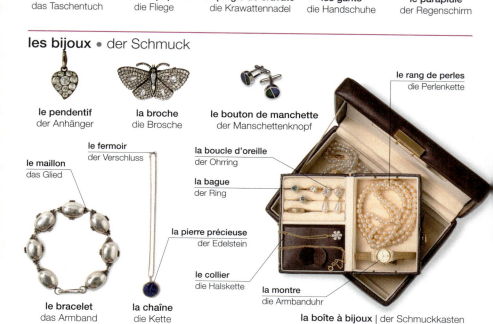

le pendentif / der Anhänger
la broche / die Brosche
le bouton de manchette / der Manschettenknopf
le rang de perles / die Perlenkette
le fermoir / der Verschluss
la boucle d'oreille / der Ohrring
la bague / der Ring
le maillon / das Glied
la pierre précieuse / der Edelstein
le collier / die Halskette
la montre / die Armbanduhr
le bracelet / das Armband
la chaîne / die Kette
la boîte à bijoux | der Schmuckkasten

français • deutsch

L'APPARENCE • DIE ÄUSSERE ERSCHEINUNG

les cheveux • das Haar

le peigne
der Kamm

peigner
kämmen

la brosse
die Haar-
bürste

brosser | bürsten

la coiffeuse
die Friseurin

le lavabo
das Waschbecken

la cliente
die Kundin

laver | waschen
le peignoir
der Frisierumhang

rincer
ausspülen

couper
schneiden

sécher
föhnen

faire une mise en plis
legen

---

les accessories • die Frisierartikel

le sèche-cheveux
der Föhn

le shampoing
das Shampoo

le revitalisant capillaire
die Haarspülung

le gel
das Haargel

la laque
das Haarspray

le fer à friser
der Lockenstab

les ciseaux
die Schere

le serre-tête
der Haarreif

le bigoudi
der Lockenwickler

la pince à cheveux
die Haarklammer

français • deutsch

L'APPARENCE • DIE ÄUSSERE ERSCHEINUNG

les coiffures • die Frisuren

le ruban
das Band

la queue de cheval
der Pferdeschwanz

la natte
der Zopf

le rouleau
die Hochfrisur

le chignon
der Haarknoten

les couettes
die Rattenschwänze

au carré
der Pagenkopf

la coupe courte
der Kurzhaarschnitt

frisé
kraus

la permanente
die Dauerwelle

raide
glatt

les racines
die Wurzeln

les reflets
die Strähnchen

chauve
kahl

la perruque
die Perücke

vocabulaire • Vokabular	
l'élastique pour cheveux das Haargummi	**gras** fettig
	sec trocken
rafraîchir nachschneiden	**normal** normal
le coiffeur der Herrenfriseur	**le cuir chevelu** die Kopfhaut
les pellicules die Schuppen	
les fourches die gespaltenen Haarspitzen	**décrêper** glätten

les couleurs • die Haarfarben

blond
blond

châtain
brünett

alezan
rotbraun

roux
rot

noir
schwarz

gris
grau

blanc
weiß

teint
gefärbt

français • deutsch

L'APPARENCE • DIE ÄUSSERE ERSCHEINUNG
la beauté • die Schönheit

la teinture de cheveux
das Haarfärbemittel

le fard à paupières
der Lidschatten

le mascara
die Wimperntusche

l'eye-liner
der Eyeliner

le fard à joues
das Puderrouge

le fond de teint
die Grundierung

le rouge à lèvres
der Lippenstift

le maquillage • das Make-up

le crayon à sourcils
der Augenbrauenstift

la brosse à sourcils
das Brauenbürstchen

la pince à épiler
die Pinzette

le brillant à lèvres
das Lipgloss

le pinceau à lèvres
der Lippenpinsel

le crayon à lèvres
der Lippenkonturenstift

le pinceau
der Puderpinsel

le correcteur
der Korrekturstift

le miroir
der Spiegel

la poudre
der Gesichtspuder

la houppette
die Puderquaste

le poudrier | die Puderdose

français • deutsch

L'APPARENCE • DIE ÄUSSERE ERSCHEINUNG

les soins de beauté •
die Schönheitsbehandlungen

le masque de beauté
die Gesichtsmaske

le lit U.V.
die Sonnenbank

exfolier
das Peeling

le soin du visage
die Gesichtsbehandlung

l'épilation
die Enthaarung

la pédicure
die Pediküre

les accessoires de toilette •
die Toilettenartikel

le démaquillant
der Reiniger

le tonique
das Gesichtswasser

la crème hydratante
die Feuchtigkeitscreme

l'autobronzant
die Selbstbräunungscreme

le parfum
das Parfum

l'eau de toilette
das Eau de Toilette

la manicure • die Maniküre

le dissolvant
der Nagellackentferner

la lime à ongles
die Nagelfeile

le vernis à ongles
der Nagellack

les ciseaux à ongles
die Nagelschere

le coupe-ongles
der Nagelknipser

---

vocabulaire • Vokabular

le teint der Teint	**gras** fettig	**le bronzage** die Sonnenbräune
clair hell	**sensible** empfindlich	**le tatouage** die Tätowierung
foncé dunkel	**le ton** der Farbton	**antirides** Antifalten-
sec trocken	**hypoallergénique** hypoallergen	**les boules de coton** die Wattebällchen

français • deutsch

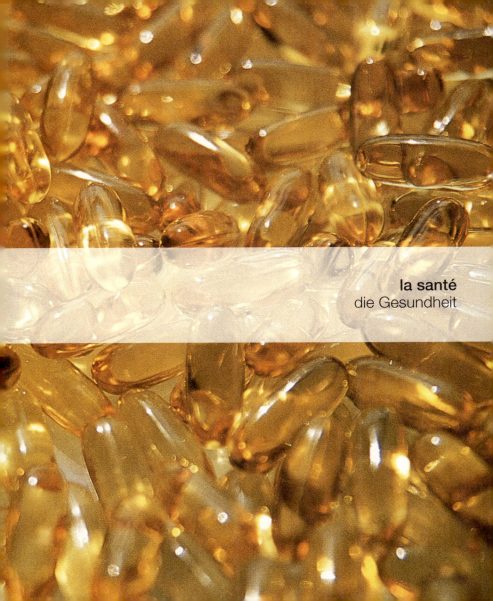

la santé
die Gesundheit

LA SANTÉ • DIE GESUNDHEIT

la maladie • die Krankheit

la fièvre | das Fieber

le mal de tête
die Kopfschmerzen

le saignement de nez
das Nasenbluten

la toux
der Husten

l'éternuement
das Niesen

le rhume
die Erkältung

la grippe
die Grippe

l'inhalateur
der Inhalationsapparat

l'asthme
das Asthma

les crampes
die Krämpfe

la nausée
die Übelkeit

la varicelle
die Windpocken

l'éruption
der Hautausschlag

---

vocabulaire • Vokabular

l'attaque der Schlaganfall	**l'allergie** die Allergie	**l'eczéma** das Ekzem	**s'évanouir** in Ohnmacht fallen	**vomir** sich übergeben	**la diarrhée** der Durchfall
la tension der Blutdruck	**le diabète** die Zuckerkrankheit	**le virus** der Virus	**le refroidissement** die Verkühlung	**l'épilepsie** die Epilepsie	**la rougeole** die Masern
la crise cardiaque der Herzinfarkt	**le rhume des foins** der Heuschnupfen	**l'infection** die Infektion	**le mal d'estomac** die Magenschmerzen	**la migraine** die Migräne	**les oreillons** der Mumps

français • deutsch

LA SANTÉ • DIE GESUNDHEIT

le médecin • der Arzt
la consultation • der Arztbesuch

- le médecin / der Arzt
- la lampe de radio / der Röntgenschirm
- l'ordonnance / das Rezept
- la patiente / die Patientin

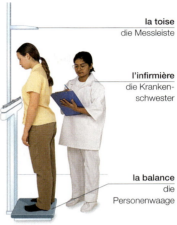

- la toise / die Messleiste
- l'infirmière / die Krankenschwester
- la balance / die Personenwaage

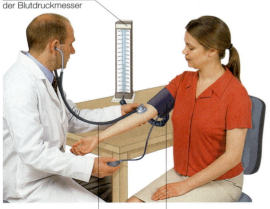

- le sphygmotensiomètre / der Blutdruckmesser
- le stéthoscope / das Stethoskop
- le manchon / die Luftmanschette

---

vocabulaire • Vokabular

le rendez-vous / der Termin	l'examen médical / die Untersuchung
le cabinet / das Sprechzimmer	la vaccination / die Impfung
la salle d'attente / das Wartezimmer	le thermomètre / das Thermometer

J'ai besoin de voir un médecin.
Ich muss einen Arzt sprechen.

J'ai mal ici.
Es tut hier weh.

français • deutsch

LA SANTÉ • DIE GESUNDHEIT

la blessure • die Verletzung

l'écharpe
die Schlinge

la fracture
die Fraktur

la minerve
die Halskrawatte

le coup du lapin
das Schleudertrauma

l'entorse | die Verstauchung

la coupure
der Schnitt

l'écorchure
die Abschürfung

le hématome
der Bluterguss

l'écharde
der Splitter

le coup de soleil
der Sonnenbrand

la brûlure
die Brandwunde

la morsure
der Biss

la piqûre
der Stich

vocabulaire • Vokabular

l'accident der Unfall	l'hémorragie die Blutung	la commotion cérébrale die Gehirnerschütterung	Est-ce qu'il/elle va se remettre? Wird er/sie es gut überstehen?
l'urgence der Notfall	l'ampoule die Blase	le traumatisme crânien die Kopfverletzung	Appelez une ambulance s'il vous plaît. Rufen Sie bitte einen Krankenwagen
la blessure die Wunde	l'empoisonnement die Vergiftung	le choc électrique der elektrische Schlag	Où avez-vous mal? Wo haben Sie Schmerzen?

français • deutsch

LA SANTÉ • DIE GESUNDHEIT

les premiers secours • die Erste Hilfe

la pommade
die Salbe

le pansement
das Pflaster

l'épingle de sûreté
die Sicherheitsnadel

le bandage
die Bandage

les analgésiques
die Schmerztabletten

la serviette antiseptique
das Desinfektionstuch

la pince fine
die Pinzette

les ciseaux
die Schere

l'antiseptique
das Antiseptikum

la trousse de premiers secours | der Erste-Hilfe-Kasten

la gaze
die Gaze

le pansement
der Verband

l'attelle | die Schiene

le sparadrap
das Leukoplast

la réanimation
die Wiederbelebung

vocabulaire • Vokabular			
le choc der Schock	**le pouls** der Puls	**étouffer** ersticken	**Est-ce que vous pouvez m'aider?** Können Sie mir helfen?
sans connaissance bewusstlos	**la respiration** die Atmung	**stérile** steril	**Pouvez-vous donner les soins d'urgence?** Beherrschen Sie die Erste Hilfe?

français • deutsch

LA SANTÉ • DIE GESUNDHEIT

l'hôpital • das Krankenhaus

l'analyse de sang
die Blutuntersuchung

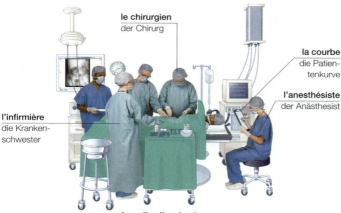

le chirurgien
der Chirurg

la courbe
die Patientenkurve

l'anesthésiste
der Anästhesist

l'infirmière
die Krankenschwester

la salle d'opération
der Operationssaal

l'injection
die Spritze

le chariot
die fahrbare Liege

le bouton d'appel
der Rufknopf

la radio
die Röntgenaufnahme

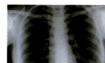

la salle des urgences
die Notaufnahme

la salle
das Patientenzimmer

la chaise roulante
der Rollstuhl

la scanographie
das CT-Bild

---

vocabulaire • Vokabular

l'opération die Operation	**renvoyé** entlassen	**la pédiatrie** die Kinderstation	**la maternité** die Entbindungsstation	**la chambre privée** das Privatzimmer
admis aufgenommen	**la clinique** die Klinik	**les heures de visite** die Besuchszeiten	**le service de soins intensifs** die Intensivstation	**le malade en consultation externe** der ambulante Patient

français • deutsch

LA SANTÉ • DIE GESUNDHEIT

les services • die Abteilungen

l'O.R.L.
die HNO-Abteilung

la cardiologie
die Kardiologie

l'orthopédie
die Orthopädie

la gynécologie
die Gynäkologie

la kinésithérapie
die Physiotherapie

la dermatologie
die Dermatologie

la pédiatrie
die Kinderheilkunde

la radiologie
die Radiologie

la chirurgie
die Chirurgie

la maternité
die Entbindungsstation

la psychiatrie
die Psychiatrie

l'ophtalmologie
die Augenheilkunde

---

vocabulaire • Vokabular

la neurologie die Neurologie	l'urologie die Urologie	l'orientation d'un patient die Überweisung	la pathologie die Pathologie	le résultat das Ergebnis
l'oncologie die Onkologie	l'endocrinologie die Endokrinologie	l'analyse die Untersuchung	la chirurgie esthétique die plastische Chirurgie	le spécialiste der Facharzt

français • deutsch

LA SANTÉ • DIE GESUNDHEIT

le dentiste • der Zahnarzt

la dent • der Zahn

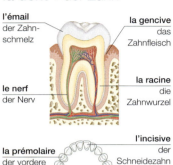

- l'émail / der Zahnschmelz
- la gencive / das Zahnfleisch
- le nerf / der Nerv
- la racine / die Zahnwurzel

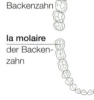

- l'incisive / der Schneidezahn
- la prémolaire / der vordere Backenzahn
- la molaire / der Backenzahn
- la canine / der Eckzahn

la visite de contrôle • die Kontrolluntersuchung

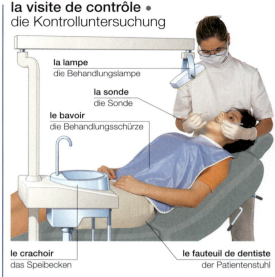

- la lampe / die Behandlungslampe
- la sonde / die Sonde
- le bavoir / die Behandlungsschürze
- le crachoir / das Speibecken
- le fauteuil de dentiste / der Patientenstuhl

---

vocabulaire • Vokabular

la rage de dents / die Zahnschmerzen	la fraise / der Bohrer
la plaque / der Zahnbelag	le fil dentaire / die Zahnseide
la carie / die Karies	l'extraction / die Extraktion
le plombage / die Zahnfüllung	la couronne / die Krone

---

utiliser le fil dentaire / mit Zahnseide reinigen

brosser / bürsten

l'appareil dentaire / die Zahnspange

la radio dentaire / die Röntgenaufnahme

la radio / das Röntgenbild

le dentier / die Zahnprothese

français • deutsch

LA SANTÉ • DIE GESUNDHEIT

l'opticien • der Augenoptiker

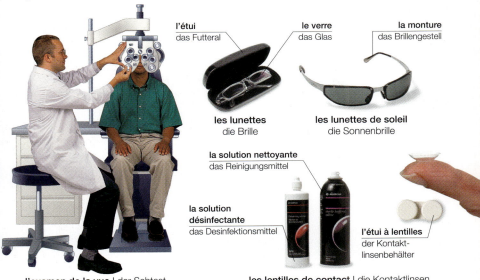

l'étui	le verre	la monture
das Futteral	das Glas	das Brillengestell

les lunettes | die Brille

les lunettes de soleil | die Sonnenbrille

la solution nettoyante | das Reinigungsmittel

la solution désinfectante | das Desinfektionsmittel

l'étui à lentilles | der Kontaktlinsenbehälter

l'examen de la vue | der Sehtest

les lentilles de contact | die Kontaktlinsen

l'œil • das Auge

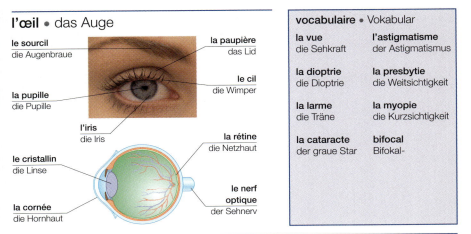

- **le sourcil** | die Augenbraue
- **la paupière** | das Lid
- **le cil** | die Wimper
- **la pupille** | die Pupille
- **l'iris** | die Iris
- **la rétine** | die Netzhaut
- **le cristallin** | die Linse
- **le nerf optique** | der Sehnerv
- **la cornée** | die Hornhaut

vocabulaire • Vokabular	
la vue die Sehkraft	l'astigmatisme der Astigmatismus
la dioptrie die Dioptrie	la presbytie die Weitsichtigkeit
la larme die Träne	la myopie die Kurzsichtigkeit
la cataracte der graue Star	bifocal Bifokal-

français • deutsch   51

LA SANTÉ • DIE GESUNDHEIT

la grossesse • die Schwangerschaft

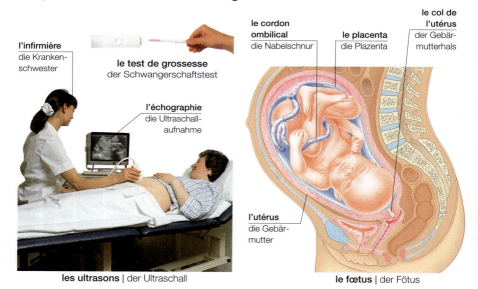

l'infirmière
die Krankenschwester

le test de grossesse
der Schwangerschaftstest

l'échographie
die Ultraschallaufnahme

le cordon ombilical
die Nabelschnur

le placenta
die Plazenta

le col de l'utérus
der Gebärmutterhals

l'utérus
die Gebärmutter

les ultrasons | der Ultraschall

le fœtus | der Fötus

vocabulaire • Vokabular

l'ovulation der Eisprung	**le trimestre** das Trimester	**l'amniocentèse** die Amniozentese	**la césarienne** der Kaiserschnitt	**les points de suture** die Naht	**par le siège** Steiß-
enceinte schwanger	**l'embryon** der Embryo	**le liquide amniotique** das Fruchtwasser	**l'épisiotomie** der Dammschnitt	**l'accouchement** die Entbindung	**prématuré** vorzeitig
la conception die Empfängnis	**l'utérus** die Gebärmutter	**perdre les eaux** das Fruchtwasser geht ab	**la péridurale** die Periduralanästhesie		**le gynécologue** der Gynäkologe
prénatal vorgeburtlich	**la contraction** die Wehe	**la dilatation** die Erweiterung	**la naissance** die Geburt	**la fausse couche** die Fehlgeburt	**l'obstétricien** der Geburtshelfer

français • deutsch

LA SANTÉ • DIE GESUNDHEIT

la naissance • die Geburt

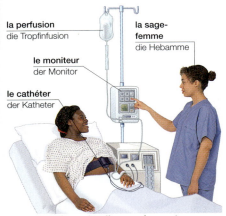

- la perfusion / die Tropfinfusion
- la sage-femme / die Hebamme
- le moniteur / der Monitor
- le cathéter / der Katheter

déclencher l'accouchement
die Geburt einleiten

la couveuse | der Brutkasten

- le pèse-bébé / die Waage

le poids de naissance | das Geburtsgewicht

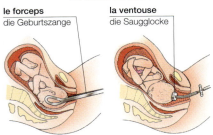

- le forceps / die Geburtszange
- la ventouse / die Saugglocke

l'accouchement assisté
die assistierte Entbindung

- le bracelet d'identité / das Namensbändchen

le nouveau-né
das Neugeborene

l'allaitement • das Stillen

la pompe à lait
die Milchpumpe

le soutien-gorge d'allaitement
der Stillbüstenhalter

donner le sein
stillen

les coussinets
die Einlagen

français • deutsch

LA SANTÉ • DIE GESUNDHEIT

les thérapies alternatives • die Alternativtherapien

le maître | der Lehrer

le massage | die Massage

le shiatsu | das Shiatsu

le yoga | das Yoga

le tapis | die Matte

la chiropractie | die Chiropraktik

l'ostéopathie | die Osteopathie

la réflexologie | die Reflexzonenmassage

la méditation | die Meditation

français • deutsch

LA SANTÉ • DIE GESUNDHEIT

le conseiller
der Berater

la thérapie de groupe
die Gruppentherapie

le reiki
das Reiki

l'acuponcture
die Akupunktur

la médecine ayurvédique
das Ayurveda

l'hypnothérapie
die Hypnotherapie

l'herboristerie
die Kräuterheilkunde

les huiles essentielles
die ätherischen Öle

l'aromathérapie
die Aromatherapie

l'homéopathie
die Homöopathie

l'acupression
die Akupressur

la thérapeute
die Therapeutin

la psychothérapie
die Psychotherapie

vocabulaire • Vokabular			
la guérison par cristaux die Kristalltherapie	**le feng shui** das Feng Shui	**la relaxation** die Entspannung	**l'herbe** das Heilkraut
l'hydrothérapie die Wasserbehandlung	**la naturopathie** die Naturheilkunde	**le stress** der Stress	**le supplément** die Ergänzung

français • deutsch

la maison
das Haus

LA MAISON • DAS HAUS

la maison • das Haus

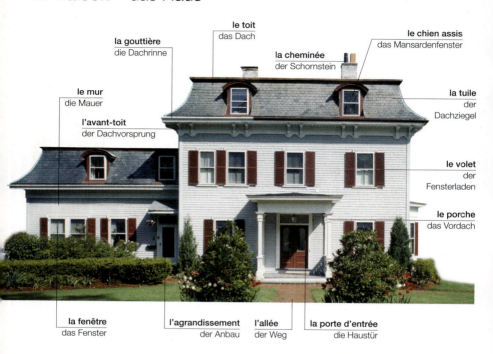

- **le toit** — das Dach
- **la gouttière** — die Dachrinne
- **la cheminée** — der Schornstein
- **le chien assis** — das Mansardenfenster
- **le mur** — die Mauer
- **la tuile** — der Dachziegel
- **l'avant-toit** — der Dachvorsprung
- **le volet** — der Fensterladen
- **le porche** — das Vordach
- **la fenêtre** — das Fenster
- **l'agrandissement** — der Anbau
- **l'allée** — der Weg
- **la porte d'entrée** — die Haustür

vocabulaire • Vokabular

français	deutsch
individuelle	Einzel(haus)
mitoyenne	Doppel(haus)
attenante	Reihen(haus)
la pavillon	der Bungalow
le sous-sol	das Kellergeschoss
la maison de deux étages	das dreistöckige Haus
le garage	die Garage
la chambre	das Zimmer
le grenier	der Dachboden
l'étage	das Stockwerk
la cour	der Hof
la lampe d'entrée	die Haustürlampe
l'alarme	die Alarmanlage
le propriétaire	der Vermieter
la boîte aux lettres	der Briefkasten
louer	mieten
le loyer	die Miete
le locataire	der Mieter

français • deutsch

LA MAISON • **DAS HAUS**

l'entrée • der Eingang

- **la main courante** / das Geländer
- **le palier** / der Treppenabsatz
- **la rampe** / das Treppengeländer
- **l'escalier** / die Treppe
- **le vestibule** / die Diele

l'appartement • die Wohnung

- **le balcon** / der Balkon

l'immeuble / der Wohnblock

l'interphone / die Sprechanlage

l'ascenseur / der Fahrstuhl

la sonnette / die Türklingel

le paillasson / der Fußabtreter

le marteau de porte / der Türklopfer

la chaîne de sûreté / die Türkette

la serrure / das Schloss

la clef / der Schlüssel

le verrou / der Türriegel

français • deutsch 59

LA MAISON · DAS HAUS

les systèmes domestiques · die Hausanschlüsse

le radiateur
der Heizkörper

l'appareil de chauffage
der Heizofen

l'aile
der Flügel

le ventilateur
der Ventilator

le convecteur
der Heizlüfter

l'électricité · die Elektrizität

le filament
der Glühfaden

le culot à baïonette
die Bajonettfassung

l'ampoule
die Glühlampe

la mise à la terre
die Erdung

la prise
der Stecker

la broche
der Pol

neutre
neutral

sous tension
geladen

les fils
die Leitung

---

vocabulaire · Vokabular

la tension die Spannung	le fusible die Sicherung	la prise de courant die Steckdose	le courant continu der Gleichstrom	le transformateur der Transformator
l'ampère das Ampère	le générateur der Generator	l'interrupteur der Schalter	le compteur d'électricité der Stromzähler	le réseau d'électricité das Stromnetz
le courant der Strom	la boîte à fusibles der Sicherungs- kasten	le courant alternatif der Wechselstrom	la coupure de courant der Stromausfall	

---

français · deutsch

LA MAISON • DAS HAUS

la plomberie • die Installation

l'évier • die Spüle

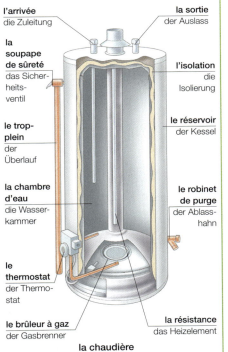
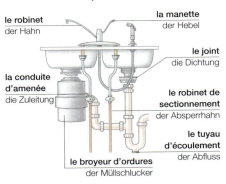

- l'arrivée / die Zuleitung
- la sortie / der Auslass
- la soupape de sûreté / das Sicherheitsventil
- l'isolation / die Isolierung
- le trop-plein / der Überlauf
- le réservoir / der Kessel
- la chambre d'eau / die Wasserkammer
- le robinet de purge / der Ablasshahn
- le thermostat / der Thermostat
- le brûleur à gaz / der Gasbrenner
- la résistance / das Heizelement
- la chaudière / der Boiler

- le robinet / der Hahn
- la manette / der Hebel
- le joint / die Dichtung
- la conduite d'amenée / die Zuleitung
- le robinet de sectionnement / der Absperrhahn
- le tuyau d'écoulement / der Abfluss
- le broyeur d'ordures / der Müllschlucker

les W.-C. • das WC

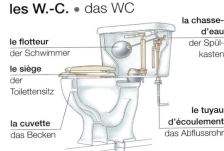

- le flotteur / der Schwimmer
- le siège / der Toilettensitz
- la cuvette / das Becken
- la chasse-d'eau / der Spülkasten
- le tuyau d'écoulement / das Abflussrohr

l'enlèvement de déchets • die Abfallentsorgung

- la bouteille / die Flasche
- la pédale / der Trethebel
- le couvercle / der Deckel
- la boîte à déchets recyclables / der Recyclingbehälter
- la poubelle / der Abfalleimer
- la boîte de tri / die Abfallsortiereinheit
- les déchets bios / der Bio-Abfall

français • deutsch

LA MAISON • DAS HAUS

le salon • das Wohnzimmer

le tableau
das Gemälde

le cadre
der Bilderrahmen

la lampe
die Lampe

l'applique
die Wandlampe

la pendule
die Uhr

le plafond
die Decke

la vitrine
die Vitrine

le canapé
das Sofa

le coussin
das Sofakissen

la table basse
der Couchtisch

le sol
der Fußboden

62   français • deutsch

LA MAISON • **DAS HAUS**

le miroir
der Spiegel

le vase
die Vase

la tablette de cheminée
der Kaminsims

la cheminée
der Kamin

le garde-feu
das Kamingitter

la bougie
die Kerze

la bibliothèque
das Bücherregal

le canapé-lit
die Bettcouch

le tapis
der Teppich

le rideau
der Vorhang

le brise-bise
die Gardine

le store vénitien
die Jalousie

le store
das Rollo

le stuc
der Stuckrahmen

le fauteuil
der Sessel

le bureau | das Arbeitszimmer

français • deutsch

LA MAISON • DAS HAUS

la salle à manger • das Esszimmer

le poivre
der Pfeffer

le sel
das Salz

la table
der Tisch

la vaisselle
das Geschirr

les couverts
das Besteck

la chaise
der Stuhl

le dossier
die Lehne

le siège
die Sitzfläche

le pied
das Bein

---

vocabulaire • Vokabular

servir servieren	**le set de table** das Tischset	**(avoir) faim** hungrig	**rassasié** satt	**l'invité** der Gast	**Puis-je en reprendre, s'il vous plaît?** Könnte ich bitte noch ein bisschen haben?
manger essen	**la nappe** die Tischdecke	**le déjeuner** das Mittagessen	**la portion** die Portion	**l'hôte** der Gastgeber	
mettre la table den Tisch decken	**le petit déjeuner** das Frühstück	**le dîner** das Abendessen	**le repas** das Essen	**l'hôtesse** die Gastgeberin	**Non merci, j'en ai eu assez.** Ich bin satt, danke. **C'était délicieux.** Das war lecker.

français • deutsch

LA MAISON • DAS HAUS

la vaisselle et les couverts • das Geschirr und das Besteck

LA MAISON • DAS HAUS

la cuisine • die Küche

l'étagère
das Küchenregal

le revêtement
der Spritzschutz

le robinet
der Wasserhahn

l'évier
das Spülbecken

le tiroir
die Schublade

la hotte
der Dunstabzug

la table de cuisson céramique
das Glaskeramikkochfeld

le plan de travail
die Arbeitsfläche

le four
der Backofen

le placard
der Küchenschrank

les appareils ménagers • die Küchengeräte

le micro-ondes
die Mikrowelle

la bouilloire électrique
der Wasserkocher

le grille-pain
der Toaster

le bol du mixeur
die Mixerschüssel

la lame
das Messer

le robot ménager
die Küchenmaschine

le couvercle
der Deckel

le mixeur
der Mixer

le lave-vaisselle
die Spülmaschine

66   français • deutsch

LA MAISON • DAS HAUS

le freezer
das Eisfach

le réfrigérateur
der Kühlschrank

la clayette
der Rost

le congélateur
das Gefrierfach

le bac à légumes
das Gemüsefach

le réfrigérateur-congélateur | der Gefrier-Kühlschrank

vocabulaire • Vokabular	
l'égouttoir das Abtropfbrett	congeler einfrieren
le brûleur der Brenner	décongeler auftauen
la poubelle der Mülleimer	sauter anbraten
la table de cuisson das Kochfeld	cuire à la vapeur dämpfen

la cuisine • das Kochen

éplucher
schälen

couper
schneiden

râper
reiben

verser
gießen

mélanger
verrühren

battre
schlagen

bouillir
kochen

faire sauter
braten

étaler la pâte
den Teig ausrollen

remuer
rühren

mijoter
köcheln lassen

pocher
pochieren

cuire au four
backen

rôtir
braten

griller
grillen

français • deutsch   67

LA MAISON • DAS HAUS

les ustensiles de cuisine • die Küchengeräte

la planche à hacher
das Hackbrett

le couteau à pain
das Brotmesser

le couteau de cuisine
das Küchenmesser

le hachoir
das Hackmesser

l'aiguisoir
der Messerschärfer

le attendrisseur
der Fleischklopfer

la broche
der Spieß

l'épluche-légume
der Schäler

le vide-pomme
der Apfelstecher

la râpe
die Reibe

le pilon
der Stößel

le mortier
der Mörser

le presse-purée
der Kartoffelstampfer

l'ouvre-boîte
der Dosenöffner

l'ouvre-bouteille
der Flaschenöffner

le presse-ail
die Knoblauchpresse

la cuiller à servir
der Servierlöffel

la truelle
der Pfannenwender

la passoire
das Sieb

la spatule
der Teigschaber

la cuiller en bois
der Holzlöffel

l'écumoire
der Schaumlöffel

la louche
der Schöpflöffel

la fourchette à découper
die Tranchiergabel

la cuiller à glace
der Portionierer

le fouet
der Schneebesen

la passoire
das Sieb

LA MAISON • DAS HAUS

le couvercle / der Deckel		anti-adhérent / kunststoffbeschichtet		
la poêle die Bratpfanne	**la casserole** der Kochtopf	**le gril** die Grillpfanne	**le wok** der Wok	**le fait-tout** der Schmortopf

en verre / Glas-   allant au four / feuerfest

le grand bol die Rührschüssel	**le moule à soufflé** die Souffléform	**le plat à gratin** die Auflaufform	**le ramequin** das Auflaufförmchen	**la cocotte** die Kasserolle

la pâtisserie • das Kuchenbacken

la balance die Haushaltswaage	**le verre mesureur** der Messbecher	**le moule à gâteaux** die Kuchenform	**la tourtière** die Pastetenform	**le moule à tarte** die Obstkuchenform

le pinceau à pâtisserie **le rouleau pâtissier** **la poche à douille**
der Backpinsel das Nudelholz der Spritzbeutel

le moule à muffins die Törtchenform	**la plaque à gâteaux** das Kuchenblech	**la grille de refroidissement** das Abkühlgitter	**le gant isolant** der Topfhandschuh	**le tablier** die Schürze

français • deutsch

LA MAISON • DAS HAUS

la chambre • das Schlafzimmer

l'armoire
der Kleiderschrank

la lampe de chevet
die Nachttischlampe

la tête de lit
das Kopfende

la table de nuit
der Nachttisch

la commode
die Kommode

le tiroir
die Schublade

le lit
das Bett

le matelas
die Matratze

le couvre-lit
die Tagesdecke

l'oreiller
das Kopfkissen

la bouillotte
die Wärmflasche

le radio-réveil
der Radiowecker

le réveil
der Wecker

la boîte de kleenex
die Papiertaschentuch-schachtel

le cintre
der Kleiderbügel

français • deutsch

LA MAISON • DAS HAUS

le linge de lit • die Bettwäsche

le miroir
der Spiegel

la coiffeuse
der Frisiertisch

la taie d'oreiller
der Kissenbezug

le drap
das Bettlaken

la frange du lit
der Volant

la couette
die Bettdecke

l'édredon
die Steppdecke

le sol
der Fußboden

la couverture
die Decke

---

vocabulaire • Vokabular

le lit simple das Einzelbett	**le pied de lit** das Fußende	**l'insomnie** die Schlaflosigkeit	**se réveiller** aufwachen	**mettre le réveil** den Wecker stellen
le lit double das Doppelbett	**le ressort** die Sprungfeder	**se coucher** ins Bett gehen	**se lever** aufstehen	**ronfler** schnarchen
la couverture chauffante die Heizdecke	**le tapis** der Teppich	**s'endormir** einschlafen	**faire le lit** das Bett machen	**l'armoire encastrée** der Einbauschrank

français • deutsch

LA MAISON · DAS HAUS

la salle de bain · das Badezimmer

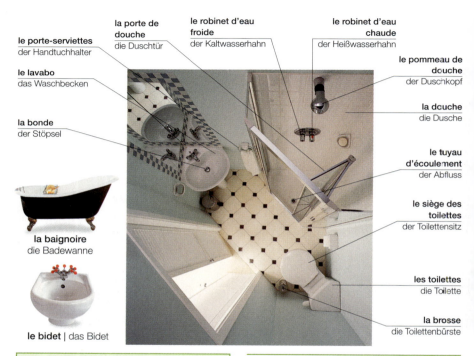

le porte-serviettes
der Handtuchhalter

la porte de douche
die Duschtür

le robinet d'eau froide
der Kaltwasserhahn

le robinet d'eau chaude
der Heißwasserhahn

le lavabo
das Waschbecken

le pommeau de douche
der Duschkopf

la bonde
der Stöpsel

la douche
die Dusche

le tuyau d'écoulement
der Abfluss

le siège des toilettes
der Toilettensitz

les toilettes
die Toilette

la brosse
die Toilettenbürste

la baignoire
die Badewanne

le bidet | das Bidet

---

vocabulaire · Vokabular

la pharmacie de ménage die Hausapotheke	**le tapis de bain** die Badematte
le rouleau de papier hygiénique die Rolle Toilettenpapier	**le rideau de douche** der Duschvorhang
prendre une douche duschen	**prendre un bain** baden

l'hygiène dentaire · die Zahnpflege

la brosse à dents
die Zahnbürste

le dentifrice
die Zahnpasta

le fil dentaire
die Zahnseide

l'eau dentifrice
das Mundwasser

français · deutsch

LA MAISON • DAS HAUS

le luffa
der Luffa-
schwamm

l'éponge
der Schwamm

la pierre ponce
der Bimsstein

la brosse pour le dos
die Rückenbürste

le déodorant
das Deo

le porte-savon
die Seifenschale

le savon
die Seife

la crème pour le visage
die Gesichtscreme

le gel douche
das Duschgel

le bain moussant
das Schaumbad

la serviette
das Handtuch

la serviette de bain
das Badetuch

les serviettes
die Handtücher

la lotion pour le corps
die Körperlotion

le talc
der Körperpuder

le peignoir
der Bademantel

le rasage • das Rasieren

le rasoir électrique
der Elektro-
rasierer

la mousse à raser
der Rasierschaum

la lame de rasoir
die Rasierklinge

le rasoir jetable
der Einwegrasierer

l'after-shave
das Rasierwasser

français • deutsch

LA MAISON • DAS HAUS

la chambre d'enfants • das Kinderzimmer

les soins de bébé • die Säuglingspflege

la crème pour l'érythème
die Wundsalbe

la lingette
das Pflegetuch

l'éponge
der Schwamm

la baignoire en plastique
die Babywanne

le pot
das Töpfchen

le matelas à langer
die Wickelmatte

le coucher • das Schlafen

le mobile
das Mobile

les barreaux
die Gitterstäbe

la couverture laineuse
die Flauschdecke

le protège-barreaux
der Kopfschutz

le matelas
die Matratze

le lit d'enfant | das Kinderbett

la couverture
die Decke

le drap
das Laken

la literie
das Bettzeug

le hochet
die Rassel

le moïse
das Körbchen

74   français • deutsch

LA MAISON • DAS HAUS

le jeu • das Spielen

la poupée
die Puppe

le jouet en peluche
das Kuscheltier

la maison de poupée
das Puppenhaus

la maison pliante
das Spielhaus

la sécurité • die Sicherheit

la serrure de sécurité
die Kindersicherung

le moniteur
das Babyfon

l'ours en peluche
der Teddy

le jouet
das Spielzeug

le panier à jouets
der Spielzeugkorb

la balle
der Ball

le parc
der Laufstall

la barrière d'escalier
das Treppengitter

le manger • das Essen

la chaise haute
der Kinderstuhl

la tétine
der Sauger

la tasse
der Schnabelbecher

le biberon
die Babyflasche

la sortie • das Ausgehen

la capote
das Verdeck

la poussette
der Sportwagen

le landau
der Kinderwagen

le couffin
das Tragebettchen

la couche
die Windel

le sac
die Babytasche

le porte-bébé
die Babytrageschlinge

français • deutsch   75

LA MAISON • DAS HAUS

la buanderie • der Allzweckraum

le linge • die Wäsche

le linge sale
die schmutzige Wäsche

le linge propre
die saubere Wäsche

le panier à linge
der Wäschekorb

le lave-linge
die Waschmaschine

le lave-linge séchant
der Waschautomat mit Trockner

le sèche-linge
der Trockner

le panier à linge
der Wäschekorb

la corde à linge
die Wäscheleine

la pince à linge
die Wäscheklammer

sécher
trocknen

le fer à repasser
das Bügeleisen

la planche à repasser | das Bügelbrett

---

vocabulaire • Vokabular

charger füllen	**essorer** schleudern	**repasser** bügeln	**Comment fonctionne le lave-linge?** Wie benutze ich die Waschmaschine?
rincer spülen	**l'essoreuse** die Wäscheschleuder	**l'assouplissant** der Weichspüler	**Quel est le programme pour les couleurs/le blanc?** Welches Programm nehme ich für farbige/weiße Wäsche?

français • deutsch

LA MAISON • DAS HAUS

l'équipement d'entretien • die Reinigungsartikel

le tuyau flexible
der Saugschlauch

la balayette
der Handfeger

la pelle
das Kehrblech

l'eau de Javel
das Reinigungsmittel

le seau
der Eimer

la poudre
das Waschpulver

le liquide
der Flüssigreiniger

le chiffon
das Staubtuch

l'aspirateur
der Staubsauger

le balai laveur
der Putzmopp

le détergent
das Waschmittel

la cire
die Politur

les activités • die Tätigkeiten

nettoyer
putzen

laver
spülen

essuyer
wischen

laver à la brosse
schrubben

racler
kratzen

le balai
der Besen

balayer
fegen

épousseter
Staub wischen

cirer
polieren

français • deutsch

LA MAISON • DAS HAUS

l'atelier • die Heimwerkstatt

la scie sauteuse
die Stichsäge

le mandrin
das Bohrfutter

la pile
der Akku

la perceuse rechargeable
der Akkubohrer

la perceuse électrique
der Elektrobohrer

la mèche
der Bohrer

le pistolet à colle
die Klebepistole

le serre-joint
die Zwinge

l'étau
der Schraubstock

la ponceuse
die Schleifmaschine

la lame
das Sägeblatt

la scie circulaire
die Kreissäge

l'établi
die Werkbank

la colle à bois
der Holzleim

la guimbarde
der Grundhobel

les copeaux
die Holzspäne

le porte-outils
das Werkzeuggestell

le vilebrequin
die Bohrwinde

la rallonge
die Verlängerungsschnur

français • deutsch

LA MAISON • DAS HAUS

les techniques • die Fertigkeiten

découper
schneiden

scier
sägen

percer
bohren

marteler
hämmern

raboter
hobeln

tourner
drechseln

sculpter
schnitzen

la soudure
der Lötzinn

souder
löten

les matériaux • die Materialien

le médium
die MDF-Platte

le contreplaqué
das Sperrholz

l'aggloméré
das Spanholz

l'isorel
die Hartfaserplatte

le bois tendre
das Weichholz

le bois | das Holz

le bois dur
das Hartholz

le vernis
der Lack

la couleur pour bois
die Beize

le fil de fer
der Draht

le câble
das Kabel

l'inox
der rostfreie Stahl

galvanisé
galvanisiert

le métal | das Metall

français • deutsch

LA MAISON • DAS HAUS

la boîte à outils • der Werkzeugkasten

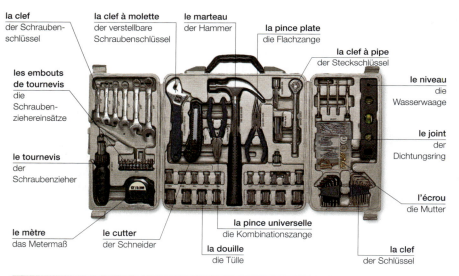

- **la clef** — der Schraubenschlüssel
- **la clef à molette** — der verstellbare Schraubenschlüssel
- **le marteau** — der Hammer
- **la pince plate** — die Flachzange
- **la clef à pipe** — der Steckschlüssel
- **les embouts de tournevis** — die Schraubenziehereinsätze
- **le niveau** — die Wasserwaage
- **le joint** — der Dichtungsring
- **le tournevis** — der Schraubenzieher
- **l'écrou** — die Mutter
- **le mètre** — das Metermaß
- **le cutter** — der Schneider
- **la pince universelle** — die Kombinationszange
- **la douille** — die Tülle
- **la clef** — der Schlüssel

les forets • die Bohrer

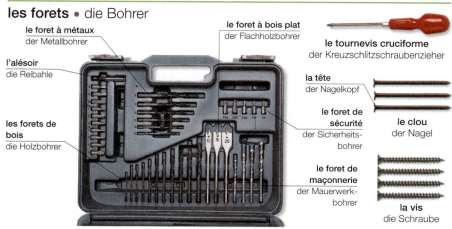

- **le foret à métaux** — der Metallbohrer
- **le foret à bois plat** — der Flachholzbohrer
- **le tournevis cruciforme** — der Kreuzschlitzschraubenzieher
- **l'alésoir** — die Reibahle
- **la tête** — der Nagelkopf
- **le foret de sécurité** — der Sicherheitsbohrer
- **le clou** — der Nagel
- **les forets de bois** — die Holzbohrer
- **le foret de maçonnerie** — der Mauerwerkbohrer
- **la vis** — die Schraube

80 français • deutsch

LA MAISON • DAS HAUS

la pince à dénuder
die Entisolierzange

la pince coupante
der Drahtschneider

le ruban isolant
das Isolierband

le fer à souder
der Lötkolben

le scalpel
das Skalpell

la scie à découper
die Laubsäge

la soudure
der Lötzinn

la scie à dossere | die Profilsäge

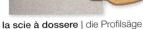

les lunettes de sécurité
die Schutzbrille

le rabot
der Hobel

la scie égoïne
der Fuchsschwanz

la boîte à onglets
die Gehrungslade

la scie à métaux
die Metallsäge

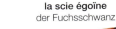

la perceuse manuelle
der Handbohrer

la paille de fer
die Stahlwolle

la clef serre-tube
die Rohrzange

le papier de verre
das Schmirgelpapier

le burin
der Meißel

la ventouse
der Sauger

la lime
die Feile

la pierre à aiguiser
der Wetzstahl

le coupe-tube | der Rohrabschneider

français • deutsch

LA MAISON • DAS HAUS

la décoration • das Tapezieren

les ciseaux
die Tapezierschere

le cutter
das Tapeziermesser

le fil à plomb
das Senkblei

le grattoir
der Spachtel

le tapissier décorateur
der Tapezierer

le papier peint
die Tapete

l'escabeau
die Trittleiter

la brosse à tapisser
die Tapezierbürste

la table à encoller
der Tapeziertisch

la brosse à encoller
die Kleisterbürste

la colle à tapisser
der Tapetenkleister

le seau
der Eimer

tapisser | tapezieren

décoller
abziehen

mastiquer
spachteln

poncer
schmirgeln

plâtrer | verputzen

poser | anbringen

carreler | kacheln

français • deutsch

LA MAISON • DAS HAUS

le rouleau
der Roller

le bac à peinture
die Wanne

la peinture
die Farbe

la brosse
die Streichbürste

le pot de peinture
der Farbtopf

l'éponge
der Schwamm

le papier cache
das Abdeckband

le papier de verre
das Schmirgelpapier

le bleu de travail
der Overall

la couverture de protection
das Abdecktuch

la térébenthine
das Terpentin

le mastic
die Spachtelmasse

le white-spirit
das Verdünnungsmittel

peindre
anstreichen

---

vocabulaire • Vokabular

le plâtre der Gips	**brillant** Glanz-	**le papier gaufré** das Reliefpapier	**la couche de fond** die Grundierung	**le solvant** das Lösungsmittel
le vernis der Lack	**mat** matt	**l'apprêt** die Grundfarbe	**la dernière couche** der Deckanstrich	**le mastic** der Fugenkitt
le pochoir die Schablone	**la peinture mate** die Emulsionsfarbe	**le papier d'apprêt** das Einsatzpapier	**l'agent de conservation** der Schutzanstrich	**l'enduit** das Versiegelungsmittel

français • deutsch

LA MAISON • DAS HAUS

le jardin • der Garten

les styles de jardin • die Gartentypen

les ornements de jardin • die Gartenornamente

le patio
der Patiogarten

le jardin à la française
der architektonische Garten

le jardin paysan
der Bauerngarten

le jardin d'herbes aromatiques
der Kräutergarten

le jardin sur le toit
der Dachgarten

la rocaille
der Steingarten

la cour
der Hof

le jardin d'eau
der Wassergarten

le panier suspendu
die Blumenampe

le treillis
das Spalier

la pergola
die Pergola

français • deutsch

LA MAISON • DAS HAUS

le sol • der Boden

le pavé / die Platten
l'allée / der Weg
le tas de compost / der Komposthaufen
le portail / das Tor
le parterre / das Blumenbeet
la cabane / der Schuppen
la serre / das Gewächshaus
la clôture / der Zaun
la bordure de plantes herbacées / die Staudenrabatte
la pelouse / der Rasen
le bassin / der Teich
la haie / die Hecke
l'arceau / der Bogen
le potager / der Gemüsegarten

la terre / die Erde

le sable / der Sand

la chaux / der Kalk

la vase / der Schlick

l'argile / der Lehm

les planches / die Planken

la fontaine | der Springbrunnen

français • deutsch   85

LA MAISON • DAS HAUS

les plantes de jardin • die Gartenpflanzen

les genres de plantes • die Pflanzenarten

annuel
einjährig

bisannuel
zweijährig

vivace
mehrjährig

le bulbe
die Zwiebel

la fougère
der Farn

le jonc
die Binse

le bambou
der Bambus

les mauvaises herbes
das Unkraut

le herbes
die Kräuter

la plante aquatique
die Wasserpflanze

l'arbre
der Baum

le palmier
die Palme

le conifère
der Nadelbaum

à feuilles persistantes
immergrün

à feuilles caduques
der Laubbaum

français • deutsch

LA MAISON • DAS HAUS

la topiaire
der Formschnitt

la plante alpestre
die Alpenpflanze

la plante grasse
die Sukkulente

le cactus
der Kaktus

la plante en pot
die Topfpflanze

la plante d'ombre
die Schattenpflanze

la plante grimpante
die Kletterpflanze

l'arbuste à fleurs
der Zierstrauch

la couverture du sol
der Bodendecker

la plante rampante
die Kriechpflanze

ornemental
Zier-

l'herbe
das Gras

français • deutsch 87

LA MAISON · DAS HAUS

les outils de jardin · die Gartengeräte

le balai à gazon / der Laubrechen

le terreau / die Komposterde

les graines / die Samen

la cendre d'os / die Knochenasche

la bêche / der Spaten

la fourche / die Mistgabel

la grande cisaille / die Schere

le râteau / die Harke

la houe / die Hacke

le gravier / der Kies

le sac à herbe / der Grasfangsack

le moteur / der Motor

le bras / der Griff

le panier de jardinier / der Gartenkorb

l'écran de protection / der Schutz

le support / der Ständer

la tondeuse / der Schneider

la tondeuse / der Rasenmäher

la brouette / die Schubkarre

88   français · deutsch

LA MAISON • DAS HAUS

la petite fourche / die Handgabel

le sécateur / die Rosenschere

les gants de jardinage / die Gartenhandschuhe

le déplantoir / die Pflanzschaufel

la ficelle / der Zwirn

les étiquettes / die Pflanzenschildchen

la lame / die Klinge

le germoir / der Setzkasten

les attaches / die Befestigungen

les anneaux / die Ringbefestigungen

les cannes / die Gartenstöcke

la cisaille / die Heckenschere

le tamis / das Sieb

la scie à main / die Handsäge

le pesticide / das Pestizid

le pot à fleurs / der Blumentopf

les bottes / die Gummistiefel

l'arrosage • das Gießen

le vaporisateur / die Gartenspritze

l'arroseur / der Rasensprenger

le jet / die Düse

l'arrosoir / die Gießkanne

le tuyau d'arrosage / der Gartenschlauch

la pomme / die Brause

le dévidoir de tuyau | der Schlauchwagen

français • deutsch

LA MAISON • DAS HAUS

le jardinage • die Gartenarbeit

la pelouse
der Rasen

le parterre
das Blumenbeet

la tondeuse
der Rasenmäher

la haie
die Hecke

le tuteur
die Stange

tondre | mähen

gazonner
mit Rasen bedecken

piquer
stechen

ratisser
harken

tailler
stutzen

bêcher
graben

semer
säen

fumer en surface
mit Kopfdünger düngen

arroser
gießen

français • deutsch

LA MAISON • **DAS HAUS**

palisser
ziehen

enlever les fleurs fanées
köpfen

asperger
sprühen

la canne
der Stock

greffer
pfropfen

la bouture
der Ableger
propager
vermehren

élaguer
beschneiden

mettre un tuteur
hochbinden

transplanter
umpflanzen

désherber
jäten

pailler
mulchen

récolter
ernten

---

vocabulaire • Vokabular

cultiver züchten	**dessiner** gestalten	**fertiliser** düngen	**tamiser** sieben	**biologique** biologisch	**le semis** der Sämling	**le sous-sol** der Untergrund
soigner hegen	**mettre en pot** eintopfen	**cueillir** pflücken	**retourner** auflockern	**le drainage** die Entwässerung	**l'engrais** der Dünger	**l'herbicide** der Unkrautvernichter

français • deutsch

les services
die Dienstleistungen

LES SERVICES • DIE DIENSTLEISTUNGEN

les services d'urgence • die Notdienste

l'ambulance • der Krankenwagen

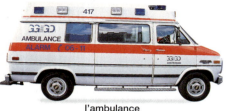

l'ambulance
der Krankenwagen

le brancard
die Tragbahre

l'infirmier du SAMU
der Rettungssanitäter

la police • die Polizei

le badge
die Kennmarke

l'uniforme
die Uniform

la sirène
die Sirene

les feux
das Licht

la matraque
der Gummiknüppel

la voiture de police
das Polizeiauto

le poste de police
die Polizeiwache

le pistolet
die Pistole

les menottes
die Handschellen

le policier
der Polizist

vocabulaire • Vokabular

l'inspecteur der Inspektor	le cambriolage der Einbruchdiebstahl	la plainte die Beschwerde	l'arrestation die Festnahme
le crime das Verbrechen	l'agression die Körperverletzung	l'enquête die Ermittlung	l'accusation die Anklage
la cellule die Haftzelle	les empreintes der Fingerabdruck	le suspect der Verdächtige	l'officier de police der Kriminalbeamte

français • deutsch

LES SERVICES • DIE DIENSTLEISTUNGEN

les pompiers • die Feuerwehr

- la fumée / der Rauch
- le tuyau / der Schlauch
- la nacelle / der Auslegerkorb
- la flèche / der Ausleger
- le casque / der Schutzhelm
- les sapeurs-pompiers / die Feuerwehrleute
- le jet d'eau / der Wasserstrahl
- l'échelle / die Leiter
- la cabine / die Fahrerkabine

l'incendie | der Brand

la caserne de pompiers
die Feuerwache

l'escalier de secours
die Feuertreppe

la voiture de pompiers
das Löschfahrzeug

le détecteur de fumée
der Rauchmelder

l'avertisseur d'incendie
der Feuermelder

la hache
das Beil

l'extincteur
der Feuerlöscher

la borne d'incendie
der Hydrant

La police/les pompiers/une ambulance, s'il vous plaît.
Die Polizei/die Feuerwehr/einen Krankenwagen, bitte.

Il y a un incendie à…
Es brennt in…

Il y a eu un accident.
Es ist ein Unfall passiert.

Appelez la police!
Rufen Sie die Polizei!

français • deutsch

LES SERVICES • DIE DIENSTLEISTUNGEN

la banque • die Bank

le client / der Kunde

le guichet / der Schalter

le caissier / der Kassierer

les dépliants / die Broschüren

le comptoir / der Schalter

les fiches de versement / die Einzahlungsformulare

le directeur d'a-gence / der Filialleiter

la carte bancaire / die EC-Karte

la carte de crédit / die Kreditkarte

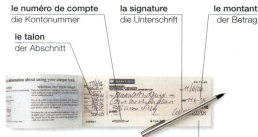

le numéro de compte / die Kontonummer

le talon / der Abschnitt

la signature / die Unterschrift

le montant / der Betrag

le carnet de chèques / das Scheckheft

le chèque / der Scheck

vocabulaire • Vokabular				
l'impôt die Steuer	l'hypothèque die Hypothek	le paiement die Zahlung	verser einzahlen	le code secret der PIN-Kode
le prêt das Darlehen	le taux d'intérêt der Zinssatz	le prélèvement der Einzugsauftrag	les frais bancaires die Bankgebühr	le compte courant das Girokonto
l'épargne das Ersparte	le découvert die Kontoüberziehung	la fiche de retrait das Abhebungsformular	le virement bancaire die Banküberweisung	le compte d'épargne das Sparkonto

français • deutsch

LES SERVICES • DIE DIENSTLEISTUNGEN

la pièce / die Münze
le billet / der Schein
l'argent / das Geld

l'écran / der Bildschirm
la fente / der Kartenschlitz
le clavier / das Tastenfeld
le distributeur / der Geldautomat

les devises étrangères • die ausländische Währung

le bureau de change / die Wechselstube

le traveller / der Reisescheck

le taux de change / der Wechselkurs

vocabulaire • Vokabular

encaisser / einlösen	les actions / die Aktien
la valeur / der Nennwert	les dividendes / die Gewinnanteile
la commission / die Provision	le comptable / der Wirtschaftsprüfer
l'investissement / die Kapitalanlage	le portefeuille / die Brieftasche
les titres / die Wertpapiere	l'action / die Stammaktie

Est-ce que je peux changer ça, s'il vous plaît?
Könnte ich das bitte wechseln?

Quel est le taux de change aujourd'hui?
Wie ist der heutige Wechselkurs?

la finance • die Geldwirtschaft

le prix des actions / der Aktienpreis
l'agent de la bourse / der Börsenmakler
la conseillère financière / die Finanzberaterin
la bourse | die Börse

français • deutsch

LES SERVICES • DIE DIENSTLEISTUNGEN

les communications • die Kommunikation

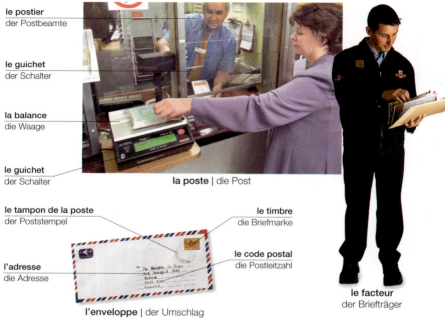

le postier / der Postbeamte

le guichet / der Schalter

la balance / die Waage

le guichet / der Schalter

la poste | die Post

le tampon de la poste / der Poststempel

le timbre / die Briefmarke

le code postal / die Postleitzahl

l'adresse / die Adresse

le facteur / der Briefträger

l'enveloppe | der Umschlag

---

vocabulaire • Vokabular

la lettre der Brief	**l'expéditeur** der Absender	**la distribution** die Zustellung	**fragile** zerbrechlich	**ne pas plier** nicht falten
par avion per Luftpost	**la signature** die Unterschrift	**le mandat postal** die Postanweisung	**le sac postal** der Postsack	**dessus** oben
l'envoi en recommandé das Einschreiben	**la levée** die Leerung	**le tarif d'affranchissement** die Portokosten	**le télégramme** das Telegramm	**le fax** das Fax

98 français • deutsch

LES SERVICES • DIE DIENSTLEISTUNGEN

la boîte aux lettres
der Briefkasten

la boîte aux lettres
der Hausbriefkasten

le colis
das Paket

le service de messagerie
der Kurierdienst

le téléphone • das Telefon

le combiné
der Apparat

la base
die Feststation

le répondeur
der Anrufbeantworter

le téléphone sans fil
das schnurlose Telefon

le visiophone
das Bildtelefon

la cabine téléphonique
die Telefonzelle

le clavier
das Tastenfeld

le combiné
der Hörer

le retour des pièces
die Münzrückgabe

le portable
das Handy

le téléphone à pièces
der Münzfernsprecher

téléphone à carte
das Kartentelefon

---

vocabulaire • Vokabular

le P.C.V. das R-Gespräch	**répondre** abheben	**occupé** besetzt	**Pouvez-vous me donner le numéro pour…?** Können Sie mir die Nummer für…geben?
composer wählen	**le texto** die SMS	**coupé** unterbrochen	
les renseignements die Auskunft	**le message vocal** die Sprachmitteilung	**le téléphoniste** die Vermittlung	**Quel est l'indicatif pour…?** Was ist die Vorwahl für…?

français • deutsch

LES SERVICES • DIE DIENSTLEISTUNGEN

l'hôtel • das Hotel
le hall • die Empfangshalle

- le client • der Gast
- la clef de la chambre • der Zimmerschlüssel
- les messages • die Nachrichten
- le casier • das Fach
- la réceptionniste • die Empfangsdame
- le registre • das Gästebuch
- le comptoir • der Schalter

la réception | der Empfang

les bagages • das Gepäck
le diable • der Kofferkuli

le porteur • der Hoteldiener

l'ascenseur • der Fahrstuhl

le numéro de chambre • die Zimmernummer

les chambres • die Zimmer

la chambre simple
das Einzelzimmer

la chambre double
das Doppelzimmer

la chambre à deux lits
das Zweibettzimmer

la salle de bain privée
das Privatbadezimmer

français • deutsch

LES SERVICES · DIE DIENSTLEISTUNGEN

les services · die Dienstleistungen

le service de ménage
die Zimmerreinigung

le service de blanchisserie
der Wäschedienst

le plateau à petit déjeuner
das Frühstückstablett

le service d'étage | der Zimmerservice

le minibar
die Minibar

le restaurant
das Restaurant

la salle de sport
der Fitnessraum

la piscine
das Schwimmbad

---

vocabulaire · Vokabular

la pension complète
die Vollpension

la demi-pension
die Halbpension

la chambre avec le petit déjeuner
die Übernachtung mit Frühstück

Avez-vous une chambre de libre?
Haben Sie ein Zimmer frei?

J'ai une réservation.
Ich habe ein Zimmer reserviert.

Je voudrais une chambre simple.
Ich möchte ein Einzelzimmer.

Je voudrais une chambre pour trois nuits.
Ich möchte ein Zimmer für drei Nächte.

C'est combien par nuit?
Was kostet das Zimmer pro Nacht?

Quand est-ce que je dois quitter la chambre?
Wann muss ich das Zimmer räumen?

---

français · deutsch   101

les courses
der Einkauf

LES COURSES • DER EINKAUF

le centre commercial • das Einkaufszentrum

l'atrium
das Atrium

l'enseigne
das Schild

l'ascenseur
der Fahrstuhl

le deuxième étage
die zweite Etage

le premier étage
die erste Etage

l'escalier mécanique
die Rolltreppe

le rez-de-chaussée
das Erdgeschoss

le client
der Kunde

vocabulaire • Vokabular

le rayon enfants die Kinderabteilung	**le guide** die Anzeigetafel	**les cabines d'essayage** die Anprobe	**C'est combien?** Was kostet das?
le rayon bagages die Gepäckabteilung	**le vendeur** der Verkäufer	**les soins de bébés** der Wickelraum	**Est-ce que je peux changer ça?** Kann ich das umtauschen?
le rayon chaussures die Schuhabteilung	**le service après-vente** der Kundendienst	**les toilettes** die Toiletten	

français • deutsch

LES COURSES • DER EINKAUF

le grand magasin • das Kaufhaus

les vêtements pour hommes
die Herrenbekleidung

les vêtement pour femmes
die Damenoberbekleidung

la lingerie
die Damenwäsche

la parfumerie
die Parfümerie

la beauté
die Schönheitspflege

le linge de maison
die Haushaltswäsche

l'ameublement
die Möbel

la mercerie
die Kurzwaren

la vaisselle
die Küchengeräte

la porcelaine
das Porzellan

l'électroménager
die Elektroartikel

l'éclairage
die Lampen

les articles de sport
die Sportartikel

les jouets
die Spielwaren

la papeterie
die Schreibwaren

l'alimentation
die Lebensmittelabteilung

français • deutsch

LES COURSES • DER EINKAUF

le supermarché • der Supermarkt

l'allée / der Gang
l'étagère / das Warenregal
le tapis roulant / das Laufband
le caissier / der Kassierer
les promotions / die Angebote
la caisse | die Kasse
le client / der Kunde
la caisse / die Kasse
la sac à provisions / die Einkaufstasche
les provisions / die Lebensmittel
l'anse / der Henkel
le code barres / der Strichkode
le caddie / der Einkaufswagen
le panier / der Einkaufskorb
le lecteur optique / der Scanner

français • deutsch

LES COURSES • DER EINKAUF

la boulangerie
die Backwaren

la crémerie
die Milchprodukte

les céréales
die Getreideflocken

les conserves
die Konserven

la confiserie
die Süßwaren

les légumes
das Gemüse

les fruits
das Obst

la viande et la volaille
das Fleisch und das Geflügel

le poisson
der Fisch

la charcuterie
die Feinkost

les produits surgelés
die Tiefkühlkost

les plats cuisinés
die Fertiggerichte

les boissons
die Getränke

les produits d'entretien
die Haushaltswaren

les articles de toilette
die Toilettenartikel

les articles pour bébés
die Babyprodukte

l'électroménager
die Elektroartikel

la nourriture pour animaux
das Tierfutter

les magazines | die Zeitschriften

français • deutsch

LES COURSES • DER EINKAUF

la pharmacie • die Apotheke

- le soin dentaire / die Zahnpflege
- l'hygiène féminine / die Monatshygiene
- les déodorants / die Deos
- les cachets de vitamines / die Vitamintabletten
- l'officine / die Apotheke
- le pharmacien / der Apotheker
- le médicament pour la toux / das Hustenmedikament
- l'herboristerie / Kräuterheilmittel
- les soins de la peau / die Hautpflege

l'écran solaire
die Sonnenschutzcreme

l'après-soleil / die After-Sun-Lotion

l'écran total
der Sonnenblocker

le produit anti-insecte
das Insektenschutzmittel

la lingette humide
das Reinigungstuch

le kleenex
das Papiertaschentuch

la serviette hygiénique
die Damenbinde

le tampon
der Tampon

le protège-slip
die Slipeinlage

français • deutsch

LES COURSES • DER EINKAUF

la gélule
die Kapsel

la tablette
die Tablette

la cuiller pour mesurer
der Messlöffel

le sirop
der Saft

le mode d'emploi
die Gebrauchsanweisung

l'inhalateur
der Inhalierstift

la crème
die Creme

la pommade
die Salbe

le gel
das Gel

le suppositoire
das Zäpfchen

la pipette
die Pipette

l'aiguille
die Nadel

les gouttes
die Tropfen

la seringue
die Spritze

le spray
das Spray

la poudre
der Puder

---

vocabulaire • Vokabular

le fer das Eisen	**les effets secondaires** die Nebenwirkungen	**jetable** Wegwerf-	**le médicament** das Medikament	**l'analgésique** das Schmerzmittel
le calcium das Kalzium	**la date d'expiration** das Verfallsdatum	**soluble** löslich	**le laxatif** das Abführmittel	**le sédatif** das Beruhigungsmittel
l'insuline das Insulin	**la médication** die Verordnung	**la posologie** die Dosierung	**la diarrhée** der Durchfall	**le somnifère** die Schlaftablette
le magnésium das Magnesium	**les cachets antinaupathiques** die Reisekrankheitstabletten	**le médicament multivitamine** das Multivitaminmittel	**la pastille pour la gorge** die Halspastille	**l'anti-inflammatoire** der Entzündungshemmer

français • deutsch

LES COURSES • DER EINKAUF

le fleuriste • das Blumengeschäft

- les fleurs / die Blumen
- le lis / die Lilie
- l'acacia / die Akazie
- l'œillet / die Nelke
- la plante en pot / die Topfpflanze
- le glaïeul / die Gladiole
- l'iris / die Iris
- la marguerite / die Margerite
- le chrysanthème / die Chrysantheme
- la gypsophile / das Schleierkraut

la giroflée / die Levkoje   **le gerbera** / die Gerbera   **le feuillage** / die Blätter   **la rose** / die Rose   **le freesia** / die Freesie

français • deutsch

LES COURSES • DER EINKAUF

les compositions florales •
die Blumenarrangements

le vase / die Blumenvase

l'orchidée / die Orchidee

la pivoine / die Pfingstrose

la botte / der Strauß

la tige / der Stängel

la jonquille / die Osterglocke

le bourgeon / die Knospe

l'emballage / das Einwickelpapier

la tulipe | die Tulpe

le ruban / das Band

le bouquet de fleurs / der Blumenstrauß

les fleurs séchées / die Trockenblumen

le pot-pourri | das Potpurri

la couronne | der Kranz

la guirlande de fleurs / die Blumengirlande

Je voudrais un bouquet de…, SVP.
Ich möchte einen Strauß…, bitte.

Pouvez-vous les emballer?
Können Sie die Blumen bitte einwickeln?

Je peux y attacher un message?
Kann ich eine Nachricht mitschicken?

Elles tiennent combien de temps?
Wie lange halten sie?

Est-ce qu'elles sentent bon?
Duften sie?

Pouvez-vous les envoyer à…?
Können Sie die Blumen an… schicken?

français • deutsch

LES COURSES • DER EINKAUF

le marchand de journaux • der Zeitungshändler

les cigarettes
die Zigaretten

le paquet de cigarettes
das Päckchen Zigaretten

les allumettes
die Streichhölzer

les billets de loterie
die Lottoscheine

les timbres
die Briefmarken

la carte postale
die Postkarte

la bande dessinée
das Comicheft

le magazine
die Zeitschrift

le journal
die Zeitung

fumer • das Rauchen

le tabac
der Tabak

le briquet
das Feuerzeug

le tuyau
der Stiel

le fourneau
der Kopf

la pipe
die Pfeife

le cigare
die Zigarre

français • deutsch

LES COURSES • DER EINKAUF

le kiosque • der Kiosk

la boîte de chocolats
die Schachtel Pralinen

la friandise
die Nascherei

les chips
die Chips

la confiserie | das Süßwarengeschäft

vocabulaire • Vokabular	
le caramel der Karamell	**le biscuit** der Keks
la truffe der Trüffel	**les bonbons** die Bonbons
le chocolat blanc die weiße Schokolade	**le chocolat au lait** die Milchschokolade
le chocolat noir die Zartbitterschokolade	**les bonbons assortis** die bunte Mischung

le confiseur • die Süßwaren

le chocolat
die Praline

la tablette de chocolat
die Tafel Schokolade

les bonbons
die Bonbons

la sucette
der Lutscher

le caramel
das Toffee

le nougat
der Nugat

la guimauve
das Marshmallow

le bonbon à la menthe
das Pfefferminz

le chewing-gum
der Kaugummi

la dragée à la gelée
der Geleebonbon

le bonbon au fruit
der Fruchtgummi

le réglisse
die Lakritze

français • deutsch

LES COURSES • DER EINKAUF

les autres magasins • andere Geschäfte

la boulangerie
die Bäckerei

la pâtisserie
die Konditorei

la boucherie
die Metzgerei

la poissonnerie
das Fischgeschäft

le marchand de légumes
der Gemüseladen

l'épicerie
das Lebensmittelgeschäft

le magasin de chaussures
das Schuhgeschäft

la quincaillerie
die Eisenwarenhandlung

le magasin d'antiquités
der Antiquitätenladen

la boutique de cadeaux
der Geschenkartikelladen

l'agence de voyage
das Reisebüro

la bijouterie
das Juweliergeschäft

français • deutsch

LES COURSES • DER EINKAUF

la librairie
der Buchladen

le magasin de disques
der Musikladen

le dépit de vin
die Weinhandlung

l'animalerie
die Tierhandlung

le magasin de meubles
das Möbelgeschäft

la boutique
die Boutique

vocabulaire • Vokabular

la pépinière das Gartencenter	**le magasin d'objets d'art** die Kunsthandlung
le pressing die Reinigung	**le magasin d'appareils photos** das Fotogeschäft
la laverie automatique der Waschsalon	**le marchand d'occasion** der Gebrauchtwaren- händler
l'agent immobilier der Immobilienmakler	
le magasin de produits diététiques das Reformhaus	

le tailleur
die Schneiderei

le salon de coiffure
der Frisiersalon

le marché | der Markt

français • deutsch

la nourriture
die Nahrungsmittel

LA NOURRITURE • DIE NAHRUNGSMITTEL

la viande • das Fleisch

l'agneau / das Lamm
le boucher / der Metzger
l'allonge / der Fleischerhaken
la balance / die Waage
le fusil / der Messerschärfer
le bacon / der Speck
les saucisses / die Würstchen
le foie / die Leber

vocabulaire • Vokabular

le porc das Schweinefleisch	**la venaison** das Wild	**les abats** die Innereien	**de ferme** aus Freilandhaltung	**la viande rouge** das rote Fleisch
le bœuf das Rindfleisch	**le lapin** das Kaninchen	**salé** gepökelt	**naturel** biologisch kontrolliert	**la viande maigre** das magere Fleisch
le veau das Kalbfleisch	**la langue de bœuf** die Zunge	**fumé** geräuchert	**la viande blanche** das weiße Fleisch	**la viande cuite** das gekochte Fleisch

français • deutsch

LA NOURRITURE • DIE NAHRUNGSMITTEL

les morceaux de viande • die Fleischsorten

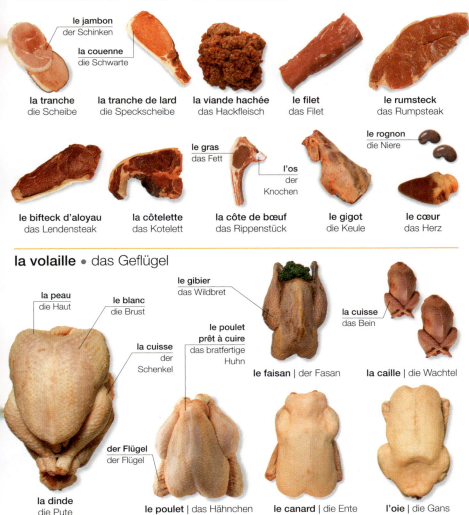

le jambon / der Schinken
la couenne / die Schwarte
la tranche / die Scheibe
la tranche de lard / die Speckscheibe
la viande hachée / das Hackfleisch
le filet / das Filet
le rumsteck / das Rumpsteak

le gras / das Fett
l'os / der Knochen
le rognon / die Niere
le bifteck d'aloyau / das Lendensteak
la côtelette / das Kotelett
la côte de bœuf / das Rippenstück
le gigot / die Keule
le cœur / das Herz

la volaille • das Geflügel

la peau / die Haut
le blanc / die Brust
la cuisse / der Schenkel
le gibier / das Wildbret
le poulet prêt à cuire / das bratfertige Huhn
la cuisse / das Bein
le faisan | der Fasan
la caille | die Wachtel
der Flügel / der Flügel
la dinde / die Pute
le poulet | das Hähnchen
le canard | die Ente
l'oie | die Gans

français • deutsch

LA NOURRITURE • DIE NAHRUNGSMITTEL

le poisson • der Fisch

LA NOURRITURE · DIE NAHRUNGSMITTEL

les fruits de mer · die Meeresfrüchte

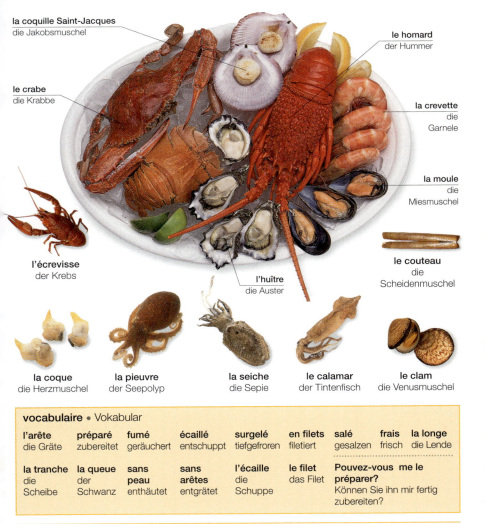

la coquille Saint-Jacques — die Jakobsmuschel
le homard — der Hummer
le crabe — die Krabbe
la crevette — die Garnele
la moule — die Miesmuschel
l'écrevisse — der Krebs
le couteau — die Scheidenmuschel
l'huître — die Auster
la coque — die Herzmuschel
la pieuvre — der Seepolyp
la seiche — die Sepie
le calamar — der Tintenfisch
le clam — die Venusmuschel

---

vocabulaire · Vokabular

l'arête die Gräte	préparé zubereitet	fumé geräuchert	écaillé entschuppt	surgelé tiefgefroren	en filets filetiert	salé gesalzen	frais frisch	la longe die Lende
la tranche die Scheibe	la queue der Schwanz	sans peau enthäutet	sans arêtes entgrätet	l'écaille die Schuppe	le filet das Filet	**Pouvez-vous me le préparer?** Können Sie ihn mir fertig zubereiten?		

français · deutsch

LA NOURRITURE • DIE NAHRUNGSMITTEL

les légumes 1 • das Gemüse 1

la graine / der Samen

la fève / die dicke Bohne

le haricot grimpant / die Stangenbohne

le haricot vert / die grüne Bohne

le petit pois / die grüne Erbse

le germe de soja / die Sojabohnensprosse

le bambou / der Bambus

la gousse / die Schote

l'okra / die Okra

le maïs / der Mais

l'endive / der Chicorée

le fenouil / der Fenchel

les cœurs de palmier / die Palmherzen

le céleri / der Stangensellerie

---

vocabulaire • Vokabular

| la feuille das Blatt | la fleurette das Röschen | la pointe die Spitze | biologique biologisch | **Est-ce que vous vendez des légumes bios?** Verkaufen Sie Biogemüse? |
| le trognon der Strunk | le grain der Kern | le cœur das Herz | le sac en plastique die Plastiktüte | **Est-ce qu'ils sont cultivés dans la région?** Werden sie in dieser Gegend angebaut? |

122   français • deutsch

LA NOURRITURE • DIE NAHRUNGSMITTEL

la roquette
die Rauke

le cresson
die Brunnenkresse

le radicchio
der Radicchio

le chou de Bruxelles
der Rosenkohl

la bette
der Mangold

le chou frisé
der Grünkohl

l'oseille
der Garten-Sauerampfer

la chicorée
die Endivie

le pissenlit
der Löwenzahn

les épinards
der Spinat

le chou-rave
der Kohlrabi

le chou chinois
der Chinakohl

la laitue
der Salat

le brocoli
der Brokkoli

le chou
der Kohl

le chou précoce
der Frühkohl

français • deutsch

LA NOURRITURE · DIE NAHRUNGSMITTEL

les légumes 2 · das Gemüse 2

- **l'artichaut** / die Artischocke
- **le radis** / das Radieschen
- **le chou-fleur** / der Blumenkohl
- **la pomme de terre** / die Kartoffel
- **le navet** / die Rübe
- **l'oignon** / die Zwiebel
- **le poivron** / die Paprika
- **le piment** / die Peperoni
- **la courge** / der Gartenkürbis

vocabulaire · Vokabular

la tomate cerise die Kirschtomate	**le céleri** der Sellerie	**surgelé** tiefgefroren	**amer** bitter	**Puis-je avoir un kilo de pommes de terre s'il vous plaît?** Könnte ich bitte ein Kilo Kartoffeln haben?
la carotte die Karotte	**le taro** die Tarowurzel	**cru** roh	**ferme** fest	
le manioc der Maniok	**la châtaigne d'eau** die Wasserkastanie	**épicé** scharf	**la pulpe** das Fruchtfleisch	**C'est combien le kilo?** Was kostet ein Kilo?
la pomme de terre nouvelle die neue Kartoffel	**le fruit de l'arbre à pain** die Brotfrucht	**sucré** süß	**la racine** die Wurzel	**Ils s'appellent comment?** Wie heißen diese?

français · deutsch

LA NOURRITURE • DIE NAHRUNGSMITTEL

la patate douce
die Süßkartoffel

l'igname
die Jamswurzel

la betterave
die Rote Bete

le rutabaga
die Kohlrübe

le topinambour
der Topinambur

le raifort
der Meerrettich

le panais
die Pastinake

le gingembre
der Ingwer

l'aubergine
die Aubergine

la tomate
die Tomate

la ciboule
die Frühlingszwiebel

le poireau
der Lauch

l'échalote
die Schalotte

l'ail
der Knoblauch

la gousse
die Zehe

la truffe
die Trüffel

le champignon
der Pilz

le concombre
die Gurke

la courgette
die Zucchini

la courge musquée
der Butternusskürbis

la courge gland
der Eichelkürbis

la citrouille
der Kürbis

français • deutsch

125

LA NOURRITURE • DIE NAHRUNGSMITTEL

le fruit 1 • das Obst 1

les agrumes • die Zitrusfrüchte | les fruits à noyau • das Steinobst

l'orange
die Orange

la clémentine
die Klementine

la pêche
der Pfirsich

la nectarine
die Nektarine

le tangelo
die Tangelo

la peau blanche
die weiße Haut

le pamplemousse
die Grapefruit

l'abricot
die Aprikose

la prune
die Pflaume

la cerise
die Kirsche

la mandarine
die Mandarine

le quartier
die Rippe

la satsuma
die Satsuma

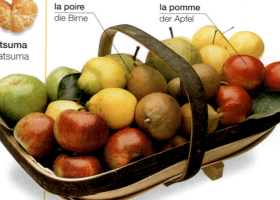

la poire
die Birne

la pomme
der Apfel

le zeste
die Schale

le citron vert
die Limone

le citron
die Zitrone

le kumquat
die Kumquat

la corbeille de fruits | der Obstkorb

126 français • deutsch

LA NOURRITURE • DIE NAHRUNGSMITTEL

les fruits rouges et les melons • das Beerenobst und die Melonen

la fraise
die Erdbeere

la framboise
die Himbeere

le melon
die Melone

les raisins
die Weintrauben

la mûre
die Brombeere

la groseille
die Johannisbeere

l'écorce
die Schale

le pépin
der Kern

le cassis
die schwarze Johannisbeere

la pulpe
das Fruchtfleisch

la canneberge
die Preiselbeere

la myrtille
die Heidelbeere

la groseille blanche
die weiße Johannisbeere

la pastèque
die Wassermelone

la loganberry
die Loganbeere

vocabulaire • Vokabular				
juteux saftig	aigre sauer	croquant knackig	sans pépins kernlos	Est-ce qu'ils sont mûrs? Sind sie reif?
pourri faul	frais frisch	la fibre die Faser	la pulpe das Fruchtmark	Je peux goûter? Könnte ich eine probieren?
sucré süß	le jus der Saft	la rhubarbe der Rhabarber	le trognon das Kerngehäuse	Ils se gardent combien de temps? Wie lange halten sie sich?

la groseille à maquereau
die Stachelbeere

français • deutsch 127

LA NOURRITURE • DIE NAHRUNGSMITTEL

les fruits 2 • das Obst 2

LA NOURRITURE • DIE NAHRUNGSMITTEL

les noix et les fruits secs • die Nüsse und das Dörrobst

le pignon
die Piniennuss

la pistache
die Pistazie

la noix de cajou
die Cashewnuss

la cacahouète
die Erdnuss

la noisette
die Haselnuss

la noix du Brésil
die Paranuss

la noix pacane
die Pecannuss

l'amande
die Mandel

la noix
die Walnuss

le marron
die Esskastanie

le macadamia
die Macadamianuss

la figue
die Feige

la datte
die Dattel

le pruneau
die Backpflaume

la coquille
die Schale

la chair
das Fruchtfleisch

le raisin de Smyrne
die Sultanine

le raisin sec
die Rosine

le raisin de Corinthe
die Korinthe

la noix de coco
die Kokosnuss

vocabulaire • Vokabular

vert grün	**dur** hart	**l'amande** der Kern	**salé** gesalzen	**grillé** geröstet	**les fruits tropicaux** die Südfrüchte	**décortiqué** geschält
mûr reif	**mou** weich	**séché** getrocknet	**cru** roh	**de saison** Saison-	**le fruit confit** die kandierten Früchte	**complet** ganz

français • deutsch

LA NOURRITURE • DIE NAHRUNGSMITTEL

les céréales et les légumes secs • die Getreidearten und die Hülsenfrüchte

les céréales • das Getreide

le blé
der Weizen

l'avoine
der Hafer

l'orge
die Gerste

le millet
die Hirse

le maïs
der Mais

le quinoa
das Quinoa

vocabulaire • Vokabular

la balle die Hülse	**frais** frisch	**complet** Vollkorn
le grain das Korn	**parfumé** aromatisch	**à grains longs** Langkorn
sec trocken	**la céréale** das Getreide	**à grains ronds** Rundkorn
la graine der Samen	**laisser tremper** einweichen	**facile à cuisiner** leicht zu kochen

le riz • der Reis

le riz blanc
der weiße Reis

le riz complet
der Naturreis

le riz sauvage
der Wildreis

le riz rond
der Milchreis

les céréales traitées • die verarbeiteten Getreidearten

le couscous
der Kuskus

le blé écrasé
der Weizenschrot

la semoule
der Grieß

le son
die Kleie

français • deutsch

LA NOURRITURE • DIE NAHRUNGSMITTEL

les haricots et les pois • die Bohnen und die Erbsen

les gros haricots blancs
die Mondbohnen

les haricots blancs
die weißen Bohnen

les haricots rouges
die roten Bohnen

les adzukis
die Adzukibohnen

les fèves
die Saubohnen

les graines de soja
die Sojabohnen

les doliques à œil noir
die schwarzäugigen Bohnen

les haricots pinto
die Pintobohnen

les haricots mung
die Mungbohnen

les flageolets
die französischen Bohnen

les lentilles
die braunen Linsen

les lentilles rouges
die roten Linsen

les petits pois
die grünen Erbsen

les pois chiches
die Kichererbsen

les pois cassés
die getrockneten Erbsen

les graines • die Körner

la graine de potiron
der Kürbiskern

le grain de moutarde
das Senfkorn

la graine de carvi
der Kümmel

la graine de sésame
das Sesamkorn

la graine de tournesol
der Sonnenblumenkern

français • deutsch

LA NOURRITURE • DIE NAHRUNGSMITTEL

les herbes et les épices • die Kräuter und Gewürze

les épices • die Gewürze

la vanille
die Vanille

la noix de muscade
die Muskatnuss

le macis
die Muskatblüte

le curcuma
die Kurkuma

le cumin
der Kreuzkümmel

le bouquet garni
die Kräutermischung

le poivre de la Jamaïque
der Piment

le grain de poivre
das Pfefferkorn

le fenugrec
der Bockshornklee

le piment
der Chili

le safran
der Safran

la cardamome
der Kardamom

la poudre de curry
das Currypulver

le paprika
der Paprika

en morceaux — ganz

écrasé — zerstoßen

en poudre — gemahlen

en flocons — geraspelt

l'ail
der Knoblauch

français • deutsch

LA NOURRITURE • DIE NAHRUNGSMITTEL

les herbes • die Kräuter

les bâtons
die Stangen

la cannelle
der Zimt

le fenouil
der Fenchel

les graines de fenouil
die Fenchelsamen

la feuille de laurier
der Lorbeer

le persil
die Petersilie

la citronnelle
das Zitronengras

la ciboulette
der Schnittlauch

la menthe
die Minze

le thym
der Thymian

la sauge
der Salbei

le clou de girofle
die Gewürznelke

l'estragon
der Estragon

la marjolaine
der Majoran

le basilic
das Basilikum

l'anis étoilé
der Sternanis

le gingembre
der Ingwer

l'origan
der Oregano

la coriandre
der Koriander

l'aneth
der Dill

le romarin
der Rosmarin

français • deutsch

LA NOURRITURE • DIE NAHRUNGSMITTEL

les aliments en bouteilles •
die Nahrungsmittel in Flaschen

l'huile de noix — das Walnussöl
l'huile de pépins de raisin — das Traubenkernöl
le bouchon — der Korken
l'huile de tournesol — das Sonnenblumenöl
l'huile d'amande — das Mandelöl
l'huile de sésame — das Sesamöl
l'huile de noisette — das Haselnussöl
l'huile d'olive — das Olivenöl
les herbes — die Kräuter
l'huile parfumée — das aromatisierte Öl

les huiles — die Öle

les produits à tartiner • der süße Aufstrich

le pot — das Glas
le gâteau de miel — der Wabenhonig
le miel solide — der feste Honig

la confiture de citron — die Zitronenmarmelade
la confiture de framboises — die Himbeerkonfitüre
la confiture d'oranges — die Orangenmarmelade
le miel liquide — der flüssige Honig
le sirop d'érable — der Ahornsirup

français • deutsch

LA NOURRITURE • DIE NAHRUNGSMITTEL

les condiments • die Würzmittel

le vinaigre de cidre
der Apfelweinessig

le vinaigre balsamique
der Balsamicoessig

la bouteille
die Flasche

la moutarde anglaise
der englische Senf

la mayonnaise
die Majonäse

le ketchup
der Ketschup

la moutarde française
der französische Senf

le chutney
das Chutney

le vinaigre de malt
der Malzessig

le vinaigre de vin
der Weinessig

la sauce
die Soße

la moutarde en grains
der grobe Senf

le vinaigre
der Essig

le bocal scellé
das Einmachglas

le beurre de cacahouètes
die Erdnussbutter

la pâte à tartiner au chocolat
der Schokoladenaufstrich

les fruits en bocaux
das eingemachte Obst

vocabulaire • Vokabular

l'huile de maïs das Maiskeimöl	**l'huile de colza** das Rapsöl
l'huile végétale das Pflanzenöl	**l'huile pressée à froid** das kaltgepresste Öl
l'huile d'arachide das Erdnussöl	**l'huile de germes de blé** das Weizenkeimöl

français • deutsch 135

LA NOURRITURE • DIE NAHRUNGSMITTEL

les produits laitiers • die Milchprodukte

le fromage • der Käse

la croûte
die Rinde

le fromage à pâte pressée non cuite
der mittelharte Käse

le fromage râpé
der geriebene Käse

le fromage à pâte pressée cuite
der Hartkäse

le fromage à pâte semi-molle
der halbfeste Käse

le cottage
der Hüttenkäse

le fromage à la crème
der Rahmkäse

le bleu
der Blauschimmelkäse

le fromage à pâte molle
der Weichkäse

le fromage frais | der Frischkäse

le lait • die Milch

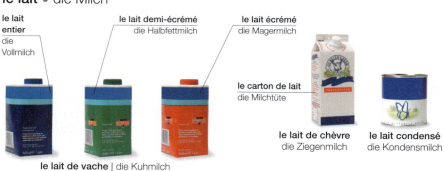

le lait entier
die Vollmilch

le lait demi-écrémé
die Halbfettmilch

le lait écrémé
die Magermilch

le carton de lait
die Milchtüte

le lait de chèvre
die Ziegenmilch

le lait condensé
die Kondensmilch

le lait de vache | die Kuhmilch

136 français • deutsch

LA NOURRITURE • **DIE NAHRUNGSMITTEL**

le beurre
die Butter

la margarine
die Margarine

la crème chantilly
die Schlagsahne

la crème allégée
die fettarme Sahne

la crème liquide
die süße Sahne

la crème fouettée
die Schlagsahne

la crème fraîche
die saure Sahne

le yaourt
der Jogurt

la glace
das Eis

les œufs • die Eier

le jaune d'œuf
das Eigelb

le blanc d'œuf
das Eiweiß

la coquille
die Eierschale

le coquetier
der Eierbecher

l'œuf à la coque
das gekochte Ei

l'œuf de poule
das Hühnerei

l'œuf de cane
das Entenei

l'œuf d'oie
das Gänseei

l'œuf de caille
das Wachtelei

vocabulaire • Vokabular					
pasteurisé pasteurisiert	**le lait en poudre** das Milchpulver	**salé** gesalzen	**le babeurre** die Buttermilch	**le lactose** die Laktose	**le milk-shake** der Milchshake
non pasteurisé unpasteurisiert	**sans matières grasses** fettfrei	**non salé** ungesalzen	**le lait de brebis** die Schafmilch	**homogénéisé** homogenisiert	**le yaourt surgelé** der gefrorene Jogurt

français • deutsch

LA NOURRITURE • DIE NAHRUNGSMITTEL

les pains et la farine • das Brot und das Mehl

le pain tranché
das Scheibenbrot

le pain blanc
das Weißbrot

le pain de seigle
das Roggenbrot

la baguette
das Baguette

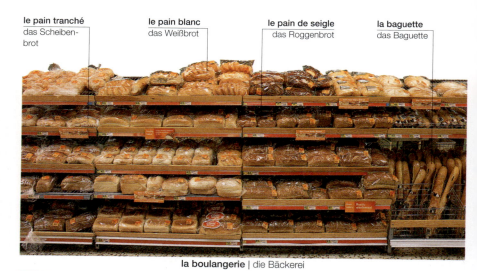

la boulangerie | die Bäckerei

faire du pain • Brot backen

la farine blanche
das Weizenmehl

la farine complète
das Roggenmehl

la farine brute
das Vollkornmehl

la levure
die Hefe

tamiser | sieben

mélanger | verrühren

la pâte
der Teig

pétrir | kneten

faire cuir au four | backen

138 français • deutsch

LA NOURRITURE • DIE NAHRUNGSMITTEL

la croûte
die Kruste

le pain blanc
das Weißbrot

le pain
der Laib

le pain bis
das Graubrot

le pain de son
das Vollkornbrot

la tranche
die Scheibe

le pain complet
das Mehrkornbrot

le pain de maïs
das Maisbrot

le pain au bicarbonate de soude
das Sodabrot

le pain au levain
das Sauerteigbrot

le pain plat
das Fladenbrot

le petit pain américain
das Hefebrötchen

le petit pain
das Brötchen

le petit pain brioche
der Hefeknoten

le pain aux raisins secs
das Rosinenbrot

le pain aux graines
das Körnerbrot

le naan
das Naanbrot

le pita
das Pitabrot

le biscuit scandinave
das Knäckebrot

---

vocabulaire • Vokabular

la farine avec la levure das Mehl mit Backpulver	**se lever** aufgehen	**lever** gehen lassen	**la flûte** die Flöte	**le boulanger** der Bäcker
la farine traitée das angereicherte Mehl	**la farine sans levure** das Mehl ohne Backpulver	**glacer** glasieren	**la chapelure** das Paniermehl	**la machine à couper** der Brotschneider

français • deutsch

LA NOURRITURE • DIE NAHRUNGSMITTEL

les gâteaux et les desserts • Kuchen und Nachspeisen

l'éclair / das Eclair

la crème / die Sahne

la garniture / die Füllung

la pâte à choux / der Brandteig

la pâte feuilletée / der Blätterteig

la pâte filo / der Filoteig

le cake / der englische Kuchen

la tarte aux fruits / das Obsttörtchen

la meringue / das Baiser

enrobé de chocolat / mit Schokolade überzogen

le muffin / der Muffin

la madeleine / das Biskuittörtchen

les gâteaux | das Gebäck

vocabulaire • Vokabular				
la crème pâtissière die Konditorcreme	**le petit gâteau** das Teilchen	**la pâte** der Teig	**le riz au lait** der Milchreis	**Est-ce que je peux avoir une tranche s'il vous plaît?** Könnte ich bitte ein Stück haben?
le gâteau au chocolat die Schokoladentorte	**la crème anglaise** der Vanillepudding	**la tranche** das Stück	**la fête** die Feier	

LA NOURRITURE • DIE NAHRUNGSMITTEL

les pépites de chocolat
das Schokoladenstückchen

les boudoirs
die Löffelbiskuits

le florentin
der Florentiner

le diplomate
das Trifle

les biscuits | die Kekse

la mousse
die Mousse

le sorbet
das Sorbet

la tarte à la crème
die Sahnetorte

la crème caramel
der Karamellpudding

les gâteaux de fête • die festlichen Kuchen

l'étage supérieur
der obere Kuchenteil

l'étage inférieur
der untere Kuchenteil

la pâte d'amandes
das Marzipan

le ruban
das Band

le glaçage
der Zuckerguss

le gâteau de mariage | die Hochzeitstorte

la décoration
die Dekoration

les bougies d'anniversaire
die Geburtstagskerzen

souffler
ausblasen

le gâteau d'anniversaire | der Geburtstagskuchen

français • deutsch

141

LA NOURRITURE • DIE NAHRUNGSMITTEL

la charcuterie • die Feinkost

le saucisson piquant
die pikante Wurst

l'huile
das Öl

le vinaigre
der Essig

la quiche
die Quiche

la viande non cuite
das frische Fleisch

le comptoir
die Theke

le salami
die Salami

le pepperoni
die Peperoniwurst

le pâté
die Pastete

la mozzarella
der Mozzarella

le brie
der Brie

le fromage de chèvre
der Ziegenkäse

le cheddar
der Cheddar

le parmesan
der Parmesan

le camembert
der Camembert

la croûte
die Rinde

l'édam
der Edamer

le manchego
der Manchego

français • deutsch

LA NOURRITURE • DIE NAHRUNGSMITTEL

les pâtés en croûte
die Pasteten

l'olive noire
die schwarze Olive

le piment
die Peperoni

la sauce
die Soße

le petit pain
das Brötchen

la viande cuite
das gekochte Fleisch

l'olive verte
die grüne Olive

le comptoir sandwichs
die Sandwichtheke

le jambon
der Schinken

le poisson fumé
der Räucherfisch

les câpres
die Kapern

le chorizo
die Chorizo

le prosciutto
der Prosciutto

l'olive fourrée
die gefüllte Olive

---

vocabulaire • Vokabular

à l'huile	mariné	fumé
in Öl	mariniert	geräuchert
en saumure	salé	séché
in Lake	gepökelt	getrocknet

Prenez un numéro, s'il vous plaît.
Nehmen Sie bitte eine Nummer.

Est-ce que je peut goûter un peu de ça, s'il vous plaît?
Kann ich bitte etwas davon probieren?

Je voudrais six tranches, s'il vous plaît.
Ich hätte gerne sechs Scheiben davon, bitte.

français • deutsch

LA NOURRITURE • DIE NAHRUNGSMITTEL

les boissons • die Getränke

l'eau • das Wasser

l'eau en bouteille
das Flaschenwasser

gazeux
mit Kohlensäure

l'eau du robinet
das Leitungswasser

non gazeux
ohne Kohlensäure

le tonic
das Tonicwater

le soda
das Sodawasser

l'eau minérale
das Mineralwasser

les boissons chaudes • die heißen Getränke

le sachet de thé
der Teebeutel

les feuilles de thé
die Teeblätter

le thé
der Tee

les grains
die Bohnen

le café moulu
der gemahlene Kaffee

le café
der Kaffee

le chocolat chaud
die heiße Schokolade

la boisson maltée
das Malzgetränk

les boissons non alcoolisées • die alkoholfreien Getränke

le jus de tomate
der Tomatensaft

le jus de raisin
der Traubensaft

la paille
der Strohhalm

la limonade
die Limonade

l'orangeade
die Orangeade

le coca
die Cola

français • deutsch

LA NOURRITURE • DIE NAHRUNGSMITTEL

les boissons alcoolisées • die alkoholischen Getränke

la boîte
die Dose

le gin
der Gin

la bière
das Bier

le cidre
der Apfelwein

la bière anglaise
das halbdunkle Bier

la bière brune
das Altbier

la vodka
der Wodka

le whisky
der Whisky

le rhum
der Rum

le brandy
der Weinbrand

sec
trocken

rosé
rosé

blanc
weiß

rouge
rot

le porto
der Portwein

le sherry
der Sherry

le campari
der Campari

la liqueur
der Likör

la téquila
der Tequila

le champagne
der Champagner

le vin
der Wein

français • deutsch

sortir manger
auswärts essen

SORTIR MANGER • AUSWÄRTS ESSEN

le café • das Café

- le parasol / der Sonnenschirm
- le store / die Markise
- le menu / die Speisekarte

la terrasse de café / das Terrassencafé

- le serveur / der Kellner
- le percolateur / die Kaffeemaschine
- la table / der Tisch

la terrasse de café | das Straßencafé

le snack | die Snackbar

le café • der Kaffee

- le crème / der Milchkaffee
- le noir / der schwarze Kaffee

le café filtre / der Filterkaffee

l'expresso / der Espresso

- le chocolat en poudre / das Kakaopulver
- la mousse / der Schaum

le cappuccino / der Cappuccino

le café glacé / der Eiskaffee

français • deutsch

SORTIR MANGER • AUSWÄRTS ESSEN

le thé • der Tee

la tisane
der Kräutertee

la camomille
der Kamillentee

le thé vert
der grüne Tee

le thé au lait
der Tee mit Milch

le thé noir
der schwarze Tee

le thé au citron
der Tee mit Zitrone

l'infusion de menthe
der Pfefferminztee

le thé glacé
der Eistee

les jus et milk-shakes • die Säfte und Milchshakes

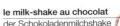

le milk-shake au chocolat
der Schokoladenmilchshake

le milk-shake à la fraise
der Erdbeermilchshake

le milkshake au café
der Kaffeemilchshake

le jus d'orange
der Orangensaft

le jus de pomme
der Apfelsaft

le jus d'ananas
der Ananassaft

le jus de tomate
der Tomatensaft

la nourriture • das Essen

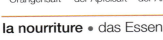

le pain bis
das Graubrot

la boule
die Kugel

le sandwich grillé
das getoastete Sandwich

la salade
der Salat

la glace
das Eis

la pâtisserie
das Gebäck

français • deutsch

SORTIR MANGER • AUSWÄRTS ESSEN

le bar • die Bar

SORTIR MANGER • AUSWÄRTS ESSEN

le gin tonic
der Gin Tonic

le pichet
der Krug

le scotch à l'eau
der Scotch mit Wasser

le glaçon
der Eiswürfel

le rhum coca
der Rum mit Cola

la vodka à l'orange
der Wodka mit Orangensaft

le martini
der Martini

le cocktail
der Cocktail

le vin
der Wein

la bière | das Bier

un coup
ein Schuss

simple
einfach

double
doppelt

la mesure
das Maß

sans glaçons
ohne Eis

glaçons et citron
Eis und Zitrone

avec des glaçons
mit Eis

les amuse-gueule • die Knabbereien

les chips | die Kartoffelchips

les noix de cajou
die Cashewnüsse

les cacahouètes
die Erdnüsse

les amandes
die Mandeln

les noix | die Nüsse

les olives | die Oliven

français • deutsch   151

SORTIR MANGER • AUSWÄRTS ESSEN

le restaurant • das Restaurant

la partie non-fumeurs
der Nichtraucherbereich

la serviette
die Serviette

le commis
der Hilfskoch

le couvert
das Gedeck

le verre
das Glas

le chef de cuisine
der Küchenchef

le plateau
das Tablett

la cuisine
die Küche

le garçon
der Kellner

vocabulaire • Vokabular

le menu du soir das Abendmenü	**les spécialités** die Spezialitäten	**le prix** der Preis	**le pourboire** das Trinkgeld	**le buffet** das Buffet	**le sel** das Salz
la carte des vins die Weinkarte	**à la carte** à la carte	**l'addition** die Rechnung	**le reçu** die Quittung	**le client** der Kunde	**le bar** die Bar
le menu du déjeuner das Mittagsmenü	**le chariot des desserts** der Dessertwagen	**service compris** Bedienung inbegriffen	**service non compris** ohne Bedienung	**la partie fumeurs** der Raucherbereich	**le poivre** der Pfeffer

français • deutsch

SORTIR MANGER • AUSWÄRTS ESSEN

la carte
die Speisekarte

le menu d'enfant
die Kinderportion

commander
bestellen

payer
bezahlen

les plats • die Gänge

l'apéritif
der Aperitif

l'entrée
die Vorspeise

la soupe
die Suppe

le plat principal
das Hauptgericht

l'accompagnement
die Beilage

la fourchette
die Gabel

la cuiller à café
der Kaffeelöffel

le dessert | der Nachtisch

le café | der Kaffee

Une table pour deux, s'il vous plaît.
Ein Tisch für zwei Personen bitte.

La carte des vins, s'il vous plaît.
Könnte ich bitte die Speisekarte/Weinliste sehen?

Avez-vous un menu à prix fixe?
Gibt es ein Festpreismenü?

Avez vous des plats végétariens?
Haben Sie vegetarische Gerichte?

L'addition/Un reçu, s'il vous plaît.
Könnte ich die Rechnung/Quittung haben?

Pouvons-nous payer chacun notre part?
Könnten wir getrennt zahlen?

Où sont les toilettes, s'il vous plaît?
Wo sind die Toiletten bitte ?

français • deutsch

SORTIR MANGER • AUSWÄRTS ESSEN

la restauration rapide • der Schnellimbiss

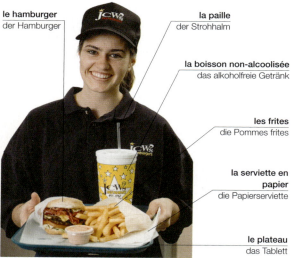

le hamburger
der Hamburger

la paille
der Strohhalm

la boisson non-alcoolisée
das alkoholfreie Getränk

les frites
die Pommes frites

la serviette en papier
die Papierserviette

le plateau
das Tablett

le hamburger avec des frites
der Hamburger mit Pommes frites

la pizza
die Pizza

la livraison à domicile
die Lieferung ins Haus

le tarif
die Preisliste

la boisson en canette
das Dosengetränk

le marchand de hot-dogs
der Imbissstand

---

vocabulaire • Vokabular

la pizzeria
die Pizzeria

le restaurant rapide
die Imbissstube

la carte
die Speisekarte

manger sur place
hier essen

à emporter
zum Mitnehmen

réchauffer
aufwärmen

le ketchup
der Tomatenketschup

À emporter, s'il vous plaît.
Ich möchte das mitnehmen.

Est-ce que vous livrez à domicile?
Liefern Sie ins Haus?

---

154 français • deutsch

SORTIR MANGER • AUSWÄRTS ESSEN

le hamburger
der Hamburger

le petit pain
das Brötchen

le hamburger au poulet
der Chickenburger

le hamburger végétarien
der vegetarische Hamburger

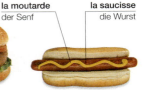

la moutarde
der Senf

la saucisse
die Wurst

le hot-dog
das Hot Dog

le sandwich
das Sandwich

le sandwich mixte
das Klubsandwich

le canapé
das belegte Brot

la garniture
die Füllung

le taco
das gefüllte Fladenbrot

la sauce
die Soße

le kébab
der Kebab

les beignets de poulet
die Hähnchenstückchen

salé
salzig

sucré
süß

les crêpes | die Crêpes

la garniture
der Pizzabelag

le poisson avec des frites
der Bratfisch mit Pommes frites

les côtes
die Rippchen

le poulet frit
das gebratene Hähnchen

la pizza
die Pizza

français • deutsch   155

SORTIR MANGER • AUSWÄRTS ESSEN

le petit déjeuner • das Frühstück

la table du petit déjeuner | der Frühstückstisch

les boissons | die Getränke

français • deutsch

SORTIR MANGER • AUSWÄRTS ESSEN

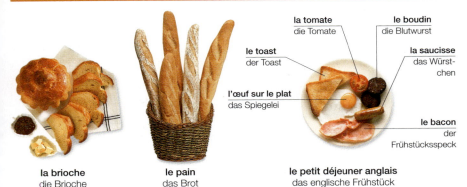

la brioche
die Brioche

le pain
das Brot

le petit déjeuner anglais
das englische Frühstück

- la tomate / die Tomate
- le boudin / die Blutwurst
- le toast / der Toast
- la saucisse / das Würstchen
- l'œuf sur le plat / das Spiegelei
- le bacon / der Frühstücksspeck

les kippers
die Räucherheringe

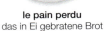

le pain perdu
das in Ei gebratene Brot

- le jaune d'œuf / das Eigelb

l'œuf à la coque
das gekochte Ei

les œufs brouillés
das Rührei

les crêpes
die Pfannkuchen

- la crème / die Sahne

les gaufres
die Waffeln

le porridge
der Haferbrei

- le yaourt aux fruits / der Früchtejogurt

les fruits
das Obst

français • deutsch   157

SORTIR MANGER • AUSWÄRTS ESSEN

le repas • die Hauptmahlzeit

le potage | die Suppe

le bouillon | die Brühe

le ragoût | der Eintopf

le curry | das Curry

le rôti
der Braten

la tourte
die Pastete

le soufflé
das Soufflé

le chiche-kébab
der Schaschlik

les boulettes de viande
die Fleischklöße

l'omelette
das Omelett

le sauté
das Pfannengericht

les nouilles
die Nudeln

les pâtes | die Nudeln

le riz
der Reis

la salade composée
der gemischte Salat

la salade verte
der grüne Salat

la vinaigrette
die Salatsoße

français • deutsch

SORTIR MANGER • AUSWÄRTS ESSEN

la préparation • die Zubereitung

farci | gefüllt

en sauce | in Soße

grillé | gegrillt

mariné | mariniert

poché | pochiert

en purée | püriert

cuit | gebacken

sauté | kurzgebraten

frit
gebraten

macéré
eingelegt

fumé | geräuchert

frit
frittiert

au sirop
in Saft

assaisonné
angemacht

cuit à la vapeur
gedämpft

séché
getrocknet

français • deutsch

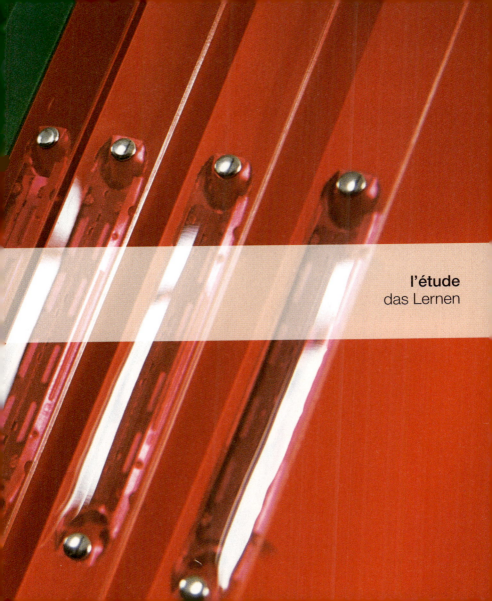

l'étude
das Lernen

L'ÉTUDE · DAS LERNEN

l'école · die Schule

l'institutrice / die Lehrerin
le tableau / die Tafel
le pupitre / das Pult
la craie / die Kreide

la salle de classe | das Klassenzimmer

l'écolier / der Schuljunge
l'élève / der Schüler

l'uniforme / die Schuluniform
le cartable / die Schultasche
l'écolière / das Schulmädchen

---

vocabulaire · Vokabular

l'histoire / die Geschichte	l'art / die Kunst	la chimie / die Chemie
la géographie / die Erdkunde	la musique / die Musik	la biologie / die Biologie
la littérature / die Literatur	les langues / die Sprachen	la physique / die Physik
les mathématiques / die Mathematik	les sciences / die Naturwissenschaft	l'éducation physique / der Sport

les activités · die Aktivitäten

lire | lesen

écrire | schreiben

épeler / buchstabieren

dessiner / zeichnen

162   français · deutsch

L'ÉTUDE • DAS LERNEN

le rétroprojecteur
der Overheadprojektor

le stylo
der Füller

la plume
die Feder

le crayon
der Bleistift

le crayon de couleur
der Buntstift

le taille-crayon
der Spitzer

le cahier
das Heft

la gomme
der Radiergummi

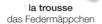

le livre | das Schulbuch

la trousse
das Federmäppchen

la règle
das Lineal

questionner
fragen

répondre
antworten

discuter
diskutieren

apprendre
lernen

vocabulaire • Vokabular

le directeur der Schulleiter	**la réponse** die Antwort	**la note** die Note
la leçon die Stunde	**la rédaction** der Aufsatz	**la classe** die Klasse
la question die Frage	**l'examen** die Prüfung	**l'encyclopédie** das Lexikon
prendre des notes Notizen machen	**les devoirs** die Hausaufgabe	**le dictionnaire** das Wörterbuch

français • deutsch   163

L'ÉTUDE • DAS LERNEN

les mathématiques • die Mathematik

les formes • die Formen

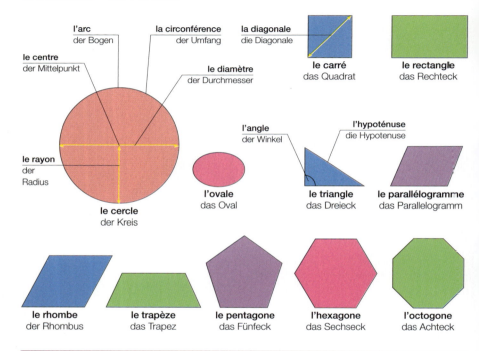

- l'arc / der Bogen
- la circonférence / der Umfang
- la diagonale / die Diagonale
- le centre / der Mittelpunkt
- le diamètre / der Durchmesser
- **le carré** / das Quadrat
- **le rectangle** / das Rechteck
- **le rayon** / der Radius
- l'angle / der Winkel
- l'hypoténuse / die Hypotenuse
- **le cercle** / der Kreis
- **l'ovale** / das Oval
- **le triangle** / das Dreieck
- **le parallélogramme** / das Parallelogramm
- **le rhombe** / der Rhombus
- **le trapèze** / das Trapez
- **le pentagone** / das Fünfeck
- **l'hexagone** / das Sechseck
- **l'octogone** / das Achteck

les solides • die Körper

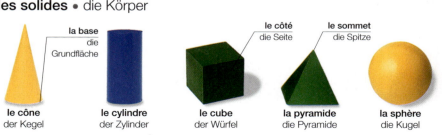

- la base / die Grundfläche
- le côté / die Seite
- le sommet / die Spitze
- **le cône** / der Kegel
- **le cylindre** / der Zylinder
- **le cube** / der Würfel
- **la pyramide** / die Pyramide
- **la sphère** / die Kugel

français • deutsch

L'ÉTUDE • DAS LERNEN

les lignes • die Linien

droit
gerade

parallèle
parallel

perpendiculaire
senkrecht

courbe
gekrümmt

les mesures • die Maße

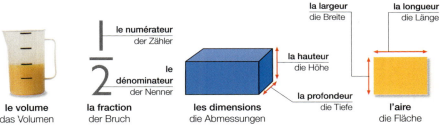

le volume
das Volumen

la fraction
der Bruch

le numérateur
der Zähler

le dénominateur
der Nenner

les dimensions
die Abmessungen

la largeur
die Breite

la longueur
die Länge

la hauteur
die Höhe

la profondeur
die Tiefe

l'aire
die Fläche

l'équipement • die Ausrüstung

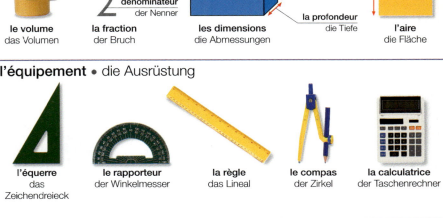

l'équerre
das Zeichendreieck

le rapporteur
der Winkelmesser

la règle
das Lineal

le compas
der Zirkel

la calculatrice
der Taschenrechner

vocabulaire • Vokabular						
la géométrie die Geometrie	**plus** plus	**fois** mal	**égale(nt)** gleich	**additionner** addieren	**multiplier** multiplizieren	**l'équation** die Gleichung
l'arithmétique die Arithmetik	**moins** minus	**divisé par** geteilt durch	**compter** zählen	**soustraire** subtrahieren	**diviser** dividieren	**le pourcentage** der Prozentsatz

français • deutsch

L'ÉTUDE • DAS LERNEN

la science • die Wissenschaft

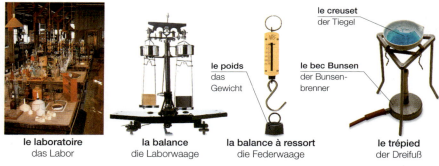

le laboratoire
das Labor

la balance
die Laborwaage

le poids
das Gewicht

la balance à ressort
die Federwaage

le creuset
der Tiegel

le bec Bunsen
der Bunsenbrenner

le trépied
der Dreifuß

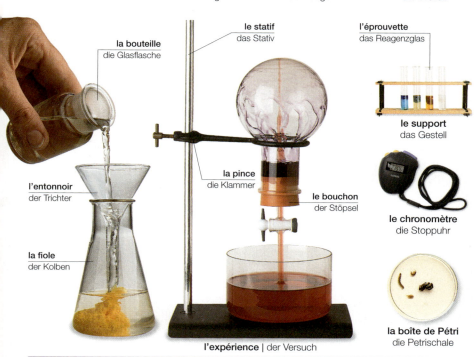

la bouteille
die Glasflasche

le statif
das Stativ

l'éprouvette
das Reagenzglas

l'entonnoir
der Trichter

la pince
die Klammer

le bouchon
der Stöpsel

le support
das Gestell

la fiole
der Kolben

le chronomètre
die Stoppuhr

la boîte de Pétri
die Petrischale

l'expérience | der Versuch

français • deutsch

L'ÉTUDE • DAS LERNEN

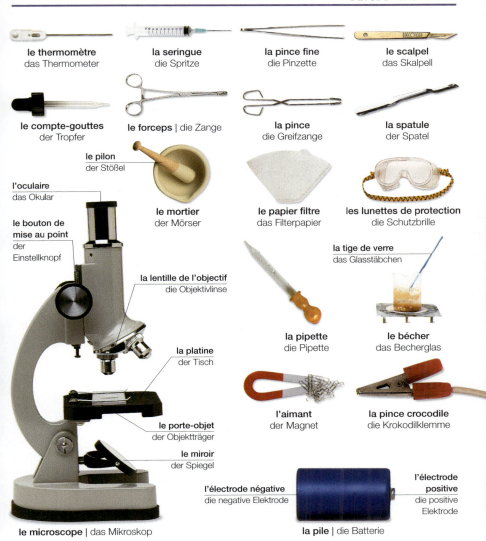

L'ÉTUDE • DAS LERNEN

l'enseignement supérieur • die Hochschule

le secrétariat
das Sekretariat

le restaurant universitaire
die Mensa

le service de santé
der Sanitätsdienst

le terrain de sport
der Sportplatz

la résidence universitaire
das Studentenheim

le catalogue
der Katalog

le campus | der Campus

la bibliothécaire
die Bibliothekarin

le service de prêt
die Ausleihe

les rayons
das Bücherregal

le périodique
das Periodikum

la revue
die Zeitschrift

la bibliothèque | die Bibliothek

vocabulaire • Vokabular

la carte de lecteur der Leserausweis	**emprunter** ausleihen	**renouveler** verlängern
la date de retour das Rückgabedatum	**réserver** vorbestellen	**le livre** das Buch
les renseignements die Auskunft	**le prêt** die Ausleihe	**le titre** der Titel
les ouvrages recommandés die Literaturliste	**la salle de lecture** der Lesesaal	**le couloir** der Gang

168 français • deutsch

L'ÉTUDE • DAS LERNEN

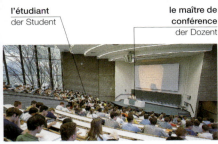

l'étudiant / der Student
le maître de conférence / der Dozent
la salle de cours / der Hörsaal

la licenciée / die Graduierte
la robe / die Robe
la cérémonie de la remise des diplômes / die Graduierungsfeier

les écoles • die Fachhochschulen

le modèle / das Modell
l'école des beaux arts / die Kunsthochschule

le Conservatoire / die Musikhochschule

l'école de danse / die Tanzakademie

vocabulaire • Vokabular

la bourse / das Stipendium	la recherche / die Forschung	la dissertation / die Examensarbeit	la médecine / die Medizin	la littérature / die Literaturwissenschaft
le diplôme / das Diplom	la maîtrise / der Magister	l'U.F.R. / der Fachbereich	la zoologie / die Zoologie	l'histoire d'art / die Kunstgeschichte
la thèse / die Dissertation	le doctorat / die Promotion	la philosophie / die Philosophie	la physique / die Physik	les sciences politiques / die Politologie
la licence / der akademische Grad	de troisième cycle / postgradual	les études d'ingénieur / der Maschinenbau	le droit / die Rechtswissenschaft	les sciences économiques / die Wirtschaftswissenschaft

français • deutsch 169

le travail
die Arbeit

LE TRAVAIL • DIE ARBEIT

le bureau 1 • das Büro 1

le bureau • das Büro

- le moniteur / der Bildschirm
- le porte-crayons / der Stifthalter
- le classeur / der Ordner
- la corbeille arrivée / die Ablage für Eingänge
- la corbeille départ / die Ablage für Ausgänge
- l'ordinateur / der Computer
- le clavier / die Tastatur
- le téléphone / das Telefon
- le carnet / das Notizbuch
- le bureau / der Schreibtisch
- l'étiquette / das Schild
- la corbeille à papier / der Papierkorb
- le tiroir / die Schublade
- le meuble-classeur / der Aktenschrank
- le chaise tournante / der Drehstuhl
- le meuble à tiroirs / das Schreibtischschränkchen

l'équipement de bureau • die Büroausstattung

- le magasin à papier / der Papierbehälter
- le guide / die Papierführung
- le fax / das Fax
- l'imprimante | der Drucker
- le fax | das Faxgerät

vocabulaire • Vokabular

imprimer / drucken	agrandir / vergrößern
photocopier / kopieren	réduire / verkleinern

J'ai besoin de faire des photocopies.
Ich möchte fotokopieren.

français • deutsch

LE TRAVAIL • DIE ARBEIT

les fournitures de bureau • der Bürobedarf

la fiche compliments
der Empfehlungszettel

l'en-tête
der Geschäftsbogen

l'enveloppe
der Briefumschlag

le dossier-classeur
der Aktenordner

le clipboard
das Klemmbrett

le bloc-notes
der Notizblock

l'étiquette
der Kartenreiter

le dossier suspendu
der Hängeordner

la fiche intercalaire
der Teiler

le porte-dossiers
der Fächerordner

le classeur à levier
der Ringordner

l'agenda
der Terminkalender

les agrafes
die Klammern

l'agrafeuse
der Hefter

le scotch
der Tesafilm

le dévidoir de scotch
der Tesafilmhalter

le perforateur
der Locher

le tampon encreur
das Stempelkissen

le cachet
der Stempel

l'élastique
das Gummiband

la pince à dessin
die Papierklammer

le trombone
die Büroklammer

la punaise
die Reißzwecke

le panneau d'affichage | die Pinnwand

français • deutsch 173

LE TRAVAIL · DIE ARBEIT

le bureau 2 · das Büro 2

- **le tableau à feuilles mobiles** | das Flipchart
- **le compte rendu** | das Protokoll
- **le chevalet** | das Gestell
- **le directeur** | der Manager
- **la proposition** | das Angebot
- **le rapport** | der Bericht
- **le cadre** | der leitende Angestellte

le réunion | die Sitzung

---

vocabulaire · Vokabular

la salle de conférence der Sitzungsraum	**assister à** teilnehmen
l'ordre du jour die Tagesordnung	**présider** den Vorsitz führen

La conférence est à quelle heure?
Um wie viel Uhr ist die Sitzung?

Quelles sont vos heures de bureau?
Welche sind Ihre Geschäftszeiten?

- **le conférencier** | der Sprecher
- **le projecteur** | der Projektor

la présentation | die Präsentation

français · deutsch

LE TRAVAIL • DIE ARBEIT

les affaires • das Geschäft

- le portable | der Laptop
- les notes | die Notizen
- l'homme d'affaires | der Geschäftsmann
- la femme d'affaires | die Geschäftsfrau

le déjeuner d'affaires
das Arbeitsessen

le voyage d'affaires
die Geschäftsreise

- le rendez-vous | der Termin
- l'ordinateur de poche | der Palmtop
- le client | der Kunde
- le directeur général | der Generaldirektor

l'agenda | der Terminkalender

le contrat
das Geschäftsabkommen

vocabulaire • Vokabular			
la société die Firma	le personnel das Personal	la comptabilité die Buchhaltung	le service du contentieux die Rechtsabteilung
le siège social die Zentrale	le livre de paie die Lohnliste	le service marketing die Marketingabteilung	le service après-vente die Kundendienstabteilung
la succursale die Zweigstelle	le salaire das Gehalt	le service des ventes die Verkaufsabteilung	le service des ressources humaines die Personalabteilung

français • deutsch

LE TRAVAIL • DIE ARBEIT

l'ordinateur • der Computer

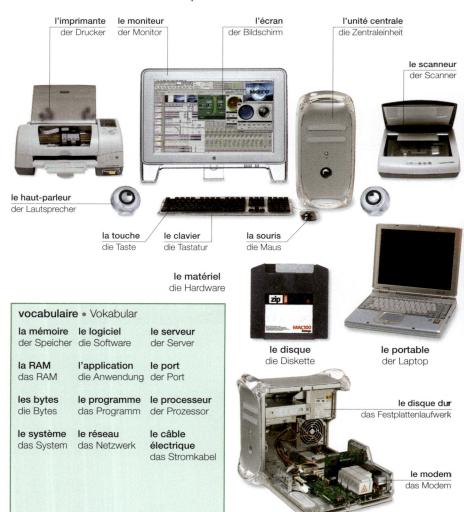

l'imprimante / der Drucker
le moniteur / der Monitor
l'écran / der Bildschirm
l'unité centrale / die Zentraleinheit
le scanneur / der Scanner
le haut-parleur / der Lautsprecher
la touche / die Taste
le clavier / die Tastatur
la souris / die Maus
le matériel / die Hardware
le disque / die Diskette
le portable / der Laptop
le disque dur / das Festplattenlaufwerk
le modem / das Modem

vocabulaire • Vokabular

la mémoire der Speicher	**le logiciel** die Software	**le serveur** der Server
la RAM das RAM	**l'application** die Anwendung	**le port** der Port
les bytes die Bytes	**le programme** das Programm	**le processeur** der Prozessor
le système das System	**le réseau** das Netzwerk	**le câble électrique** das Stromkabel

176 français • deutsch

LE TRAVAIL • DIE ARBEIT

le bureau • das Desktop

la barre de menus
die Menüleiste

la barre d'outils
die Werkzeugleiste

le papier peint
der Bildschirmhintergrund

la police de charactères
die Schriftart

l'icône
das Symbol

la barre de défilement
der Scrollbalken

la fenêtre
das Fenster

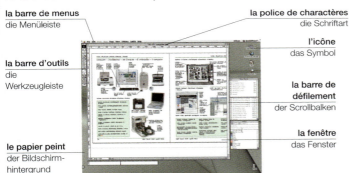

le fichier
die Datei

le dossier
der Ordner

la corbeille
der Papierkorb

l'internet • das Internet

naviguer
browsen

le navigateur
der Browser

la boîte de réception
der Posteingang

le site web
die Website

le courrier électronique • die E-Mail

l'adresse de courrier électronique
die E-Mail-Adresse

---

vocabulaire • Vokabular

connecter verbinden	**le fournisseur d'accès** der Serviceprovider	**entrer** einloggen	**télécharger** herunterladen	**envoyer** senden	**sauvegarder** sichern
installer installieren	**le compte de courrier électronique** das E-Mail-Konto	**en ligne** online	**le document attaché** der Anhang	**recevoir** erhalten	**chercher** suchen

---

français • deutsch

LE TRAVAIL • DIE ARBEIT

les médias • die Medien

le studio de télévision • das Fernsehstudio

le présentateur / der Moderator

l'éclairage / die Beleuchtung

le plateau / die Studioeinrichtung

la caméra / die Kamera

la grue de caméra / der Kamerakran

le cameraman / der Kameramann

---

vocabulaire • Vokabular

la chaîne der Kanal	**les nouvelles** die Nachrichten	**la presse** die Presse	**le feuilleton** die Fernsehserie	**le jeu télévisé** die Spielshow	**en direct** live
en différé vorher aufgezeichnet	**le documentaire** der Dokumentarfilm	**le soap-opéra** die Seifenoper	**le dessin animé** der Zeichentrickfilm	**la programmation** die Programmgestaltung	**émettre** senden

français • deutsch

LE TRAVAIL • DIE ARBEIT

l'interviewer
der Interviewer

la reporter
die Reporterin

le télésouffleur
der Teleprompter

la présentatrice
die Nachrichtensprecherin

les acteurs
die Schauspieler

la perche
der Mikrofongalgen

la claquette
die Klappe

le décor de cinéma
das Set

la radio • das Radio

la table de mixage — das Mischpult
le microphone — das Mikrofon
l'ingénieur du son — der Tonmeister

le studio d'enregistrement | das Tonstudio

---

vocabulaire • Vokabular

régler einstellen	**les ondes courtes** die Kurzwelle
le D.J. der DJ	**la fréquence** die Frequenz
l'émission die Sendung	**le volume** die Lautstärke
la longueur d'ondes die Wellenlänge	**les ondes moyennes** die Mittelwelle
les grandes ondes die Langwelle	**la station de radio** die Rundfunkstation

français • deutsch

LE TRAVAIL • DIE ARBEIT

le droit • das Recht

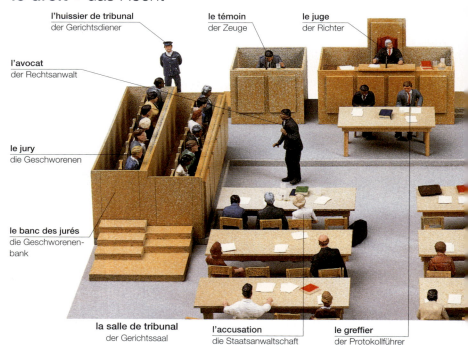

l'huissier de tribunal — der Gerichtsdiener
le témoin — der Zeuge
le juge — der Richter
l'avocat — der Rechtsanwalt
le jury — die Geschworenen
le banc des jurés — die Geschworenenbank
la salle de tribunal — der Gerichtssaal
l'accusation — die Staatsanwaltschaft
le greffier — der Protokollführer

vocabulaire • Vokabular			
le cabinet das Anwaltsbüro	**l'assignation** die Vorladung	**l'acte judiciaire** die Verfügung	**la cause** der Rechtsfall
le conseil juridique die Rechtsberatung	**la déposition** die Aussage	**la date du procès** der Gerichtstermin	**l'accusation** die Anklage
le client der Klient	**le mandat** der Haftbefehl	**le plaidoyer** das Plädoyer	**l'accusé** der Angeklagte

180   français • deutsch

LE TRAVAIL · DIE ARBEIT

le sténographe
der Gerichtsstenograf

l'accusé
der Angeklagte

la défense
die Verteidigung

le suspect
der Verdächtige

le portrait-robot
das Phantombild

le criminel
der Straftäter

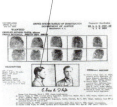

le casier judiciaire
das Strafregister

le gardien de prison
der Gefängniswärter

la cellule
die Gefängniszelle

la prison
das Gefängnis

---

vocabulaire · Vokabular

la preuve das Beweismittel	**coupable** schuldig	**la caution** die Kaution	**Je voudrais voir un avocat.** Ich möchte mit einem Anwalt sprechen.
le verdict das Urteil	**acquitté** freigesprochen	**l'appel** die Berufung	**Où est le palais de justice?** Wo ist das Gericht?
innocent unschuldig	**la condamnation** das Strafmaß	**la liberté conditionnelle** die Haftentlassung auf Bewährung	**Est-ce que je peux verser la caution?** Kann ich die Kaution leisten?

---

français · deutsch

LE TRAVAIL • DIE ARBEIT

la ferme 1 • der Bauernhof 1

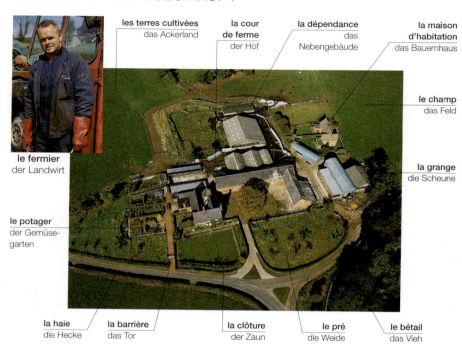

le fermier
der Landwirt

les terres cultivées
das Ackerland

la cour de ferme
der Hof

la dépendance
das Nebengebäude

la maison d'habitation
das Bauernhaus

le champ
das Feld

la grange
die Scheune

le potager
der Gemüsegarten

la haie
die Hecke

la barrière
das Tor

la clôture
der Zaun

le pré
die Weide

le bétail
das Vieh

le cultivateur
der Kultivator

le tracteur | der Traktor

la moissonneuse-batteuse | der Mähdrescher

182   français • deutsch

LE TRAVAIL • DIE ARBEIT

les exploitations agricoles • die landwirtschaftlichen Betriebe

la culture
die Feldfrucht

la ferme de culture
der Ackerbaubetrieb

la ferme laitière
der Betrieb für Milchproduktion

le troupeau
die Herde

la ferme d'élevage de moutons
die Schaffarm

la ferme d'aviculture
die Hühnerfarm

la ferme d'élevage porcin
die Schweinefarm

le centre de pisciculture
die Fischzucht

l'exploitation fruitière
der Obstanbau

la vigne
der Weinstock

la vigne
der Weinberg

les activités • die Tätigkeiten

le sillon
die Furche

labourer
pflügen

semer
säen

traire
melken

donner à manger
füttern

arroser | bewässern

récolter | ernten

vocabulaire • Vokabular		
l'herbicide das Herbizid	le troupeau die Herde	l'auge der Trog
le pesticide das Pestizid	le silo der Silo	planter pflanzen

français • deutsch

LE TRAVAIL • DIE ARBEIT

la ferme 2 • der Bauernhof 2

les cultures • die Feldfrüchte

le blé
der Weizen

le maïs
der Mais

l'orge
die Gerste

le colza
der Raps

le tournesol
die Sonnenblume

la balle
der ballen
le foin
das Heu

la luzerne
die Luzerne

le tabac
der Tabak

le riz
der Reis

le thé
der Tee

le café
der Kaffee

l'épouvantail
die Vogelscheuche

le lin
der Flachs

la canne à sucre
das Zuckerrohr

le coton
die Baumwolle

français • deutsch

LE TRAVAIL • **DIE ARBEIT**

le bétail • das Vieh

le porcelet
das Ferkel

le cochon
das Schwein

le veau
das Kalb

la vache
die Kuh

le taureau
der Stier

le mouton
das Schaf

l'agneau
das Lamm

le chevreau
das Zicklein

la chèvre
die Ziege

le poulain
das Fohlen

le cheval
das Pferd

l'âne
der Esel

le poussin
das Küken

la poule
das Huhn

le coq
der Hahn

le dindon
der Truthahn

le caneton
das Entenküken

le canard
die Ente

l'écurie
der Stall

l'enclos
der Pferch

le poulailler
der Hühnerstall

la porcherie
der Schweinestall

français • deutsch   185

LE TRAVAIL • DIE ARBEIT

la construction • der Bau

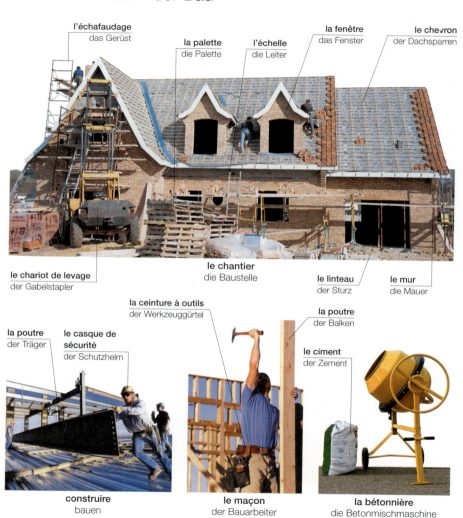

LE TRAVAIL • DIE ARBEIT

les matériaux • das Material

la brique
der Ziegelstein

le bois
das Bauholz

la tuile
der Dachziegel

le bloc de béton
der Betonblock

les outils • die Werkzeuge

le mortier
der Mörtel

la truelle
die Kelle

le niveau à bulle
die Wasserwaage

le marteau de forgeron
der Vorschlaghammer

le manche
der Stiel

la pioche
die Spitzhacke

la pelle
die Schaufel

les machines • die Maschinen

le rouleau compresseur
die Walze

le tombereau
der Kipper

le support
die Stütze

le crochet
der Haken

la grue | der Kran

les travaux • die Straßenarbeiten

le macadam goudronné
der Asphalt

le cône
der Leitkegel

le marteau-piqueur
der Presslufthohrer

le revêtement
der Neubelag

la pelle mécanique
der Bagger

français • deutsch   187

LE TRAVAIL • DIE ARBEIT

les professions 1 • die Berufe 1

le menuisier
der Schreiner

l'électricien
der Elektriker

le plombier
der Klempner

le maçon
der Maurer

le jardinier
der Gärtner

l'aspirateur
der Staubsauger
le nettoyeur
der Gebäudereiniger

le mécanicien
der Mechaniker

le boucher
der Metzger

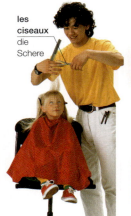
les ciseaux
die Schere

la marchande de poissons
die Fischhändlerin

le marchand de légumes
der Gemüsehändler

la fleuriste
die Floristin

le coiffeur
der Friseur

le coiffeur
der Friseur

le bijoutier
der Juwelier

l'employée de magasin
die Verkäuferin

188　　　　　　　　　　　　　　　　　　　　　　　　français • deutsch

LE TRAVAIL • DIE ARBEIT

l'agent immobilier
die Immobilienmaklerin

l'opticien
der Optiker

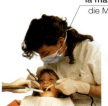

la masque
die Maske

la dentiste
die Zahnärztin

le docteur
der Arzt

la pharmacienne
die Apothekerin

l'infirmière
die Krankenschwester

la vétérinaire
die Tierärztin

le fermier
der Landwirt

le pêcheur
der Fischer

la mitrailleuse
das Maschinen-
gewehr

le soldat
der Soldat

l'uniforme
die Uniform

le policier
der Polizist

le badge
das Abzeichen

le garde
der Wächter

le marin
der Seemann

le pompier
der Feuerwehrmann

français • deutsch 189

LE TRAVAIL · DIE ARBEIT

les professions 2 · die Berufe 2

l'avocat
der Rechtsanwalt

le comptable
der Wirtschaftsprüfer

la maquette
das Modell
l'architecte
der Architekt

le scientifique
der Wissenschaftler

l'institutrice
die Lehrerin

le bibliothécaire
der Bibliothekar

la réceptionniste
die Empfangsdame

le sac postal
die Posttasche
le facteur
der Briefträger

le conducteur de bus
der Busfahrer

le camionneur
der Lastwagenfahrer

le chauffeur de taxi
der Taxifahrer

le pilote
der Pilot

l'hôtesse de l'air
die Flugbegleiterin

l'agent de voyages
die Reisebürokauffrau

la toque
die Kochmütze
le chef
der Koch

français · deutsch

LE TRAVAIL • DIE ARBEIT

le musicien
der Musiker

le tutu
das Ballettröckchen

la danseuse
die Tänzerin

le comédien
der Schauspieler

la chanteuse
die Sängerin

la serveuse
die Kellnerin

le barman
der Barkeeper

le sportif
der Sportler

le sculpteur
der Bildhauer

la peintre
die Malerin

le photographe
der Fotograf

le présentateur
der Nachrichtensprecher

les notes
die Notizen

le journaliste
der Journalist

la rédactrice
die Redakteurin

la dessinatrice
die Designerin

la couturière
die Damenschneiderin

le couturier
der Schneider

français • deutsch   191

le transport
der Verkehr

LE TRANSPORT • DER VERKEHR

les routes • die Straßen

l'autoroute
die Autobahn

le poste de péage
die Mautstelle

les signalisations
die Straßenmarkierungen

la bretelle d'accès
die Zufahrtsstraße

à sens unique
einspurig

l'îlot directionnel
die Verkehrsinsel

le carrefour
die Kreuzung

les feux
die Verkehrsampel

la file de droite
die rechte Spur

la voie centrale
die mittlere Spur

la voie de dépassement
die Überholspur

la bretelle de sortie
die Ausfahrt

la circulation
der Verkehr

l'autopont
die Überführung

l'accotement stabilisé
der Seitenstreifen

le camion
der Lastwagen

le terre-plein
der Mittelstreifen

le passage inférieur
die Unterführung

194

français • deutsch

LE TRANSPORT • DER VERKEHR

le passage clouté
der Fußgängerüberweg

le téléphone de secours
die Notrufsäule

le parking réservé aux personnes handicapées
der Behindertenparkplatz

l'embouteillage
der Verkehrsstau

la carte
die Landkarte

le parc-mètre
die Parkuhr

l'agent de la circulation
der Verkehrspolizist

vocabulaire • Vokabular

la déviation die Umleitung	conduire fahren	remorquer abschleppen
garer parken	doubler überholen	les travaux die Straßenbaustelle
la glissière de sécurité die Leitplanke	la route à quatre voies die Schnellstraße	C'est la route pour...? Ist dies die Straße nach...?
faire marche arrière rückwärts fahren	le rond-point der Kreisverkehr	Où peut-on se garer? Wo kann ich parken?

les panneaux routiers • die Verkehrsschilder

sens interdit
keine Einfahrt

la limitation de vitesse
die Geschwindigkeitsbegrenzung

danger
Gefahr

arrêt interdit
Halten verboten

interdit de tourner à droite
rechts abbiegen verboten

français • deutsch

LE TRANSPORT • DER VERKEHR

le bus • der Bus

le siège du conducteur
der Fahrersitz

la poignée
der Haltegriff

la porte automatique
die Automatiktür

la roue avant
das Vorderrad

le compartiment à bagages
das Gepäckfach

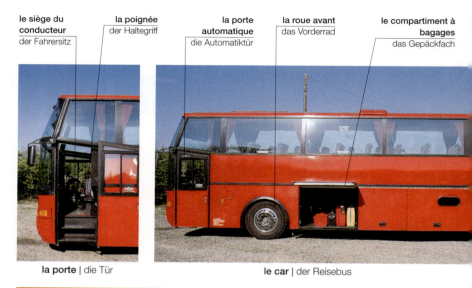

la porte | die Tür

le car | der Reisebus

les types de bus • die Bustypen

le numéro de bus
die Liniennummer

le conducteur
der Fahrer

le trolleybus
der Omnibus

le bus à deux étages
der Doppeldecker

le tramway
die Straßenbahn

le bus scolaire | der Schulbus

196

français • deutsch

LE TRANSPORT • DER VERKEHR

la roue arrière
das Hinterrad

la fenêtre
das Fenster

le bouton d'arrêt
der Halteknopf

le ticket
der Fahrschein

la sonnette
die Klingel

la gare routière
der Busbahnhof

l'arrêt de bus
die Bushaltestelle

vocabulaire • Vokabular

| le prix du ticket | l'accès aux handicapés |
| der Fahrpreis | der Rollstuhlzugang |

| l'horaire | l'abribus |
| der Fahrplan | das Wartehäuschen |

| **Vous arrêtez à…?** | **C'est quel bus pour aller à…?** |
| Halten Sie am…? | Welcher Bus fährt nach…? |

le minibus
der Kleinbus

le bus de touristes | der Touristenbus

la navette | der Zubringer

français • deutsch

LE TRANSPORT • DER VERKEHR

la voiture 1 • das Auto 1

l'extérieur • das Äußere

- **le rétroviseur** — der Seitenspiegel
- **le pare-brise** — die Windschutzscheibe
- **le rétroviseur** — der Rückspiegel
- **l'essuie-glace** — der Scheibenwischer
- **la porte** — die Autotür
- **le capot** — die Motorhaube
- **le coffre** — der Kofferraum
- **le clignotant** — der Blinker
- **la plaque d'immatriculation** — das Nummernschild
- **le pare-chocs** — die Stoßstange
- **le phare** — der Scheinwerfer
- **la roue** — das Rad
- **le pneu** — der Reifen

les bagages — das Gepäck
la galerie — der Dachgepäckträger

le hayon — die Hecktür

la ceinture de sécurité — der Sicherheitsgurt

le siège d'enfant — der Kindersitz

français • deutsch

LE TRANSPORT • DER VERKEHR

les modèles • die Wagentypen

la petite voiture
der Kleinwagen

la berline à hayon
die Fließhecklimousine

la berline
die Limousine

le break
der Kombiwagen

la décapotable
das Kabriolett

le cabriolet sport
das Sportkabriolett

la voiture à six places
die Großraumlimousine

la quatre-quatre
der Geländewagen

la voiture d'époque
der Oldtimer

la limousine
die verlängerte Limousine

la station-service • die Tankstelle

la pompe — die Zapfsäule
le tarif — der Benzinpreis
l'aire de stationnement — der Tankstellenplatz
le compresseur — das Druckluftgerät

vocabulaire • Vokabular

l'huile das Öl	**le diesel** der Diesel	**l'antigel** das Frostschutzmittel
l'essence das Benzin	**avec plomb** verbleit	**le lave-auto** die Autowaschanlage
sans plomb bleifrei	**le garage** die Werkstatt	**le lave-glace** die Scheibenwaschanlage

Le plein, s'il vous plaît.
Voll tanken, bitte.

français • deutsch

LE TRANSPORT • DER VERKEHR

la voiture 2 • das Auto 2

l'intérieur • die Innenausstattung

- **le siège arrière** — der Rücksitz
- **l'accoudoir** — die Armstütze
- **le repose-tête** — die Kopfstütze
- **le verrouillage** — die Türverriegelung
- **la poignée** — der Türgriff

vocabulaire • Vokabular

à deux portes zweitürig	**à quatre portes** viertürig	**automatique** mit Automatik	**le frein** die Bremse	**l'accélérateur** das Gaspedal
à trois portes dreitürig	**manuel** mit Handschaltung	**l'allumage** die Zündung	**l'embrayage** die Kupplung	**la climatisation** die Klimaanlage

Pouvez-vous m'indiquer la route pour…?
Wie komme ich nach…?

Où est le parking?
Wo ist hier ein Parkplatz?

On peut se garer ici?
Kann ich hier parken?

français • deutsch

LE TRANSPORT • DER VERKEHR

les commandes • die Armaturen

le volant	le klaxon	le tableau de bord	les feux de détresse	le navigateur par satellite
das Lenkrad	die Hupe	das Armaturenbrett	die Warnlichter	das GPS-System

la conduite à gauche | die Linkssteuerung

- **le thermomètre** — die Temperaturanzeige
- **le compte-tours** — der Drehzahlmesser
- **le compteur** — der Tachometer
- **la jauge d'essence** — die Kraftstoffanzeige
- **la stéréo** — die Autostereoanlage
- **l'interrupteur feux** — der Lichtschalter
- **l'odomètre** — der Kilometerzähler
- **la manette de chauffage** — der Heizungsregler
- **l'airbag** — der Airbag
- **le levier de vitesses** — der Schalthebel

la conduite à droite | die Rechtssteuerung

français • deutsch

201

LE TRANSPORT • DER VERKEHR

la voiture 3 • das Auto 3

la mécanique • die Mechanik

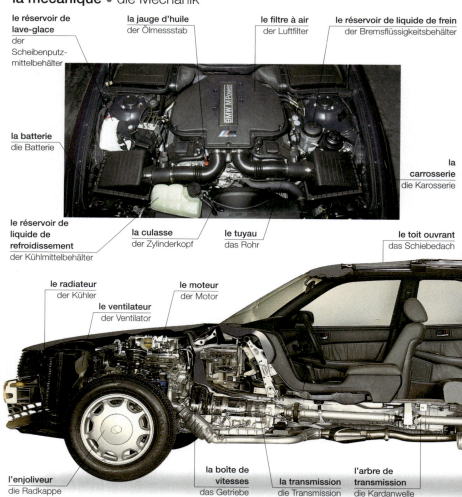

- le réservoir de lave-glace / der Scheibenputzmittelbehälter
- la jauge d'huile / der Ölmessstab
- le filtre à air / der Luftfilter
- le réservoir de liquide de frein / der Bremsflüssigkeitsbehälter
- la batterie / die Batterie
- la carrosserie / die Karosserie
- le réservoir de liquide de refroidissement / der Kühlmittelbehälter
- la culasse / der Zylinderkopf
- le tuyau / das Rohr
- le toit ouvrant / das Schiebedach
- le radiateur / der Kühler
- le moteur / der Motor
- le ventilateur / der Ventilator
- l'enjoliveur / die Radkappe
- la boîte de vitesses / das Getriebe
- la transmission / die Transmission
- l'arbre de transmission / die Kardanwelle

202   français • deutsch

LE TRANSPORT • DER VERKEHR

la crevaison • die Reifenpanne

la roue de secours
das Ersatzrad

la manivelle
der Radschlüssel

les écrous de roue
die Radmuttern

le cric
der Wagenheber

changer une roue
ein Rad wechseln

le toit
das Dach

la suspension
die Aufhängung

le silencieux
der Auspufftopf

le pot d'échappement
der Auspuff

vocabulaire • Vokabular

l'accident de voiture
der Autounfall

la panne
die Panne

l'assurance
die Versicherung

la dépanneuse
der Abschleppwagen

le mécanicien
der Mechaniker

le porte-fusibles
der Sicherungskasten

la bougie
die Zündkerze

la pression des pneus
der Reifendruck

la courroie de ventilateur
der Keilriemen

le réservoir d'essence
der Benzintank

le turbocompresseur
der Turbolader

le distributeur
der Verteiler

le châssis
das Chassis

le frein à main
die Handbremse

l'alternateur
die Lichtmaschine

la courroie de cames
der Nockenriemen

le réglage de l'allumage
die Einstellung

Ma voiture est en panne.
Ich habe eine Autopanne.

Ma voiture ne démarre pas.
Mein Auto springt nicht an.

français • deutsch

LE TRANSPORT • DER VERKEHR

la moto • das Motorrad

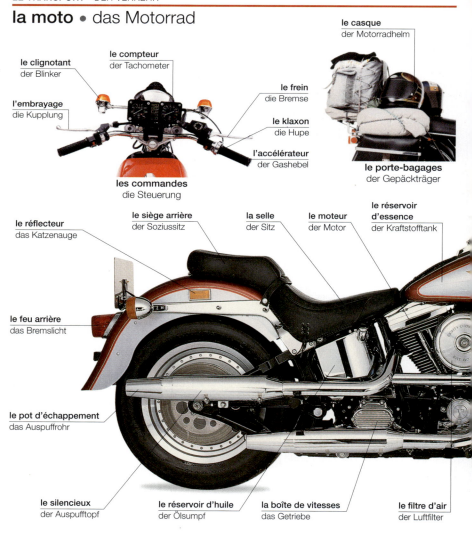

LE TRANSPORT • DER VERKEHR

les types • die Typen

la visière / das Visier

la bande fluorescente / der Leuchtstreifen

le vêtement en cuir / der Lederanzug

la genouillère / der Knieschützer

les vêtements | die Kleidung

le phare / der Scheinwerfer

la suspension / die Aufhängung

le garde-boue / das Schutzblech

la pédale de frein / das Bremspedal

l'essieu / die Achse

le pneu / der Reifen

la moto de course | die Rennmaschine

le pare-brise / die Windschutzscheibe

la moto routière | der Tourer

la moto tout-terrain | das Geländemotorrad

la béquille / der Motorradständer

le scooter | der Roller

français • deutsch

LE TRANSPORT • DER VERKEHR

la bicyclette • das Fahrrad

la selle / der Sattel
le tube porte-selle / die Sattelstütze
la bouteille d'eau / die Wasserflasche
le cadre / der Rahmen
le frein / die Felgenbremse
le moyeu / die Nabe
les vitesses / die Gänge
la jante / die Felge
le pneu / der Reifen
la chaîne / die Fahrradkette
la pédale / das Pedal
la roue dentée / das Zahnrad

le tandem
das Tandem

le vélo de course
das Rennrad

le vélo tout-terrain
das Mountainbike

le casque / der Fahrradhelm

le vélo de randonnée
das Tourenfahrrad

le vélo de ville
das Straßenrad

la piste cyclable | der Fahrradweg

206 français • deutsch

LE TRANSPORT • DER VERKEHR

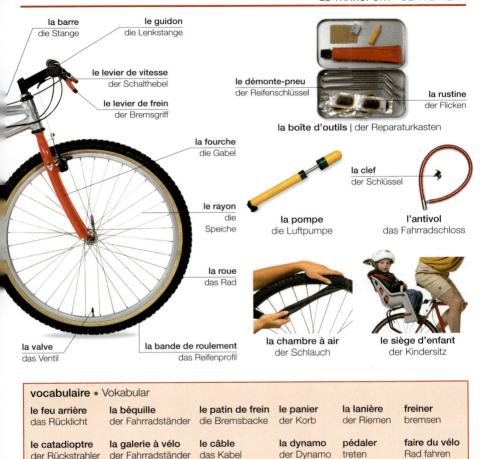

la barre / die Stange
le guidon / die Lenkstange
le levier de vitesse / der Schalthebel
le levier de frein / der Bremsgriff
le démonte-pneu / der Reifenschlüssel
la rustine / der Flicken
la boîte d'outils | der Reparaturkasten
la fourche / die Gabel
la clef / der Schlüssel
le rayon / die Speiche
la pompe / die Luftpumpe
l'antivol / das Fahrradschloss
la roue / das Rad
la valve / das Ventil
la bande de roulement / das Reifenprofil
la chambre à air / der Schlauch
le siège d'enfant / der Kindersitz

vocabulaire • Vokabular

le feu arrière das Rücklicht	**la béquille** der Fahrradständer	**le patin de frein** die Bremsbacke	**le panier** der Korb	**la lanière** der Riemen	**freiner** bremsen
le catadioptre der Rückstrahler	**la galerie à vélo** der Fahrradständer	**le câble** das Kabel	**la dynamo** der Dynamo	**pédaler** treten	**faire du vélo** Rad fahren
le phare die Fahrradlampe	**les roues d'entraînement** die Stützräder	**le pignon** das Kettenzahnrad	**la crevaison** die Reifenpanne	**le cale-pied** der Rennbügel	**changer de vitesse** schalten

français • deutsch

LE TRANSPORT • DER VERKEHR

le train • der Zug

la voiture / der Wagen

le quai / der Bahnsteig

le caddie / der Kofferkuli

le numéro de voie / die Gleisnummer

le voyageur / der Pendler

la gare | der Bahnhof

les types de trains • die Zugtypen

la locomotive / die Lokomotive

la cabine du conducteur / der Führerstand

le rail / die Schiene

le train à vapeur
die Dampflokomotive

le train diesel | die Diesellokomotive

le train électrique
die Elektrolokomotive

le train à grande vitesse
der Hochgeschwindigkeitszug

le monorail
die Einschienenbahn

le métro
die U-Bahn

le tram
die Straßenbahn

le train de marchandises
der Güterzug

LE TRANSPORT • DER VERKEHR

le porte-bagages
die Gepäckablage

la fenêtre
das Zugfenster

la voie ferrée
das Gleis

la porte
die Tür

le siège
der Sitz

le compartiment
das Abteil

le portillon
die Eingangssperre

le haut-parleur
der Lautsprecher

l'horaire
der Fahrplan

le billet
die Fahrkarte

la voiture-restaurant | der Speisewagen

le hall de gare | die Bahnhofshalle

le compartiment-couchettes
das Schlafabteil

---

vocabulaire • Vokabular

le réseau ferroviaire das Bahnnetz	**le plan de métro** der U-Bahnplan	**le guichet** der Fahrkartenschalter	**le rail conducteur** die Strom führende Schiene
le rapide der Intercity	**le retard** die Verspätung	**le contrôleur** der Schaffner	**le signal** das Signal
l'heure de pointe die Stoßzeit	**le prix** der Fahrpreis	**changer** umsteigen	**la manette de secours** der Nothebel

français • deutsch 209

LE TRANSPORT • DER VERKEHR

l'avion • das Flugzeug

l'avion de ligne • das Verkehrsflugzeug

- le nez / der Bug
- le cockpit / das Cockpit
- le réacteur / das Triebwerk
- le fuselage / der Rumpf
- l'aile / die Tragfläche
- la queue / das Heck
- la gouverne / das Seitenruder
- la sortie / der Ausgang
- la roue de nez / das Bugfahrwerk
- le train d'atterrissage / das Hauptfahrwerk
- l'aileron / das Querruder
- la dérive / das Seitenleitwerk
- l'empennage / das Höhenleitwerk

la cabine • die Kabine

- la sortie de secours / der Notausgang
- l'hôtesse de l'air / die Flugbegleiterin
- le casier à bagages / das Gepäckfach
- le hublot / das Fenster
- le ventilateur / die Luftdüse
- le siège / der Sitz
- la liseuse / die Leselampe
- la rangée / die Reihe
- l'accoudoir / die Armlehne
- le couloir / der Gang
- la tablette / der Klapptisch
- le dossier / die Rückenlehne

français • deutsch

LE TRANSPORT • DER VERKEHR

l'U.L.M.
das Ultraleichtflugzeug

le planeur
das Segelflugzeug

le biplan
der Doppeldecker

l'hélice
der Propeller

la montgolfière
der Heißluftballon

l'avion léger
das Leichtflugzeug

l'hydravion
das Wasserflugzeug

le jet privé
der Privatjet

l'avion supersonique
das Überschallflugzeug

la pale de rotor
das Rotorblatt

le missile
die Rakete

l'hélicoptère
der Hubschrauber

le bombardier
das Bombenflugzeug

le chasseur
das Jagdflugzeug

vocabulaire • Vokabular

le pilote der Pilot	**décoller** starten	**atterrir** landen	**la classe affaires** die Businessclass	**les bagages à main** das Handgepäck
le copilote der Kopilot	**voler** fliegen	**l'altitude** die Höhe	**la classe économique** die Economyclass	**la ceinture de sécurité** der Sicherheitsgurt

français • deutsch

LE TRANSPORT • DER VERKEHR

l'aéroport • der Flughafen

l'aire de stationnement
das Vorfeld

le porte-bagages
der Gepäckanhänger

le terminal
der Terminal

le véhicule de service
das Versorgungsfahrzeug

la passerelle
die Fluggastbrücke

l'avion de ligne | das Verkehrsflugzeug

vocabulaire • Vokabular

la piste die Start- und Landebahn	**le numéro de vol** die Flugnummer	**le tapis roulant** das Gepäckband	**les vacances** der Urlaub
le vol international der Auslandsflug	**l'immigration** die Passkontrolle	**la sécurité** die Sicherheitsvorkehrungen	**enregistrer** einchecken
le vol domestique der Inlandsflug	**la douane** der Zoll	**la machine de rayons x** die Gepäckröntgenmaschine	**la tour de contrôle** der Kontrollturm
la correspondance die Flugverbindung	**l'excédent de bagages** das Übergepäck	**la brochure de vacances** der Urlaubsprospekt	**faire une réservation de vol** einen Flug buchen

français • deutsch

LE TRANSPORT • DER VERKEHR

les bagages à main
das Handgepäck

les bagages
das Gepäck

le chariot
der Kofferkuli

l'enregistrement des bagages
der Abfertigungsschalter

le contrôle de passeports
die Passkontrolle

le passeport | der Pass

le visa
das Visum

la carte d'embarquement
die Bordkarte

le billet
das Flugticket

le numéro de la porte d'embarquement
die Gatenummer

les départs
der Abflug

la salle de départ
die Abflughalle

la destination
das Reiseziel

les arrivées
die Ankunft

l'écran d'information
die Fluginformationsanzeige

la boutique hors taxes
der Duty-free-Shop

le retrait des bagages
die Gepäckausgabe

la station de taxis
der Taxistand

la location de voitures
der Autoverleih

français • deutsch   213

LE TRANSPORT • DER VERKEHR

le navire • das Schiff

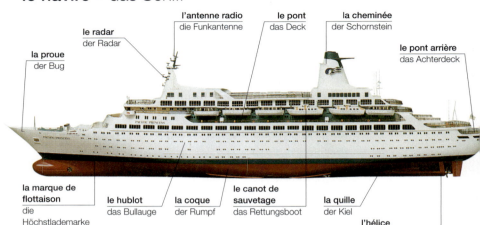

- **l'antenne radio** / die Funkantenne
- **le pont** / das Deck
- **la cheminée** / der Schornstein
- **le radar** / der Radar
- **le pont arrière** / das Achterdeck
- **la proue** / der Bug
- **la marque de flottaison** / die Höchstlademarke
- **le hublot** / das Bullauge
- **la coque** / der Rumpf
- **le canot de sauvetage** / das Rettungsboot
- **la quille** / der Kiel
- **l'hélice** / die Schiffsschraube

le paquebot / der Ozeandampfer

la passerelle de commandement / die Kommandobrücke

la salle des moteurs / der Maschinenraum

la cabine / die Kabine

la cuisine / die Kombüse

vocabulaire • Vokabular

le dock das Dock	**le guindeau** die Ankerwinde
le port der Hafen	**le capitaine** der Kapitän
l'ancre der Anker	**le runabout** das Rennboot
le bollard der Poller	**la barque** das Ruderboot
la passerelle die Landungsbrücke	**le canoë** das Kanu

214 français • deutsch

LE TRANSPORT • DER VERKEHR

autres bateaux • andere Schiffe

le ferry
die Fähre

le hors-bord
der Außenbordmotor

le bateau pneumatique
das Schlauchboot

l'hydroptère
das Tragflügelboot

le yacht
die Jacht

le catamaran
der Katamaran

le remorqueur
der Schleppdampfer

l'aéroglisseur
das Luftkissenboot

le navire porte-conteneurs
das Containerschiff

le gréement
die Takelung

le voilier
das Segelboot

la cale
der Frachtraum

le cargo
das Frachtschiff

le pétrolier
der Öltanker

le porte-avions
der Flugzeugträger

le navire de guerre
das Kriegsschiff

la tourelle de
commandement
der Kontrollturm

le sous-marin
das U-Boot

français • deutsch

LE TRANSPORT • DER VERKEHR

le port • der Hafen

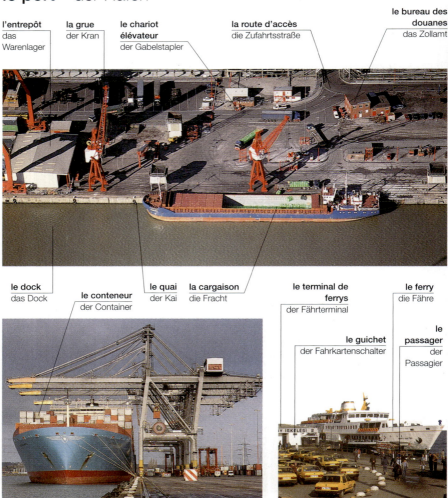

l'entrepôt	das Warenlager
la grue	der Kran
le chariot élévateur	der Gabelstapler
la route d'accès	die Zufahrtsstraße
le bureau des douanes	das Zollamt
le dock	das Dock
le conteneur	der Container
le quai	der Kai
la cargaison	die Fracht
le terminal de ferrys	der Fährterminal
le ferry	die Fähre
le guichet	der Fahrkartenschalter
le passager	der Passagier

le port de conteneurs | der Containerhafen

le port de passagers | der Passagierhafen

LE TRANSPORT • DER VERKEHR

le filet
das Netz

le bateau de pêche
das Fischerboot

les amarres
die Verankerung

le port de pêche
der Fischereihafen

la marina
die Marina

le port
der Hafen

l'embarcadère
der Pier

la jetée
der Landungssteg

le chantier naval
die Werft

le feu
die Laterne

le phare
der Leuchtturm

la bouée
die Boje

---

vocabulaire • Vokabular

le garde-côte die Küstenwache	**la cale sèche** das Trockendock	**embarquer** an Bord gehen
jeter l'ancre den Anker werfen	**mouiller** festmachen	**débarquer** von Bord gehen
le capitaine de port der Hafenmeister	**se mettre à quai** anlegen	**prendre la mer** auslaufen

français • deutsch   217

les sports
der Sport

LES SPORTS • DER SPORT

le football américain • der Football

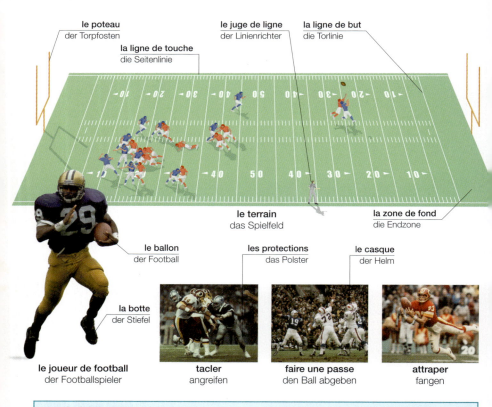

le poteau / der Torpfosten
le juge de ligne / der Linienrichter
la ligne de but / die Torlinie
la ligne de touche / die Seitenlinie
le terrain / das Spielfeld
la zone de fond / die Endzone
le ballon / der Football
les protections / das Polster
le casque / der Helm
la botte / der Stiefel
le joueur de football / der Footballspieler

tacler / angreifen

faire une passe / den Ball abgeben

attraper / fangen

---

vocabulaire • Vokabular

le temps mort die Auszeit	**l'équipe** die Mannschaft	**la défense** die Verteidigung	**la majorette** der Cheerleader	**Où en est le match?** Wie ist der Stand?
la prise de ballon maladroite das unsichere Fangen des Balls	**l'attaque** der Angriff	**le score** der Spielstand	**le but** der Touchdown	**Qui est-ce qui gagne?** Wer gewinnt?

français • deutsch

LES SPORTS • DER SPORT

le rugby • das Rugby

le but
das Tor

la surface de but
der Torraum

la ligne de touche
die Seitenlinie

le drapeau
die Fahne

la ligne de ballon mort
die Feldauslinie

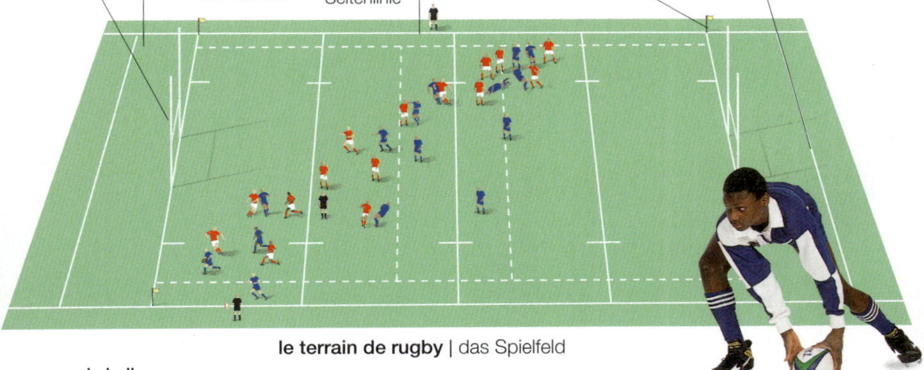

le terrain de rugby | das Spielfeld

lancer
werfen

le ballon
der Rugbyball

le maillot de rugby
das Rugbytrikot

botter
kicken

faire une passe
den Ball abgeben

tacler
angreifen

l'essai
der Versuch

le joueur
der Rugbyspieler

la mêlée ouverte | das offene Gedränge

la mêlée | das Gedränge

français • deutsch

221

LES SPORTS • DER SPORT

le football • der Fußball

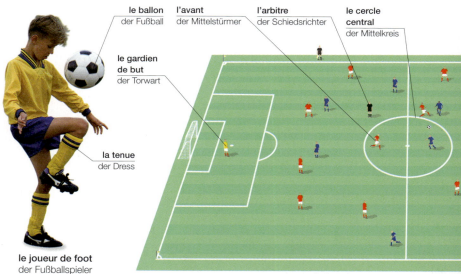

- **le ballon** / der Fußball
- **l'avant** / der Mittelstürmer
- **l'arbitre** / der Schiedsrichter
- **le cercle central** / der Mittelkreis
- **le gardien de but** / der Torwart
- **la tenue** / der Dress
- **le joueur de foot** / der Fußballspieler

- **le poteau** / der Torpfosten
- **le filet** / das Tornetz
- **la barre transversale** / die Querlatte

le but | das Tor

le terrain / das Fußballfeld

dribbler | dribbeln

faire une tête / köpfen

le mur / die Mauer

le coup franc | der Freistoß

222 français • deutsch

LES SPORTS • DER SPORT

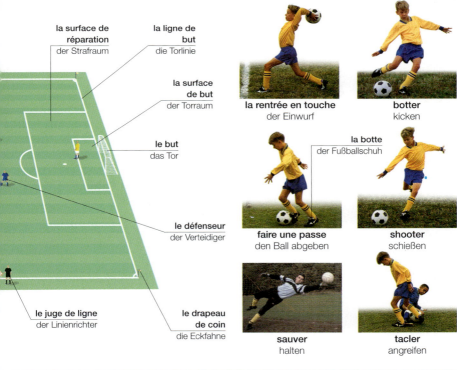

la surface de réparation
der Strafraum

la ligne de but
die Torlinie

la surface de but
der Torraum

le but
das Tor

le défenseur
der Verteidiger

le juge de ligne
der Linienrichter

le drapeau de coin
die Eckfahne

la rentrée en touche
der Einwurf

botter
kicken

la botte
der Fußballschuh

faire une passe
den Ball abgeben

shooter
schießen

sauver
halten

tacler
angreifen

---

vocabulaire • Vokabular

le stade das Stadion	la faute das Foul	le carton jaune die gelbe Karte	le championnat die Liga	la prolongation die Verlängerung
marquer un but ein Tor schießen	le corner der Eckball	l'hors-jeu das Abseits	l'egalité das Unentschieden	le remplaçant der Ersatzspieler
le penalty der Elfmeter	le carton rouge die rote Karte	l'expulsion der Platzverweis	la mi-temps die Halbzeit	le remplacement die Auswechslung

français • deutsch

LES SPORTS • DER SPORT

le hockey • das Hockey

le hockey sur glace • das Eishockey

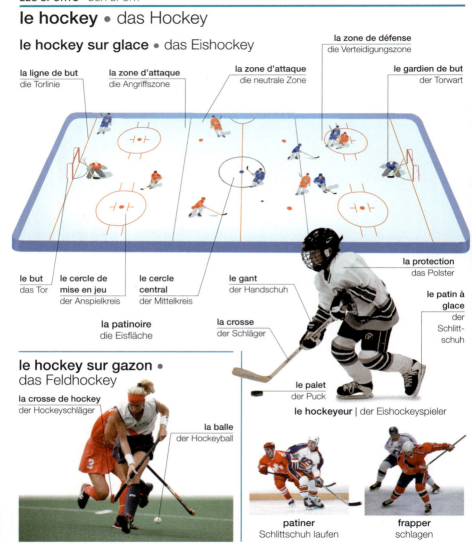

- la ligne de but / die Torlinie
- la zone d'attaque / die Angriffszone
- la zone d'attaque / die neutrale Zone
- la zone de défense / die Verteidigungszone
- le gardien de but / der Torwart
- le but / das Tor
- le cercle de mise en jeu / der Anspielkreis
- le cercle central / der Mittelkreis
- le gant / der Handschuh
- la protection / das Polster
- le patin à glace / der Schlittschuh
- la patinoire / die Eisfläche
- la crosse / der Schläger
- le palet / der Puck

le hockeyeur | der Eishockeyspieler

le hockey sur gazon • das Feldhockey

- la crosse de hockey / der Hockeyschläger
- la balle / der Hockeyball

patiner Schlittschuh laufen

frapper schlagen

français • deutsch

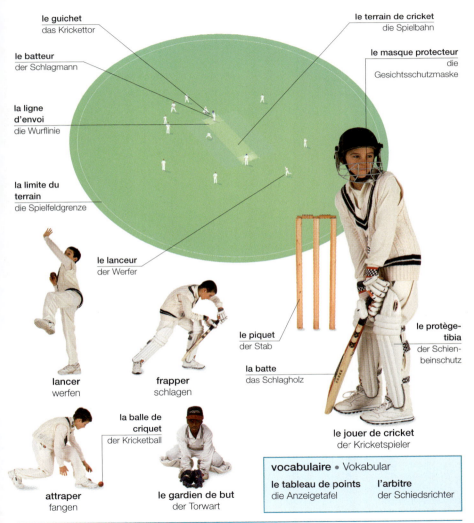

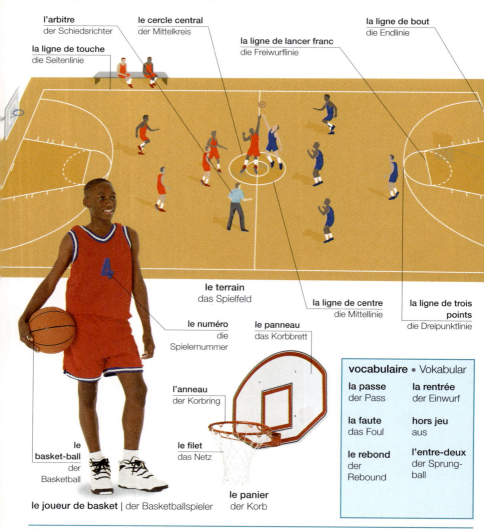

LES SPORTS • DER SPORT

les actions • die Aktionen

lancer / werfen

attraper / fangen

viser / zielen

sauter / springen

marquer / decken

bloquer / blocken

faire rebondir / springen lassen

faire un dunk / einen Dunk spielen

le volley • der Volleyball

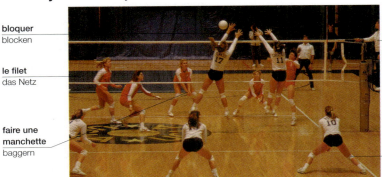

bloquer / blocken

le filet / das Netz

faire une manchette / baggern

l'arbitre / der Schiedsrichter

la genouillère / der Knieschützer

le terrain | das Spielfeld

français • deutsch

LES SPORTS • DER SPORT

le baseball • der Baseball

le terrain • das Spielfeld

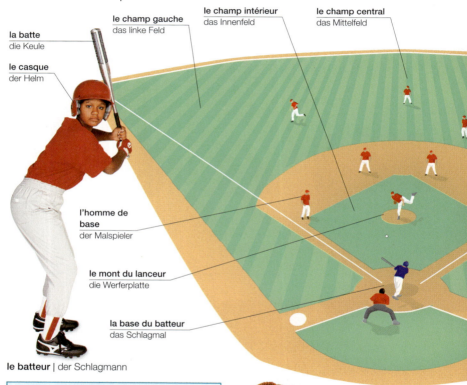

- **la batte** / die Keule
- **le casque** / der Helm
- **le champ gauche** / das linke Feld
- **le champ intérieur** / das Innenfeld
- **le champ central** / das Mittelfeld
- **l'homme de base** / der Malspieler
- **le mont du lanceur** / die Werferplatte
- **la base du batteur** / das Schlagmal

le batteur | der Schlagmann

vocabulaire • vokabular		
le point der Lauf	**sauf** in Sicherheit	**le coup manqué** der Schlagfehler
le tour de batte das Inning	**hors jeu** aus	**la fausse balle** der ungültige Schlag

- **la balle** / der Baseball
- **le gant** / der Handschuh
- **le masque** / die Schutzmaske

français • deutsch

LES SPORTS • DER SPORT

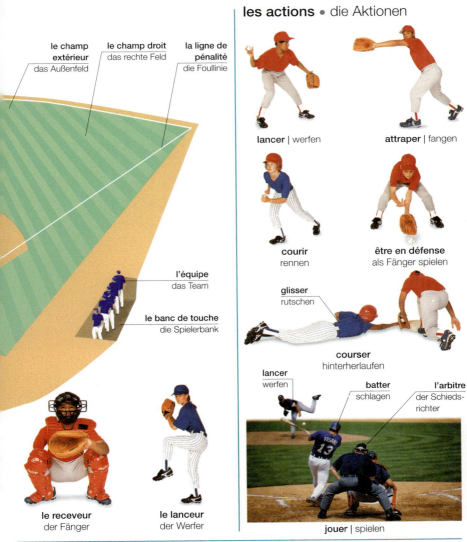

le champ extérieur — das Außenfeld
le champ droit — das rechte Feld
la ligne de pénalité — die Foullinie
l'équipe — das Team
le banc de touche — die Spielerbank
le receveur — der Fänger
le lanceur — der Werfer

les actions • die Aktionen

lancer | werfen

attraper | fangen

courir — rennen

être en défense — als Fänger spielen

glisser — rutschen

courser — hinterherlaufen

lancer — werfen
batter — schlagen
l'arbitre — der Schiedsrichter

jouer | spielen

français • deutsch 229

LES SPORTS • DER SPORT

le tennis • das Tennis

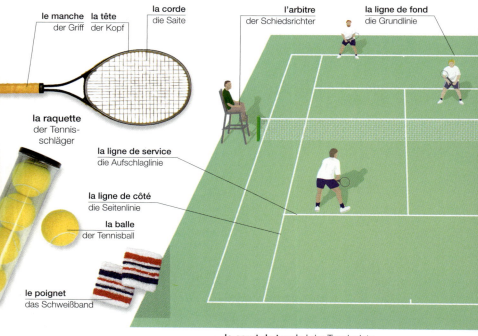

le court de tennis | der Tennisplatz

vocabulaire • Vokabular					
le simple das Einzel	**le set** der Satz	**l'égalité** der Einstand	**la faute** der Fehler	**le slice** der Slice	**l'effet** der Spin
le double das Doppel	**le match** das Match	**l'avantage** der Vorteil	**l'as** das Ass	**l'échange** der Ballwechsel	**le juge de ligne** der Linienrichter
le jeu das Spiel	**le tiebreak** der Tiebreak	**zéro** null	**l'amorti** der Stoppball	**net!** Netz!	**le championnat** die Meisterschaft

230 français • deutsch

LES SPORTS • DER SPORT

les coups • die Schläge

le filet
das Netz

le smash
der Schmetterball

le ramasseur de balles
der Balljunge

servir
aufschlagen

la chaussure de tennis
der Tennisschuh

le joueur
der Tennisspieler

le service
der Aufschlag

la volée
der Volley

le retour
der Return

le lob
der Lob

le coup droit
die Vorhand

le revers
die Rückhand

les jeux de raquette • die Schlägerspiele

le volant
der Federball

la raquette
der Tischtennisschläger

le badminton
das Badminton

le tennis de table
das Tischtennis

le squash
das Squash

le racquetball
der Racquetball

français • deutsch 231

LES SPORTS • DER SPORT
le golf • das Golf

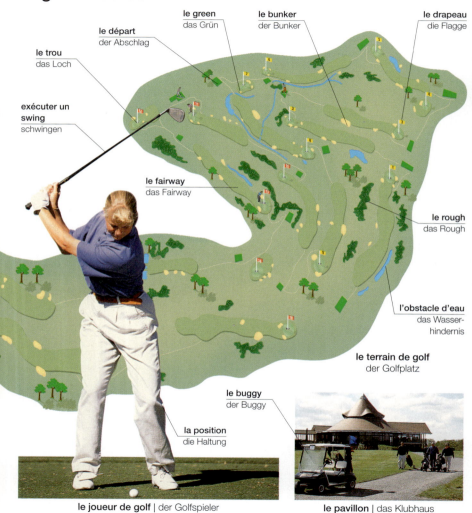

- le trou | das Loch
- le départ | der Abschlag
- le green | das Grün
- le bunker | der Bunker
- le drapeau | die Flagge
- exécuter un swing | schwingen
- le fairway | das Fairway
- le rough | das Rough
- l'obstacle d'eau | das Wasserhindernis
- le terrain de golf | der Golfplatz
- le buggy | der Buggy
- la position | die Haltung

le joueur de golf | der Golfspieler

le pavillon | das Klubhaus

français • deutsch

LES SPORTS • DER SPORT

l'équipement • die Ausrüstung

la balle de golf / der Golfball

le tee / der Aufsatz

le parapluie / der Schirm

le sac de golf / die Golftasche

les pointes / die Spikes

le gant / der Handschuh

le caddie / der Caddie

la chaussure de golf / der Golfschuh

les clubs de golf • die Golfschläger

le bois / das Holz

le putter / der Putter

le fer / das Eisen

la cale / das Wedge

les actions • die Aktionen

partir du tee / vom Abschlag spielen

driver / driven

putter / einlochen

cocher / chippen

---

vocabulaire • Vokabular

le par das Par	**le over par** das Überpar	**le tournoi** das Golfturnier	**le caddie** der Caddie	**le coup** der Schlag	**la ligne de jeu** die Spielbahn
le under par das Unterpar	**le trou en un** das Hole-in-One	**le handicap** das Golfhandicap	**les spectateurs** die Zuschauer	**le swing d'essai** der Übungsschwung	**le swing en arrière** der Durchschwung

français • deutsch

LES SPORTS • DER SPORT

l'athlétisme • die Leichtathletik

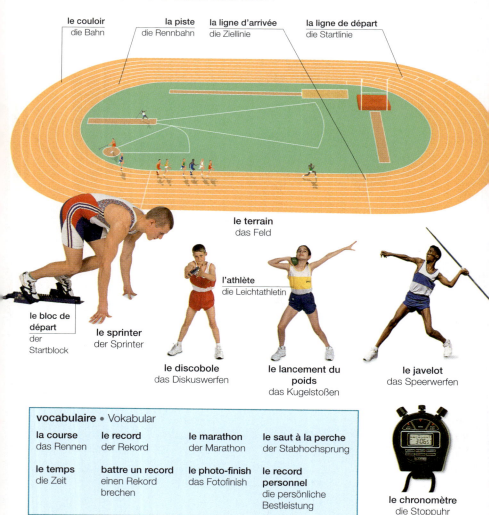

vocabulaire • Vokabular			
la course das Rennen	le record der Rekord	le marathon der Marathon	le saut à la perche der Stabhochsprung
le temps die Zeit	battre un record einen Rekord brechen	le photo-finish das Fotofinish	le record personnel die persönliche Bestleistung

LES SPORTS • DER SPORT

le relais
der Staffellauf

le bâton
der Stab

le saut en hauteur
der Hochsprung

la barre
die Latte

le saut en longueur
der Weitsprung

les haies
der Hürdenlauf

la gymnastique • das Turnen

le cheval
das Pferd

le tremplin
das Sprungbrett

le salto
der Salto

le tapis
die Matte

le saut
der Sprung

les exercises au sol
das Bodenturnen

la gymnaste
die Turnerin

la poutre
der Schwebebalken

le ruban
das Gymnastikband

la cabriole
die Bodenakrobatik

la gymnastique rythmique
die rhythmische Gymnastik

---

vocabulaire • Vokabular

la barre fixe das Reck	**le cheval d'arçons** das Seitpferd	**les anneaux** die Ringe	**les médailles** die Medaillen	**l'argent** das Silber
les barres parallèles der Barren	**les barres asymétriques** der Stufenbarren	**le podium** das Siegerpodium	**l'or** das Gold	**le bronze** die Bronze

français • deutsch

LES SPORTS • DER SPORT

les sports de combat • der Kampfsport

l'adversaire / der Gegner
le protège-tête / der Kopfschutz
le gant / der Handschuh
la ceinture / der Gürtel
le taekwondo / das Taekwondo
le masque / die Maske
le sabre / der Säbel
le karaté / das Karate
le judo / das Judo
l'aïkido / das Aikido
le kendo / das Kendo
le kung-fu / das Kung-Fu
la boxe thaïlandaise / das Kickboxen
la lutte / das Ringen
la boxe / das Boxen

français • deutsch

LES SPORTS • DER SPORT

les actions • die Techniken

la chute
das Fallen

la prise
der Griff

la projection
der Wurf

l'immobilisation
das Fesseln

le coup de pied
der Seitfußstoß

le coup de poing
der Stoß

le coup
der Angriff

le coup
der Hieb

le saut
der Sprung

le blocage
der Block

vocabulaire • Vokabular				
le ring der Boxring	**le round** die Runde	**le poing** die Faust	**la ceinture noire** der schwarze Gürtel	**la capoeira** das Capoeira
les gants de boxe die Boxhandschuhe	**le combat** der Kampf	**le knock-out** der Knock-out	**l'autodéfense** die Selbstverteidigung	**le sumo** das Sumo
le protège-dents der Mundschutz	**l'entraînement** das Sparring	**le punching-ball** der Sandsack	**les arts martiaux** die Kampfsportarten	**le taï chi** das Tai Chi

français • deutsch

LES SPORTS • DER SPORT

la natation • der Schwimmsport
l'équipement • die Ausrüstung

la brassière
der Schwimmflügel

les lunettes protectrices
die Schwimmbrille

la pince pour le nez
die Nasenklemme

la planche
das Schwimmbrett

le maillot de bain
der Badeanzug

le couloir
die Bahn

l'eau
das Wasser

le plot de départ
der Startblock

le bonnet de natation
die Badekappe

le slip de bain
die Badehose

la piscine
das Schwimmbecken

le nageur | der Schwimmer

le tremplin
das Sprungbrett

le plongeur
der Springer

plonger | springen

nager | schwimmen

le virage-culbute | die Wende

238   français • deutsch

LES SPORTS • DER SPORT

les styles • die Schwimmstile

le crawl
das Kraulen

la brasse
das Brustschwimmen

la nage
der Zug

le dos crawlé | das Rückenschwimmen

le coup de pied
der Stoß

le papillon | der Schmetterling

la plongée • das Tauchen

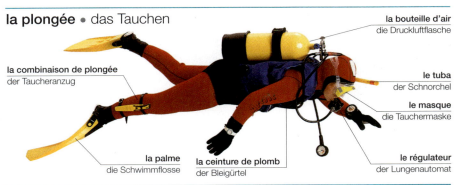

la bouteille d'air
die Druckluftflasche

la combinaison de plongée
der Taucheranzug

le tuba
der Schnorchel

le masque
die Tauchermaske

la palme
die Schwimmflosse

la ceinture de plomb
der Bleigürtel

le régulateur
der Lungenautomat

vocabulaire • Vokabular					
le plongeon der Sprung	**nager sur place** Wasser treten	**les casiers** die Schließfächer	**le water-polo** der Wasserball	**le petit bassin** das flache Ende	**la crampe** der Krampf
le plongeon de haut vol der Turmsprung	**le départ plongé** der Startsprung	**le maître nageur** der Bademeister	**le grand bassin** das tiefe Ende	**la nage synchronisée** das Synchronschwimmen	**se noyer** ertrinken

français• deutsch

LES SPORTS • DER SPORT

la voile • der Segelsport

le compas
der Kompass

l'ancre
der Anker

le taquet
die Klampe

le pont de côté
das Seitendeck

la voile d'avant
die Fock

l'avant
der Bug

la barre
die Pinne

la coque
der Rumpf

le mât
der Mast

le gréement
die Takelung

la grand-voile
das Großsegel

la bôme
der Baum

l'arrière
das Heck

naviguer | navigieren

le yacht | die Segeljacht

la sécurité • die Sicherheit

la fusée éclairante
die Leuchtrakete

la bouée de sauvetage
die Rettungsring

le gilet de sauvetage
die Schwimmweste

le radeau de sauvetage
das Rettungsboot

240

français • deutsch

LES SPORTS • DER SPORT

les sports aquatiques • der Wassersport

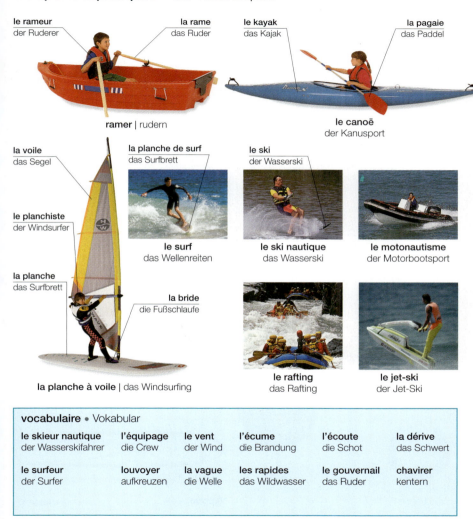

| le rameur / der Ruderer | la rame / das Ruder | le kayak / das Kajak | la pagaie / das Paddel |

ramer | rudern

le canoë
der Kanusport

la voile / das Segel — la planche de surf / das Surfbrett — le ski / der Wasserski

le planchiste / der Windsurfer

le surf / das Wellenreiten

le ski nautique / das Wasserski

le motonautisme / der Motorbootsport

la planche / das Surfbrett — la bride / die Fußschlaufe

la planche à voile | das Windsurfing

le rafting / das Rafting

le jet-ski / der Jet-Ski

vocabulaire • Vokabular					
le skieur nautique der Wasserskifahrer	**l'équipage** die Crew	**le vent** der Wind	**l'écume** die Brandung	**l'écoute** die Schot	**la dérive** das Schwert
le surfeur der Surfer	**louvoyer** aufkreuzen	**la vague** die Welle	**les rapides** das Wildwasser	**le gouvernail** das Ruder	**chavirer** kentern

français • deutsch

LES SPORTS • DER SPORT

l'équitation • der Reitsport

LES SPORTS • DER SPORT

les courses • die Veranstaltungen

le cheval de course / das Rennpferd

la course de chevaux
das Pferderennen

l'obstacle / das Hindernis

le steeple
das Jagdrennen

la course de trot
das Trabrennen

le rodéo
das Rodeo

le jumping
das Springreiten

la course attelée
das Zweispännerrennen

la randonnée
der Wanderritt

le dressage
das Dressurreiten

le polo
das Polo

vocabulaire • Vokabular

le pas der Schritt	**le petit galop** der Kanter	**le saut** der Sprung	**le licou** das Halfter	**l'enclos** die Koppel	**la course de plat** das Flachrennen
le trot der Trab	**le galop** der Galopp	**le valet d'écurie** der Stallbursche	**l'écurie** der Pferdestall	**l'arène** der Turnierplatz	**le champs de courses** die Rennbahn

français • deutsch

LES SPORTS • DER SPORT

la pêche • der Angelsport

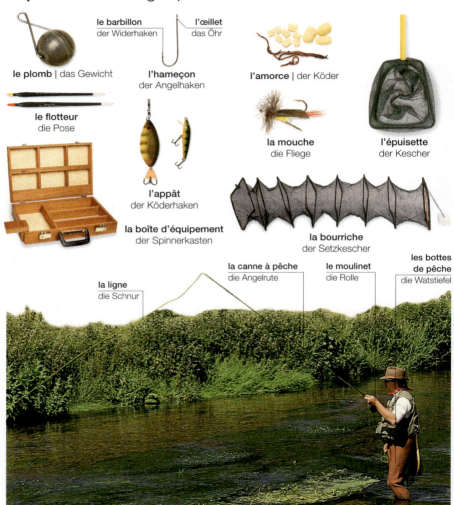

le plomb | das Gewicht

le barbillon
der Widerhaken

l'œillet
das Öhr

l'hameçon
der Angelhaken

l'amorce | der Köder

le flotteur
die Pose

l'appât
der Köderhaken

la mouche
die Fliege

l'épuisette
der Kescher

la boîte d'équipement
der Spinnerkasten

la bourriche
der Setzkescher

la ligne
die Schnur

la canne à pêche
die Angelrute

le moulinet
die Rolle

les bottes de pêche
die Watstiefel

le pêcheur | der Angler

français • deutsch

LES SPORTS • DER SPORT

les genres de pêche • die Fischfangarten

la pêche en eau douce
das Süßwasserangeln

la pêche à la mouche
das Fliegenangeln

la pêche sportive
das Sportangeln

la pêche hauturière
die Hochseefischerei

la pêche au lancer en mer
das Brandungsangeln

les activités • die Aktivitäten

lancer
auswerfen

attraper
fangen

ramener
einholen

prendre au filet
mit dem Netz fangen

lâcher
loslassen

---

vocabulaire • Vokabular

amorcer ködern	**le tambour** die Rolle	**l'imperméable** die Regenhaut	**la pêche maritime** die Seefischerei	**le panier de pêche** der Fischkorb
mordre anbeißen	**le matériel de pêche** die Angelgeräte	**la perche** die Stake	**le permis de pêche** der Angelschein	**la pêche sous-marine** das Speerfischen

---

français • deutsch

LES SPORTS • DER SPORT

le ski • der Skisport

- la pente de ski / der Skihang
- le télésiège / der Sessellift
- la télécabine / der Kabinenlift
- la combinaison de ski / der Skianzug
- le bâton de ski / der Skistock
- le gant / der Handschuh
- la piste de ski / die Skipiste
- la barrière de sécurité / die Sicherheitssperre
- la chaussure de ski / der Skistiefel
- le ski / der Ski
- la carre / die Kante
- la skieuse / die Skiläuferin
- la pointe / die Spitze

français • deutsch

LES SPORTS • DER SPORT

les épreuves • die Disziplinen

la descente
der Abfahrtslauf

la porte
das Tor
le slalom
der Slalom

le saut
der Skisprung

le ski de randonnée
der Langlauf

les sports d'hiver • der Wintersport

l'escalade en glace
das Eisklettern

le patinage
das Eislaufen

les lunettes de ski
die Skibrille
le patin à glace
der Schlittschuh
le patinage artistique
der Eiskunstlauf

le surf des neiges
das Snowboarding

le bobsleigh
der Bobsport

la luge
das Rennrodeln

la motoneige
das Schneemobil

la luge
das Schlittenfahren

vocabulaire • Vokabular

le ski alpin die alpine Kombination	**le traîneau à chiens** das Hundeschlittenfahren
le slalom géant der Riesenslalom	**le patinage de vitesse** der Eisschnelllauf
hors piste abseits der Piste	**le biathlon** das Biathlon
le curling das Curling	**l'avalanche** die Lawine

français • deutsch

LES SPORTS • DER SPORT

les autres sports • die anderen Sportarten

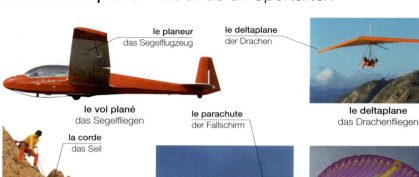

le planeur
das Segelflugzeug

le deltaplane
der Drachen

le vol plané
das Segelfliegen

le deltaplane
das Drachenfliegen

la corde
das Seil

le parachute
der Fallschirm

l'escalade
das Klettern

le parachutisme
das Fallschirmspringen

le parapente
das Gleitschirmfliegen

le saut en chute libre
das Fallschirmspringen

le rappel
das Abseilen

le saut à l'élastique
das Bungeejumping

français • deutsch

LES SPORTS • DER SPORT

le rallye
das Rallyefahren

le coureur automobile
der Rennfahrer

la course automobile
der Rennsport

le motocross
das Motocross

la course de moto
das Motorradrennen

la planche à roulettes
das Skateboard

la planche à roulettes
das Skateboardfahren

le patin à roulettes
der Rollschuh

le patinage à roulettes
das Rollschuhfahren

la crosse
der Lacrosseschläger

le lacrosse
das Lacrosse

le fleuret
das Florett

le masque
die Maske

l'escrime
das Fechten

la quille
der Kegel

la boule de bowling
die Bowlingkugel

le bowling
das Bowling

l'arc
der Bogen

la flèche
der Pfeil

le carquois
der Köcher

le tir à l'arc
das Bogenschießen

le billard américain
das Poolbillard

la cible
die Zielscheibe

le tir à cible
das Scheibenschießen

le billard
das Snooker

français • deutsch

249

LES SPORTS • DER SPORT

la forme physique • die Fitness

le vélo d'entraînement — das Trainingsrad
l'appareil de gym — das Fitnessgerät
le banc — die Bank
les poids — die Gewichte
la barre — die Stange
le gymnase — das Fitnesscenter

la machine à ramer
die Rudermaschine

l'escalier d'entraînement
der Stepper

la tapis roulant
das Laufband

la machine de randonnée
die Langlaufmaschine

l'entraîneuse individuelle
die private Fitnesstrainerin

la piscine
das Schwimmbecken

le sauna
die Sauna

français • deutsch

LES SPORTS • DER SPORT

les exercices • die Übungen

l'étirement
das Strecken

la fente en avant
der Ausfall

le collant
die Gymnastikhose

la traction
der Liegestütz

la flexion de jambes
die Kniebeuge

le redressement assis
das Rumpfheben

l'haltère
die Hantel

l'exercice pour les biceps
die Bizepsübung

la traction pour les jambes
der Beinstütz

l'exercice pour la poitrine
die Brustübung

les baskets
Trainingsschuhe

la barre à poids
die Gewichthantel

le maillot
das Hemd

l'entraînement poids et haltères
das Krafttraining

le jogging
das Jogging

l'aérobic
das Aerobic

---

vocabulaire • Vokabular

s'entraîner trainieren	jogger sur place auf der Stelle joggen	étendre ausstrecken	l'aéroboxe die Boxgymnastik	le saut à la corde das Seilspringen
s'échauffer sich aufwärmen	fléchir beugen	tirer hochziehen	les exercices Pilates die Pilates-Übungen	l'entraînement en circuit das Zirkeltraining

---

français • deutsch

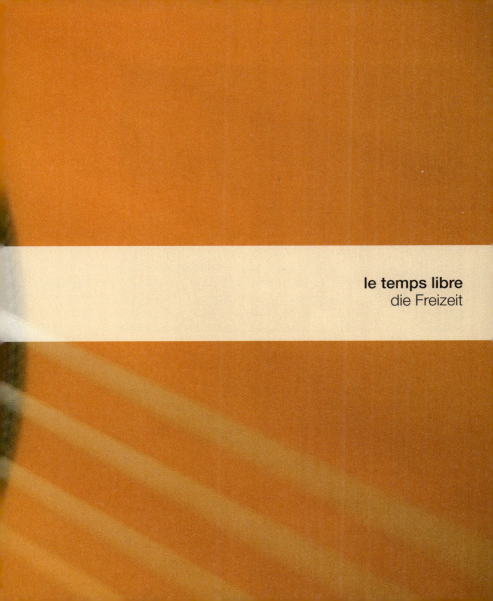

le temps libre
die Freizeit

LE TEMPS LIBRE • DIE FREIZEIT

le théâtre • das Theater

- **le rideau** / der Vorhang
- **les coulisses** / die Kulisse
- **le décor** / das Bühnenbild
- **le public** / das Publikum
- **l'orchestre** / das Orchester

la scène | die Bühne

- **le fauteuil** / der Sitzplatz
- **la deuxième galerie** / der zweite Rang
- **la rangée** / die Reihe
- **la loge** / die Loge
- **la corbeille** / der erste Rang
- **le balcon** / der Balkon
- **l'allée** / der Gang
- **l'orchestre** / das Parkett

les places | die Bestuhlung

---

vocabulaire • Vokabular

la distribution die Besetzung	**le texte** das Rollenheft	**la première** die Premiere
l'acteur der Schauspieler	**la toile de fond** der Prospekt	**l'entracte** die Pause
l'actrice die Schauspielerin	**le metteur en scène** der Regisseur	**le programme** das Programm
la pièce de théâtre das Theaterstück	**le conseiller dramatique** der Dramaturg	**la fosse d'orchestre** der Orchestergraben

français • deutsch

LE TEMPS LIBRE • DIE FREIZEIT

le concert
das Konzert

la comédie musicale
das Musical

le costume
das Theaterkostüm

le ballet
das Ballett

vocabulaire • Vokabular

le placeur der Platzanweiser	**la bande sonore** die Tonspur	**Je voudrais deux billets pour la représentation de ce soir.** Ich möchte zwei Karten für die Aufführung heute Abend.
la musique classique die klassische Musik	**applaudir** applaudieren	
la partition die Noten	**le bis** die Zugabe	**Ça commence à quelle heure?** Um wie viel Uhr beginnt die Aufführung?

l'opéra
die Oper

le cinéma • das Kino

le pop-corn
das Popcorn

la caisse
die Kasse

le foyer
das Foyer

l'affiche
das Plakat

la salle de cinéma
der Kinosaal

l'écran
die Leinwand

vocabulaire • Vokabular

la comédie die Komödie	**la comédie romantique** der Liebesfilm
le thriller der Thriller	**le film d'aventures** der Abenteuerfilm
le film d'horreur der Horrorfilm	**le film d'animation** der Zeichentrickfilm
le western der Western	**le film de science-fiction** der Science-Fiction-Film

français • deutsch

LE TEMPS LIBRE • DIE FREIZEIT

l'orchestre • das Orchester

les cordes • die Saiteninstrumente

- la harpe / die Harfe
- le chef d'orchestre / der Dirigent
- la contrebasse / der Kontrabass
- le violon / die Geige
- le podium / das Podium
- l'alto / die Bratsche
- le violoncelle / das Cello

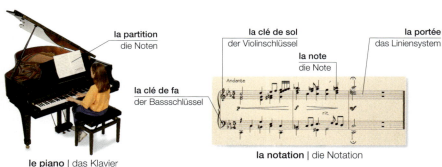

- la partition / die Noten
- la clé de sol / der Violinschlüssel
- la note / die Note
- la portée / das Liniensystem
- la clé de fa / der Bassschlüssel

le piano | das Klavier

la notation | die Notation

---

vocabulaire • Vokabular

l'ouverture die Ouvertüre	la sonate die Sonate	le ton die Tonhöhe	le dièse das Kreuz	la barre de mesure der Taktstrich	la gamme die Tonleiter
la symphonie die Symphonie	les instruments die Musikinstrumente	le silence das Pausenzeichen	le bémol das B	le bécarre das Auflösungszeichen	la baguette der Taktstock

français • deutsch

LE TEMPS LIBRE • DIE FREIZEIT

les bois • die Holzblasinstrumente

le piccolo
die Pikkoloflöte

la flûte traversière
die Querflöte

le hautbois
die Oboe

le cor anglais
das Englischhorn

la clarinette
die Klarinette

la clarinette
die Bassklarinette

le basson
das Fagott

le contrebasson
das Kontrafagott

le saxophone
das Saxofon

les percussions • die Schlaginstrumente

les bongos
die Bongos

la caisse claire
die kleine Trommel

la timbale
die Kesselpauke

le gong
der Gong

le triangle
der Triangel

les maracas
die Maracas

les cymbales
das Becken

le tambour
das Tamburin

le vibraphone
das Vibrafon

les cuivres • die Blechblasinstrumente

la trompette
die Trompete

le trombone
die Posaune

le cor
das Horn

le tuba
die Tuba

français • deutsch

LE TEMPS LIBRE • DIE FREIZEIT

le concert • das Konzert

le concert de rock | das Rockkonzert

les instruments • die Instrumente

LE TEMPS LIBRE · DIE FREIZEIT

les styles de musique · die Musikstile

le jazz
der Jazz

le blues
der Blues

la musique punk
die Punkmusik

la musique folk
der Folk

la pop
die Popmusik

la danse
die Tanzmusik

le rap
der Rap

la heavy métal
das Heavymetal

la musique classique
die klassische Musik

---

vocabulaire · Vokabular

la chanson	**les paroles**	**la mélodie**	**le beat**	**le reggae**	**la country**	**le projecteur**
das Lied	der Text	die Melodie	der Beat	der Reggae	die Countrymusic	der Scheinwerfer

---

français · deutsch259

LE TEMPS LIBRE • DIE FREIZEIT

le tourisme • die Besichtigungstour

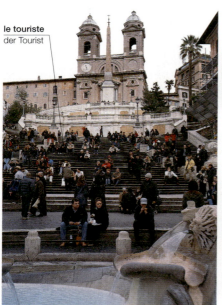

l'attraction touristique | die Touristenattraktion

- l'itinéraire / die Route
- à impériale / mit offenem Oberdeck

le bus touristique | der Stadtrundfahrtbus

- la guide / die Fremdenführerin

la visite guidée
die Führung

- la statuette / die Figur

les souvenirs
die Andenken

---

vocabulaire • Vokabular

ouvert geöffnet	**le guide** der Reiseführer	**le caméscope** der Camcorder	**à gauche** links	**Où est…?** Wo ist…?
fermé geschlossen	**la pellicule** der Film	**l'appareil photo** die Kamera	**à droite** rechts	**Je me suis perdu.** Ich habe mich verlaufen.
le prix d'entrée das Eintrittsgeld	**les piles** die Batterien	**les directions** die Richtungsangaben	**tout droit** geradeaus	**Pour aller à…, s'il vous plaît?** Können Sie mir sagen, wie ich nach… komme?

260 français • deutsch

LE TEMPS LIBRE • DIE FREIZEIT

les attractions • die Sehenswürdigkeiten

le tableau
das Gemälde

l'objet exposé
das Ausstellungsstück

l'exposition
die Ausstellung

la ruine célèbre
die berühmte Ruine

le musée d'art
die Kunstmuseum

le monument
das Monument

le musée
das Museum

le monument historique
das historische Gebäude

le casino
das Spielkasino

le parc
der Park

le parc national
der Nationalpark

l'information • die Information

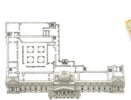

les heures
die Zeiten

le plan
der Grundriss

le plan
der Stadtplan

l'horaire
der Fahrplan

l'information touristique
die Touristeninformation

français • deutsch   261

LE TEMPS LIBRE • DIE FREIZEIT

les activités de plein air • die Aktivitäten im Freien

le sentier / der Fußweg

le cadran solaire / die Sonnenuhr

le café / das Café

la pelouse / das Gras

le banc / die Bank

les jardins à la française / die Gartenanlagen

le parc | der Park

les montagnes russes / die Achterbahn

la foire / der Jahrmarkt

le parc d'attractions / der Vergnügungspark

la réserve / der Safaripark

le zoo / der Zoo

262   français • deutsch

LE TEMPS LIBRE • DIE FREIZEIT

les activités • die Aktivitäten

le vélo
das Radfahren

le jogging
das Jogging

la planche à roulette
das Skateboardfahren

le roller
das Inlinerfahren

bird watching
die Vogelbeobachtung

la piste cavalière
der Reitweg

l'équitation
das Reiten

la randonnée
das Wandern

le panier à pique-nique
der Picknickkorb

le pique-nique
das Picknick

le terrain de jeux • der Spielplatz

le bac à sable
der Sandkasten

la pataugeoire
das Planschbecken

la balançoire
die Schaukel

la cage à poules
das Klettergerüst

la bascule | die Wippe

le toboggan
die Rutsche

français • deutsch

LE TEMPS LIBRE • DIE FREIZEIT

la plage • der Strand

le parasol / der Sonnenschirm
l'hôtel / das Hotel
la cabine de plage / das Strandhäuschen
le sable / der Sand
la vague / die Welle
la mer / das Meer
le sac de plage / die Strandtasche
le bikini / der Bikini

prendre un bain de soleil | sonnenbaden

français • deutsch

LE TEMPS LIBRE • DIE FREIZEIT

le maître nageur
der Bademeister

la tour de surveillance
der Rettungsturm

le pare-vent
der Windschutz

la promenade
die Promenade

le transat
der Liegestuhl

les lunettes de soleil
die Sonnenbrille

le chapeau de plage
der Sonnenhut

la créme solaire
die Sonnencreme

l'écran total
der Sonnenblocker

le ballon de plage
der Wasserball

la bouée
der Schwimmreifen

le maillot de bain
der Badeanzug

la pelle
der Spaten

le seau
der Eimer

le château de sable
die Sandburg

la serviette de plage
das Strandtuch

le coquillage
die Muschel

français • deutsch

265

LE TEMPS LIBRE • DIE FREIZEIT

le camping • das Camping

les toilettes / die Toiletten
les poubelles / die Mülleimer
les douches / die Duschen
le branchement électrique / der Stromanschluss
le double toit / das Überdach
le piquet / der Hering
la corde / die Zeltspannleine
la caravane / der Wohnwagen

le terrain de camping
der Campingplatz

---

vocabulaire • Vokabular

camper / zelten	**l'emplacement** / der Stellplatz	**le banc à pique-nique** / die Picknickbank	**le charbon de bois** / die Holzkohle
le bureau du chef / die Campingplatzverwaltung	**monter une tente** / ein Zelt aufschlagen	**le hamac** / die Hängematte	**l'allume-feu** / der Feueranzünder
les emplacements de libre / Zeltplätze frei	**le mât** / die Zeltstange	**l'autocaravane** / das Wohnmobil	**allumer un feu** / ein Feuer machen
complet / voll	**le lit de camp** / das Faltbett	**la remorque** / der Anhänger	**le feu de camp** / das Lagerfeuer

français • deutsch

LE TEMPS LIBRE · DIE FREIZEIT

la tente | das Zelt

- le cadre / das Gestänge
- le tapis de sol / der Zeltboden
- le sac à dos / der Rucksack
- le thermos / die Thermosflasche
- la bouteille d'eau / die Wasserflasche
- le spray contre les insects / der Insektenspray
- la lampe torche / die Taschenlampe
- la moustiquaire / das Moskitonetz
- les sous-vêtements thermiques / die Thermowäsche
- les chaussures de marche / die Wanderschuhe
- l'imperméable / die Regenhaut
- le sac de couchage / der Schlafsack
- le tapis de sol / die Schlafmatte
- le réchaud / der Gasbrenner
- le barbecue / der Grill
- le matelas pneumatique | die Luftmatratze

français • deutsch

LE TEMPS LIBRE • DIE FREIZEIT

les distractions à la maison • die Privatunterhaltung

le baladeur CD
der Discman

l'enregistreur minidisk
der Minidiskrekorder

le baladeur MP3
der MP3-Spieler

le DVD
die DVD

le lecteur DVD
der DVD-Spieler

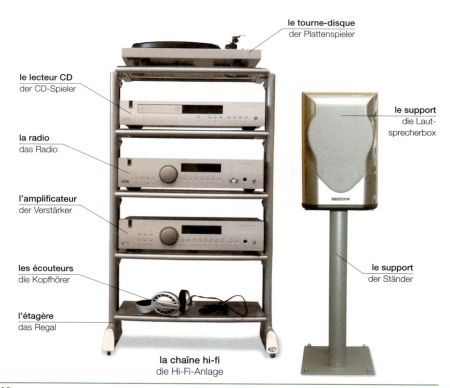

le tourne-disque
der Plattenspieler

le lecteur CD
der CD-Spieler

la radio
das Radio

l'amplificateur
der Verstärker

les écouteurs
die Kopfhörer

l'étagère
das Regal

la chaîne hi-fi
die Hi-Fi-Anlage

le support
die Lautsprecherbox

le support
der Ständer

268   français • deutsch

LE TEMPS LIBRE • DIE FREIZEIT

la vidéocassette
die Videokassette

le magnétoscope
der Videorekorder

l'écran
der Bildschirm

le oculaire
das Okular

le caméscope
der Camcorder

l'antenne parabolique
die Satellitenschüssel

la télévision 16/9ème
der Breitbildfernseher

la console
das Pult

l'avance rapide
der Vorlauf

la pause
die Pause

l'enregistrement
die Aufnahme

le volume
die Lautstärke

le retour rapide
der Rücklauf

l'arrêt
der Stop

la commande
die Steuerung

la lecture
das Abspielen

le jeu vidéo | das Videospiel

la télécommande
die Fernbedienung

vocabulaire • Vokabular

le CD die CD	**le film** der Spielfilm	**le programme** das Programm	**la chaîne à péage** der Pay-Kanal	**régler la radio** das Radio einstellen
la cassette die Kassette	**la publicité** die Werbung	**changer de chaîne** den Kanal wechseln	**regarder la télévision** fernsehen	**stéréo** stereo
le lecteur cassettes der Kassettenrekorder	**numérique** digital	**la télévision par câble** das Kabelfernsehen	**allumer la télévision** den Fernseher einschalten	**éteindre la télévision** den Fernseher abschalten

français • deutsch

LE TEMPS LIBRE • DIE FREIZEIT

la photographie • die Fotografie

le flash
der Blitz

le réglage de l'ouverture
der Blendenregler

le compteur de vues
der Zähler

le déclencheur
der Auslöser

le réglage du temps de pose
die Zeiteinstellscheibe

l'objectif
die Linse

l'appareil réflex mono-objectif | die Spiegelreflexkamera

le filtre
der Filter

le bouchon d'objectif
die Schutzkappe

le flash compact
der Elektronenblitz

le posemètre
der Belichtungsmesser

le zoom
das Zoom

le trépied
das Stativ

les types d'appareils photo • die Fotoapparattypen

l'appareil numérique
die Digitalkamera

l'appareil photo APS
die Kamera für APS-Film

l'appareil instantané
die Sofortbildkamera

l'appareil jetable
die Einwegkamera

français • deutsch

LE TEMPS LIBRE • DIE FREIZEIT

photographier • fotografieren

la pellicule
der Film

le rouleau de pellicule
die Filmspule

mettre au point
einstellen

développer
entwickeln

le négatif
das Negativ

paysage
quer

portrait
hoch

l'album de photos
das Fotoalbum

le cadre-photo
der Fotorahmen

la photo | das Foto

les problèmes • die Probleme

sous-exposé
unterbelichtet

surexposé
überbelichtet

flou
unscharf

les yeux rouges
die roten Augen

vocabulaire • Vokabular

le viseur der Bildsucher	**l'épreuve** der Abzug
le sac d'appareil photo die Kameratasche	**mat** matt
la pose die Belichtung	**brilliant** Hochglanz-
la chambre noire die Dunkelkammer	**l'agrandissement** die Vergrößerung

Pourriez-vous faire développer cette pellicule?
Könnten Sie diesen Film entwickeln lassen?

français • deutsch

LE TEMPS LIBRE • DIE FREIZEIT

les jeux • die Spiele

l'échiquier / das Schachbrett
noir / schwarz
blanc / weiß
la dame / die Dame
le roi / der König
le fou / der Läufer
le pion / der Bauer
le cavalier / der Springer
la tour / der Turm

les échecs / das Schach

la case / das Feld
le pion / der Stein

les dames / das Damespiel

la pièce / der Stein

le scrabble / das Scrabble

le jacquet | das Backgammon

le dé / der Würfel
le jeton / die Spielmarke
le monopoly / das Monopoly

les jeux de société | die Brettspiele

272　　　　　　　　　　　　　　　　　　　　　　français • deutsch

LE TEMPS LIBRE • DIE FREIZEIT

la philatélie
das Briefmarkensammeln

le puzzle
das Puzzle

les dominos
das Domino

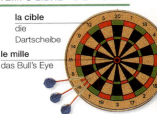
la cible — die Dartscheibe
le mille — das Bull's Eye

les fléchettes
das Darts

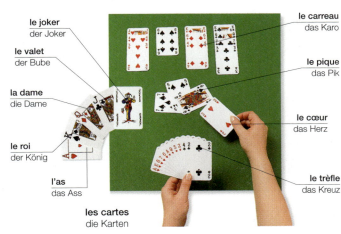

le joker — der Joker
le valet — der Bube
la dame — die Dame
le roi — der König
l'as — das Ass

le carreau — das Karo
le pique — das Pik
le cœur — das Herz
le trèfle — das Kreuz

les cartes
die Karten

battre | mischen

donner | geben

---

vocabulaire • Vokabular

le coup der Zug	**gagner** gewinnen	**le perdant** der Verlierer	**le point** der Punkt	**le bridge** das Bridge	**C'est à qui de jouer?** Wer ist dran?
jouer spielen	**le gagnant** der Gewinner	**le jeu** das Spiel	**la marque** das Spielergebnis	**le jeu de cartes** das Kartenspiel	**C'est à toi de jouer.** Du bist dran.
le joueur der Spieler	**perdre** verlieren	**le pari** die Wette	**le poker** das Poker	**la couleur** die Farbe	**Jette le dé.** Würfle.

---

français • deutsch

LE TEMPS LIBRE • DIE FREIZEIT

les arts et métiers 1 • das Kunsthandwerk 1

les couleurs • die Farben

l'artiste peintre / die Künstlerin

le tableau / das Gemälde

le chevalet / die Staffelei

la toile / die Leinwand

le pinceau / der Pinsel

la palette / die Palette

la peinture | die Malerei

les couleurs à l'huile
die Ölfarben

l'aquarelle
die Aquarellfarbe

les pastels
die Pastellstifte

l'acrylique
die Acrylfarbe

la gouache
die Plakatfarbe

les couleurs • die Farben

rouge
rot

bleu
blau

jaune
gelb

vert
grün

orange
orange

violet
lila

blanc
weiß

noir
schwarz

gris
grau

rose
rosa

marron
braun

indigo
indigoblau

français • deutsch

LE TEMPS LIBRE • DIE FREIZEIT

les autres arts • andere Kunstfertigkeiten

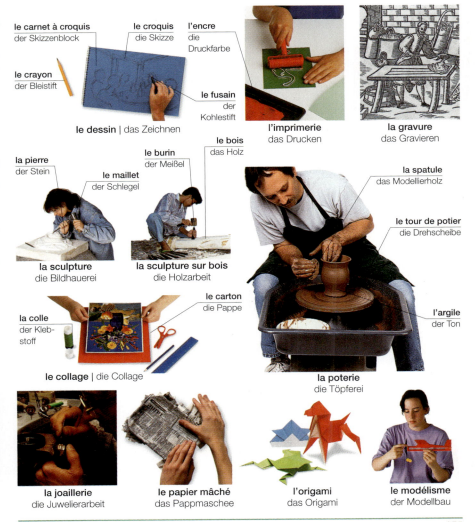

le carnet à croquis — der Skizzenblock
le croquis — die Skizze
l'encre — die Druckfarbe
le crayon — der Bleistift
le fusain — der Kohlestift
le dessin | das Zeichnen

l'imprimerie — das Drucken

la gravure — das Gravieren

la pierre — der Stein
le maillet — der Schlegel
le burin — der Meißel
le bois — das Holz
la sculpture — die Bildhauerei
la sculpture sur bois — die Holzarbeit

la spatule — das Modellierholz
le tour de potier — die Drehscheibe
l'argile — der Ton
la poterie — die Töpferei

la colle — der Klebstoff
le carton — die Pappe
le collage | die Collage

la joaillerie — die Juwelierarbeit
le papier mâché — das Pappmaschee
l'origami — das Origami
le modélisme — der Modellbau

français • deutsch

LE TEMPS LIBRE • DIE FREIZEIT

les arts et métiers 2 • das Kunsthandwerk 2

le guide de fil / die Fadenführung
la bobine de fil / der Spuler
le balancier / das Handrad
l'aiguille / die Nadel
le pied-de-biche / der Nähfuß
le sélecteur de point / die Stichauswahltaste
la platine / die Stichplatte

la machine à coudre | die Nähmaschine

les ciseaux die Schere
le patron das Schnittmuster
la pelote à épingles / das Nadelkissen
l'épingle / die Stecknadel
le centimètre das Zentimetermaß
le tissu der Stoff
la corbeille à couture | der Nähkorb
le fil / das Garn
l'œillet / die Öse
la bobine die Spule
l'agrafe der Haken
le dé à coudre der Fingerhut
la craie de tailleur die Schneiderkreide
le mannequin die Schneiderpuppe

276 français • deutsch

LE TEMPS LIBRE • DIE FREIZEIT

enfiler
einfädeln

le point | der Stich
coudre
nähen

repriser
stopfen

bâtir
heften

couper
schneiden

la tapisserie
die Tapisserie

la broderie
die Stickerei

le crochet | der Häkelhaken
le crochet
das Häkeln

le macramé
das Makramee

le patchwork
das Patchwork

le fuseau | der Klöppel

le ouatage
das Wattieren

la dentelle
die Spitzenklöppelei

le métier à tisser | der Webstuhl
le tissage
die Weberei

vocabulaire • Vokabular	
défaire auftrennen	**le nylon** das Nylon
le tissu der Stoff	**la soie** die Seide
le coton die Baumwolle	**le styliste** der Modedesigner
le lin das Leinen	**la mode** die Mode
le polyester das Polyester	**la fermeture éclair** der Reißverschluss

l'aiguille à tricoter | die Stricknadel
le tricot | das Stricken

la laine | die Wolle
l'écheveau | der Strang

français • deutsch

l'environnement
die Umwelt

L'ENVIRONNEMENT • DIE UMWELT

l'espace • der Weltraum

Mercure / der Merkur
la Terre / die Erde
Mars / der Mars
Jupiter / der Jupiter
Uranus / der Uranus
Neptune / der Neptun
Pluton / der Pluto
Vénus / die Venus
le soleil / die Sonne
la lune / der Mond
Saturne / der Saturn

le sytème solaire | das Sonnensystem

la queue / der Schweif
l'étoile / der Stern

la galaxie
die Galaxie

la nébuleuse
der Nebelfleck

l'astéroïde
der Asteroid

la comète
der Komet

vocabulaire • Vokabular

l'univers das Universum	la planète der Planet	la pleine lune der Vollmond
l'orbite die Umlaufbahn	le météore der Meteor	la nouvelle lune der Neumond
la pesanteur die Schwerkraft	le trou noir das Schwarze Loch	le croissant de lune die Mondsichel

l'éclipse | die Finsternis

français • deutsch

L'ENVIRONNEMENT • DIE UMWELT

l'exploration spatiale • die Raumforschung

la navette spatiale / die Raumfähre
l'accélérateur / der Beschleuniger
le scaphandre spatial / der Raumanzug
la fusée d'orientation / die Steuerrakete
le radar / der Radar
le sas d'équipage / die Besatzungsluke

l'astronaute | der Astronaut

le module lunaire | die Mondfähre

le lancement
der Abschuss

la rampe de lancement / die Abschussrampe

le satellite
der Satellit

la station spatiale
die Raumstation

l'astronomie • die Astronomie

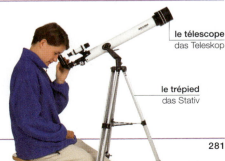

la constellation
das Sternbild

les jumelles
das Fernglas

le télescope
das Teleskop

le trépied
das Stativ

français • deutsch

L'ENVIRONNEMENT • DIE UMWELT

la terre • die Erde

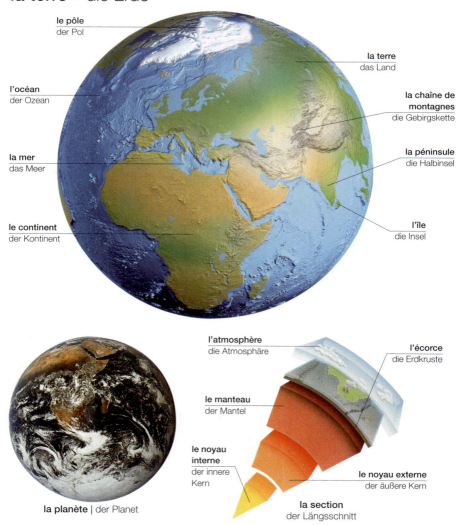

L'ENVIRONNEMENT • DIE UMWELT

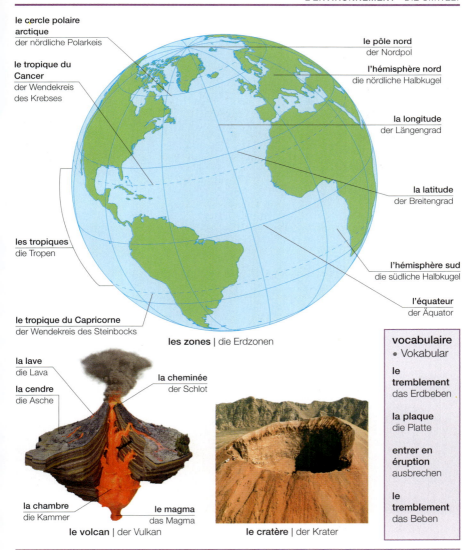

le cercle polaire arctique / der nördliche Polarkeis
le tropique du Cancer / der Wendekreis des Krebses
les tropiques / die Tropen
le tropique du Capricorne / der Wendekreis des Steinbocks
le pôle nord / der Nordpol
l'hémisphère nord / die nördliche Halbkugel
la longitude / der Längengrad
la latitude / der Breitengrad
l'hémisphère sud / die südliche Halbkugel
l'équateur / der Äquator

les zones | die Erdzonen

la lave / die Lava
la cendre / die Asche
la cheminée / der Schlot
la chambre / die Kammer
le magma / das Magma

le volcan | der Vulkan

le cratère | der Krater

vocabulaire
• Vokabular

le tremblement
das Erdbeben

la plaque
die Platte

entrer en éruption
ausbrechen

le tremblement
das Beben

français • deutsch 283

L'ENVIRONNEMENT • DIE UMWELT

le paysage • die Landschaft

la montagne / der Berg

la pente / der Hang

la rive / das Ufer

la rivière / der Fluss

les rapides / die Stromschnellen

les rochers / die Felsen

le glacier / der Gletscher

la vallée | das Tal

la colline / der Hügel

le plateau / das Plateau

la gorge / die Schlucht

la caverne / die Höhle

français • deutsch

L'ENVIRONNEMENT • DIE UMWELT

la plaine | die Ebene

le désert | die Wüste

la forêt | der Wald

le bois | der Wald

la forêt tropicale
der Regenwald

le marais
der Sumpf

le pré
die Wiese

la prairie
das Grasland

la cascade
der Wasserfall

le ruisseau
der Bach

le lac
der See

le geyser
der Geysir

la côte
die Küste

la falaise
die Klippe

le récif de corail
das Korallenriff

l'estuaire
die Flussmündung

français • deutsch

L'ENVIRONNEMENT • DIE UMWELT

le temps • das Wetter

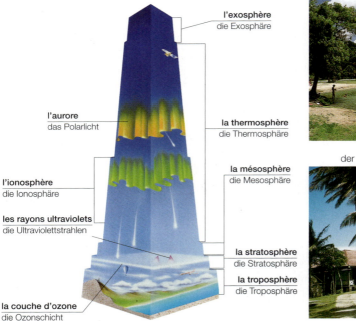

l'exosphère / die Exosphäre

l'aurore / das Polarlicht

la thermosphère / die Thermosphäre

l'ionosphère / die Ionosphäre

les rayons ultraviolets / die Ultraviolettstrahlen

la mésosphère / die Mesosphäre

la stratosphère / die Stratosphäre

la troposphère / die Troposphäre

la couche d'ozone / die Ozonschicht

l'atmosphère | die Atmosphäre

le soleil
der Sonnenschein

le vent
der Wind

---

vocabulaire • Vokabular

la neige fondue der Schneeregen	**l'averse** der Schauer	**(très) chaud** heiß	**sec** trocken	**venteux** windig	**J'ai chaud/froid.** Mir ist heiß/kalt.
la grêle der Hagel	**ensoleillé** sonnig	**froid** kalt	**humide** nass	**la tempête** der Sturm	**Il pleut.** Es regnet.
le tonnerre der Donner	**nuageux** bewölkt	**chaud** warm	**humide** feucht	**la température** die Temperatur	**Il fait … degrés.** Es sind … Grad.

français • deutsch

L'ENVIRONNEMENT • DIE UMWELT

le nuage
die Wolke

la pluie
der Regen

l'éclair
der Blitz

l'orage
das Gewitter

la brume
der Dunst

le brouillard
der dichte Nebel

l'arc-en-ciel
der Regenbogen

la neige
der Schnee

le givre
der Raureif

le glaçon
der Eiszapfen

la glace
das Eis

le gel
der Frost

l'ouragan
der Hurrikan

la tornade
der Tornado

la mousson
der Monsun

l'inondation
die Überschwemmung

français • deutsch

L'ENVIRONNEMENT • DIE UMWELT

les roches • das Gestein

igné • eruptiv

le granit
der Granit

l'obsidienne
der Obsidian

le basalte
der Basalt

(pierre ponce)

la pierre ponce
der Bimsstein

sédimentaire • sedimentär

le grès
der Sandstein

le calcaire
der Kalkstein

la craie
die Kreide

le silex
der Feuerstein

le conglomérat
das Konglomerat

le charbon
die Kohle

métamorphique • metamorph

l'ardoise
der Schiefer

le schiste
der Schiefer

le gneiss
der Gneis

le marbre
der Marmor

les gemmes • die Schmucksteine

le rubis
der Rubin

l'aigue-marine
der Aquamarin

l'améthyste
der Amethyst

le diamant
der Diamant

le jade
der Jade

le jais
der Jett

l'émeraude
der Smaragd

l'opale
der Opal

le saphir
der Saphir

la pierre de lune
der Mondstein

le grenat
der Granat

le topaze
der Topas

la toumaline
der Turmalin

français • deutsch

L'ENVIRONNEMENT • DIE UMWELT

les minéraux • die Mineralien

le quartz
der Quarz

le mica
der Glimmer

le soufre
der Schwefel

l'hématite
der Hämatit

la calcite
der Kalzit

la malachite
der Malachit

la turquoise
der Türkis

l'onyx
der Onyx

l'agate
der Achat

le graphite
der Graphit

les métaux • die Metalle

l'or
das Gold

l'argent
das Silber

le platine
das Platin

le nickel
das Nickel

le fer
das Eisen

le cuivre
das Kupfer

l'étain
das Zinn

l'aluminium
das Aluminium

le mercure
das Quecksilber

le zinc
das Zink

français • deutsch 289

L'ENVIRONNEMENT • DIE UMWELT

les animaux 1 • die Tiere 1
les mammifères • die Säugetiere

L'ENVIRONNEMENT • DIE UMWELT

la ramure / das Geweih
la crinière / die Mähne
le sabot / der Huf
la bosse / der Höcker

le cerf / der Hirsch
le zèbre / das Zebra
la girafe / die Giraffe
le dromedaire / das Dromedar

la trompe / der Rüssel
la défense / der Stoßzahn
la corne / das Horn

l'hippopotame / das Nilpferd
l'éléphant / der Elefant
le rhinocéros / das Nashorn
le tigre / der Tiger

la crinière / die Mähne

le lion / der Löwe
le singe / der Affe
le gorille / der Gorilla
le koala / der Koalabär

la poche / der Beutel
la griffe / die Klaue
le panda / der Pandabär

le kangourou / das Känguru
l'ours / der Bär
l'ours blanc / der Eisbär

français • deutsch

L'ENVIRONNEMENT • DIE UMWELT

les animaux 2 • die Tiere 2
les oiseaux • die Vögel

la queue / der Schwanz

le canari / der Kanarienvogel
le moineau / der Spatz
le colibri / der Kolibri
l'hirondelle / die Schwalbe
le corbeau / die Krähe

le pigeon / die Taube
le pic / der Specht
le faucon / der Falke
la chouette / die Eule
la mouette / die Möwe

l'aigle / der Adler

le pélican / der Pelikan
le flamant / der Flamingo
la cigogne / der Storch

la grue / der Kranich
le pingouin / der Pinguin
l'autruche / der Strauß

français • deutsch

L'ENVIRONNEMENT • DIE UMWELT

les reptiles • die Reptilien

l'oie | die Gans

le cygne
der Schwan

le paon
der Pfau

le faisan
der Fasan

le dindon
der Truthahn

le cacatoès
der Kakadu

le bec
der Schnabel

la plume
die Feder

l'aile
der Flügel

la griffe
die Kralle

le perroquet
der Papagei

les écailles
die Schuppen

l'alligator
der Alligator

le lézard
die Eidechse

l'iguane
der Leguan

la carapace
der Panzer

la tortue marine
die Wasserschildkröte

la tortue
die Schildkröte

le serpent
die Schlange

le museau
die Schnauze

le crocodile
das Krokodil

français • deutsch

293

L'ENVIRONNEMENT • DIE UMWELT

les animaux 3 • die Tiere 3
les amphibiens • die Amphibien

la grenouille
der Frosch

le crapaud
die Kröte

le têtard
die Kaulquappe

la salamandre
der Salamander

les poissons • die Fische

l'anguille
der Aal

le requin
der Haifisch

l'hippocampe
das Seepferd

la raie
der Glattrochen

la raie
der Rochen

le poisson rouge
der Goldfisch

la queue
der Schwanz

la nageoire dorsale
die Rückenflosse

la nageoire pectorale
die Brustflosse

l'écaille
die Schuppe

l'ouïe
die Kieme

l'espadon
der Schwertfisch

la carpe koï
der Koikarpfen

français • deutsch

L'ENVIRONNEMENT · DIE UMWELT

les invertébrés • die Wirbellosen

la fourmi
die Ameise

la termite
die Termite

l'abeille
die Biene

la guêpe
die Wespe

le scarabée
der Käfer

le cafard
die Schabe

la mite
die Motte

l'antenne — der Fühler
le papillon
der Schmetterling

le cocon
der Kokon

la chenille
die Raupe

le grillon
die Grille

la sauterelle
die Heuschrecke

la mante religieuse
die Gottesanbeterin

sting — der Stachel
le scorpion
der Skorpion

le mille-pattes
der Tausendfüßer

la libellule
die Libelle

la mouche
die Fliege

le moustique
die Stechmücke

la coccinelle
der Marienkäfer

l'araignée
die Spinne

la limace
die Nacktschnecke

l'escargot
die Schnecke

le ver
der Wurm

l'étoile de mer
der Seestern

la moule
die Muschel

le crabe
der Krebs

le homard
der Hummer

la pieuvre
der Seepolyp

le calmar
der Tintenfisch

la méduse
die Qualle

français • deutsch

L'ENVIRONNEMENT • DIE UMWELT

les plantes • die Pflanzen

l'arbre • der Baum

française • deutsch

L'ENVIRONNEMENT • DIE UMWELT

la plante à fleurs • die blühende Pflanze

- l'étamine / das Staubgefäß
- la fleur / die Blüte
- le pétale / das Blütenblatt
- le calice / der Kelch
- la tige / der Stängel
- le bouton / die Knospe
- le pédoncule / der Stiel

la renoncule
der Hahnenfuß

la pâquerette
das Gänseblümchen

le chardon
die Distel

le pissenlit
der Löwenzahn

la bruyère
das Heidekraut

le coquelicot
der Klatschmohn

la digitale
der Fingerhut

le chèvrefeuille
das Geißblatt

le tournesol
die Sonnenblume

le trèfle
der Klee

les jacinthes des bois
die Sternhyazinthen

la primevère
die Schlüsselblume

les lupins
die Lupinen

l'ortie
die Nessel

français • deutsch 297

L'ENVIRONNEMENT • DIE UMWELT

la ville • die Stadt

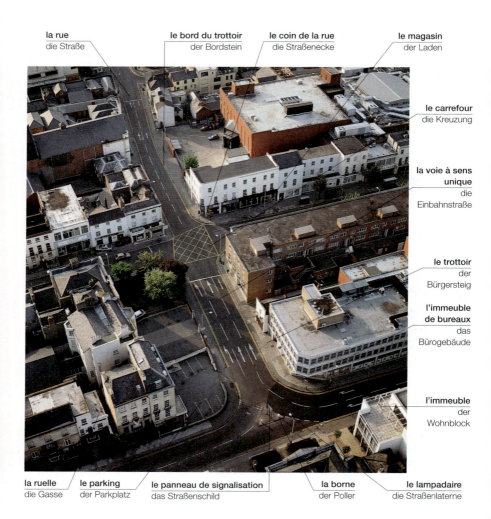

L'ENVIRONNEMENT • DIE UMWELT

les bâtiments • die Gebäude

la mairie
das Rathaus

la bibliothèque
die Bibliothek

le cinéma
das Kino

le théâtre
das Theater

l'université
die Universität

le gratte-ciel
der Wolkenkratzer

les environs • die Wohngegend

la zone industrielle
das Industriegebiet

la ville
die Stadt

la banlieue
der Vorort

le village
das Dorf

l'école
die Schule

---

vocabulaire • Vokabular

la zone piétonnière die Fußgängerzone	**la rue transversale** die Seitenstraße	**la bouche d'égout** der Kanalschacht	**le caniveau** der Rinnstein	**l'église** die Kirche
l'avenue die Allee	**la place** der Platz	**l'arrêt de bus** die Bushaltestelle	**l'usine** die Fabrik	**l'égout** der Kanal

français • deutsch

L'ENVIRONNEMENT • DIE UMWELT

l'architecture • die Architektur

les bâtiments et structures •
die Gebäude und Strukturen

le gratte-ciel
der Wolkenkratzer

la tourelle
der Mauerturm

la douve
der Burggraben

le château
die Burg

l'église
die Kirche

le dôme
die Kuppel

la tour
der Turm

la mosquée
die Moschee

le temple
der Tempel

la synagogue
die Synagoge

la voûte
das Gewölbe

la corniche
das Gesims

la colonne
die Säule

le barrage
der Staudamm

le pont
die Brücke

le fleuron
die Kreuzblume

la flèche
die Turmspitze

le pignon
der Giebel

la cathédrale | die Kathedrale

L'ENVIRONNEMENT • DIE UMWELT

les styles • die Baustile

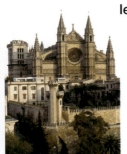

gothique
gotisch

l'architrave
der Architrav

Renaissance
Renaissance

baroque
barock

l'arc
der Bogen

la frise
der Fries

le chœur
der Chor

rococo
Rokoko

le fronton
das Giebeldreieck

le contrefort
der Strebepfeiler

néoclassique
klassizistisch

art nouveau
der Jugendstil

art déco
Art-déco

français • deutsch

l'information
die Information

L'INFORMATION • DIE INFORMATION

l'heure • die Uhrzeit

la grande aiguille
der Minutenzeiger

la petite aiguille
der Stundenzeiger

l'horloge
die Uhr

vocabulaire • Vokabular		
la minute die Minute	**maintenant** jetzt	**un quart d'heure** eine Viertelstunde
l'heure die Stunde	**plus tard** später	**vingt minutes** zwanzig Minuten
la seconde die Sekunde	**une demi-heure** eine halbe Stunde	**quarante minutes** vierzig Minuten
Quelle heure est-il? Wie spät ist es?		**Il est trois heures.** Es ist drei Uhr.

une heure cinq
fünf nach eins

une heure dix
zehn nach eins

une heure et quart
Viertel nach eins

une heure vingt
zwanzig nach eins

la trotteuse
der Sekundenzeiger

une heure vingt-cinq
fünf vor halb zwei

une heure trente
ein Uhr dreißig

deux heures moins vingt-cinq
fünf nach halb zwei

deux heures moins vingt
zwanzig vor zwei

deux heures moins le quart
Viertel vor zwei

deux heures moins dix
zehn vor zwei

deux heures moins cinq
fünf vor zwei

deux heures
zwei Uhr

français • deutsch

L'INFORMATION • DIE INFORMATION

la nuit et le jour • die Nacht und der Tag

le minuit
die Mitternacht

le lever du soleil
der Sonnenaufgang

l'aube
die Morgendämmerung

le matin
der Morgen

le coucher du soleil
der Sonnenuntergang

le midi
der Mittag

le crépuscule
die Abenddämmerung

le soir
der Abend

l'après-midi
der Nachmittag

---

vocabulaire • Vokabular

tôt früh	**Tu es en avance.** Du bist früh dran.	**Sois à l'heure, s'il te plaît.** Sei bitte pünktlich.	**Ça finit à quelle heure?** Wann ist es zu Ende?
à l'heure pünktlich	**Tu es en retard.** Du hast dich verspätet.	**À tout à l'heure.** Bis später.	**Ça dure combien de temps?** Wie lange dauert es?
tard spät	**J'y arriverai bientôt.** Ich werde bald dort sein.	**Ça commence à quelle heure?** Wann fängt es an?	**Il se fait tard.** Es ist schon spät.

français • deutsch

L'INFORMATION • DIE INFORMATION

le calendrier • der Kalender

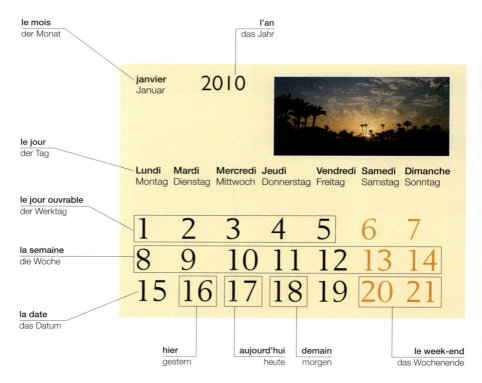

- **le mois** / der Monat — janvier / Januar
- **l'an** / das Jahr — 2010
- **le jour** / der Tag
- **le jour ouvrable** / der Werktag
- **la semaine** / die Woche
- **la date** / das Datum
- **hier** / gestern
- **aujourd'hui** / heute
- **demain** / morgen
- **le week-end** / das Wochenende

Lundi	Mardi	Mercredi	Jeudi	Vendredi	Samedi	Dimanche
Montag	Dienstag	Mittwoch	Donnerstag	Freitag	Samstag	Sonntag

---

vocabulaire • Vokabular

janvier	mars	mai	juillet	septembre	novembre
Januar	März	Mai	Juli	September	November
février	**avril**	**juin**	**août**	**octobre**	**décembre**
Februar	April	Juni	August	Oktober	Dezember

français • deutsch

L'INFORMATION • DIE INFORMATION

les ans • die Jahre

1900   **mille neuf cents** • neunzehnhundert

1901   **mille neuf cent un** • neunzehnhunderteins

1910   **mille neuf cent dix** • neunzehnhundertzehn

2000   **deux mille** • zweitausend

2001   **deux mille un** • zweitausendeins

les saisons • die Jahreszeiten

le printemps
der Frühling

l'été
der Sommer

l'automne
der Herbst

l'hiver
der Winter

---

vocabulaire • Vokabular

le siècle
das Jahrhundert

la décennie
das Jahrzehnt

le millénaire
das Jahrtausend

quinze jours
vierzehn Tage

cette semaine
diese Woche

la semaine dernière
letzte Woche

la semaine prochaine
nächste Woche

avant-hier
vorgestern

après-demain
übermorgen

hebdomadaire
wöchentlich

mensuel
monatlich

annuel
jährlich

Quelle est la date aujourd'hui?
Welches Datum haben wir heute?

C'est le sept février deux mille deux.
Heute ist der siebte Februar zweitausendzwei.

---

français • deutsch

L'INFORMATION • DIE INFORMATION

les nombres • die Zahlen

0	**zéro** • null	20	**vingt** • zwanzig
1	**un** • eins	21	**vingt et un** • einundzwanzig
2	**deux** • zwei	22	**vingt-deux** • zweiundzwanzig
3	**trois** • drei	30	**trente** • dreißig
4	**quatre** • vier	40	**quarante** • vierzig
5	**cinq** • fünf	50	**cinquante** • fünfzig
6	**six** • sechs	60	**soixante** • sechzig
7	**sept** • sieben	70	**soixante-dix** • siebzig
8	**huit** • acht	80	**quatre-vingt** • achtzig
9	**neuf** • neun	90	**quatre-vingt-dix** • neunzig
10	**dix** • zehn	100	**cent** • hundert
11	**onze** • elf	110	**cent dix** • hundertzehn
12	**douze** • zwölf	200	**deux cents** • zweihundert
13	**treize** • dreizehn	300	**trois cents** • dreihundert
14	**quatorze** • vierzehn	400	**quatre cents** • vierhundert
15	**quinze** • fünfzehn	500	**cinq cents** • fünfhundert
16	**seize** • sechzehn	600	**six cents** • sechshundert
17	**dix-sept** • siebzehn	700	**sept cents** • siebenhundert
18	**dix-huit** • achtzehn	800	**huit cents** • achthundert
19	**dix-neuf** • neunzehn	900	**neuf cents** • neunhundert

français • deutsch

L'INFORMATION • DIE INFORMATION

1000 **mille** • tausend

10,000 **dix mille** • zehntausend

20,000 **vingt mille** • zwanzigtausend

50,000 **cinquante mille** • fünfzigtausend

55,500 **cinquante-cinq mille cinq cents** • fünfundfünfzigtausend-fünfhundert

100,000 **cent mille** • hunderttausend

1,000,000 **un million** • eine Million

1,000,000,000 **un milliard** • eine Milliarde

premier / erster   **deuxième** / zweiter   **troisième** / dritter

quatrième • vierter

cinquième • fünfter

sixième • sechster

septième • siebter

huitième • achter

neuvième • neunter

dixième • zehnter

onzième • elfter

douzième • zwölfter

treizième • dreizehnter

quatorzième • vierzehnter

quinzième • fünfzehnter

seizième
• sechzehnter

dix-septième
• siebzehnter

dix-huitième
• achtzehnter

dix-neuvième
• neunzehnter

vingtième
• zwanzigster

vingt et unième
• einundzwanzigster

vingt-deuxième
• zweiundzwanzigster

vingt-troisième
• dreiundzwanzigster

trentième
• dreißigster

quarantième
• vierzigster

cinquantième
• fünfzigster

soixantième
• sechzigster

soixante-dixième
• siebzigster

quatre-vingtième
• achtzigster

quatre-vingt-dixième
• neunzigster

centième
• hundertster

français • deutsch

L'INFORMATION • DIE INFORMATION

les poids et mesures • die Maße und Gewichte

la superficie • die Fläche

le pied carré
der Quadratfuß

le mètre carré
der Quadratmeter

la distance • die Entfernung

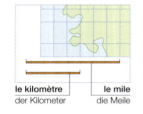

le kilomètre
der Kilometer

le mile
die Meile

le plateau
die Waagschale

la livre
das Pfund

le kilogramme
das Kilogramm

l'once
die Unze

le gramme
das Gramm

la balance | die Waage

vocabulaire • Vokabular		
le yard das Yard	**la tonne** die Tonne	**mesurer** messen
le mètre der Meter	**le milligramme** das Milligramm	**peser** wiegen

la longueur • die Länge

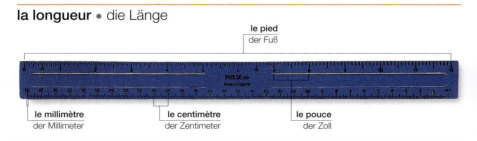

le pied
der Fuß

le millimètre
der Millimeter

le centimètre
der Zentimeter

le pouce
der Zoll

310   français • deutsch

L'INFORMATION • DIE INFORMATION

la capacité • das Fassungsvermögen

le demi-litre
der halbe Liter

la pinte
das Pint

le volume
das Volumen

le millilitre
der Milliliter

le pichet à mesurer
der Messbecher

la mesure pour les liquides
das Flüssigkeitsmaß

> **vocabulaire** •
> Vokabular
>
> **le gallon**
> die Gallone
>
> **deux pintes**
> das Quart
>
> **le litre**
> der Liter

le récipient • der Behälter

la brique
die Tüte

le paquet
das Päckchen

la bouteille
die Flasche

le sac
der Beutel

le pot | die Dose

le pot | das Glas

la canette | die Dose

le pulvérisateur
der Sprühbehälter

le pain
das Stück

le tube
die Tube

le rouleau
die Rolle

le paquet
das Päckchen

la bombe aérosol
die Sprühdose

français • deutsch

L'INFORMATION • DIE INFORMATION

la carte du monde • die Weltkarte

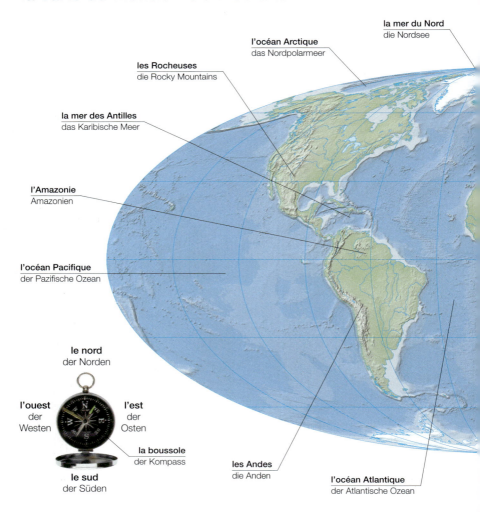

L'INFORMATION • DIE INFORMATION

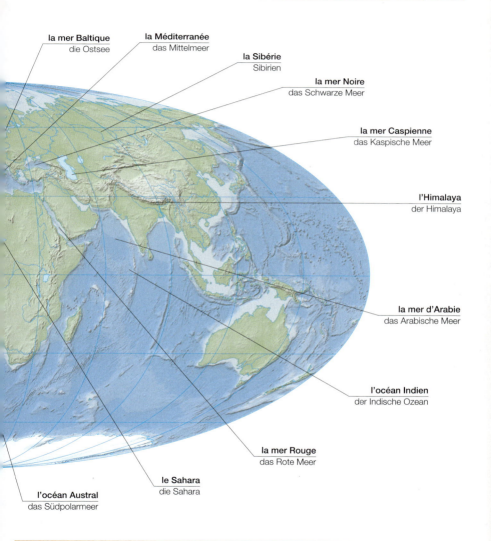

français • deutsch

L'INFORMATION • DIE INFORMATION

l'Amérique du Nord et centrale • Nord- und Mittelamerika

1 l'Alaska • Alaska
2 le Canada • Kanada
3 le Groenland • Grönland
4 les États-Unis d'Amérique
  • die Vereinigten Staten
5 le Mexique • Mexiko
6 le Guatemala • Guatemala
7 le Bélize • Belize
8 Le Salvador • El Salvador
9 le Honduras • Honduras
10 le Nicaragua • Nicaragua
11 le Costa Rica • Costa Rica
12 le Panama • Panama
13 Cuba • Kuba
14 les Bahamas • die Bahamas
15 la Jamaïque • Jamaika
16 Haïti • Haiti
17 la République dominicaine
  • die Dominikanische Republik
18 la Porto Rico • Puerto Rico
19 la Barbade • Barbados
20 la Trinité-et-Tobago • Trinidad und Tobago
21 Saint-Kitts-et-Nevis • Saint Kitts und Nevis
22 Antigua-et-Barbuda • Antigua und Barbuda
23 la Dominique • Dominica
24 Sainte-Lucie • Saint Lucia
25 Saint-Vincent-et-les-Grenadines
  • Saint Vincent und die Grenadinen
26 la Grenade • Grenada

français • deutsch

L'INFORMATION • DIE INFORMATION

l'Amérique du Sud • Südamerika

1 **le Venezuela** • Venezuela
2 **la Colombie** • Kolumbien
3 **l'Équateur** • Ecuador
4 **le Pérou** • Peru
5 **les îles Galapagos**
   • die Galápagos-Inseln
6 **la Guyane** • Guyana
7 **le Surinam** • Suriname
8 **la Guyane française**
   • Französisch-Guayana
9 **le Brésil** • Brasilien
10 **la Bolivie** • Bolivien
11 **le Chili** • Chile
12 **l'Argentine** • Argentinien
13 **le Paraguay** • Paraguay
14 **l'Uruguay** • Uruguay
15 **les îles Malouines** • die Falkland-Inseln

vocabulaire • Vokabular		
le pays das Land	**la province** die Provinz	**la zone** die Zone
la nation die Nation	**la colonie** die Kolonie	**le district** der Bezirk
l'État der Staat	**le territoire** das Territorium	**la région** die Region
le continent der Kontinent	**la principauté** das Fürstentum	**la capitale** die Hauptstadt

français • deutsch   315

L'INFORMATION • DIE INFORMATION

l'Europe • Europa

1 **l'Irlande** • Irland
2 **le Royaume-Uni**
 • Großbritannien
3 **le Portugal** • Portugal
4 **l'Espagne** • Spanien
5 **les Baléares** • die Balearen
6 **l'Andorre** • Andorra
7 **la France** • Frankreich
8 **la Belgique** • Belgien
9 **les Pays-Bas**
 • die Niederlande
10 **le Luxembourg** • Luxemburg
11 **l'Allemagne** • Deutschland
12 **le Danemark** • Dänemark
13 **la Norvège** • Norwegen
14 **la Suède** • Schweden
15 **la Finlande** • Finnland
16 **l'Estonie** • Estland
17 **la Lettonie** • Lettland
18 **la Lituanie** • Litauen
19 **Kaliningrad** • Kaliningrad
20 **la Pologne** • Polen
21 **la République Tchèque**
 • die Tschechische Republik
22 **l'Autriche** • Österreich
23 **le Liechtenstein**
 • Liechtenstein
24 **la Suisse**
 • die Schweiz
25 **l'Italie** • Italien
26 **Monaco**
 • Monaco
27 **la Corse**
 • Korsika
28 **la Sardaigne**
 • Sardinien
29 **le Saint-Marin** • San Marino
30 **la Cité du Vatican**
 • die Vatikanstadt
31 **la Sicile** • Sizilien
32 **Malte** • Malta
33 **la Slovénie** • Slowenien
34 **la Croatie** • Kroatien
35 **la Hongrie** • Ungarn
36 **la Slovaquie** • die Slowakei
37 **l'Ukraine** • die Ukraine
38 **la Bélarus** • Weißrussland
39 **la Moldavie** • Moldawien
40 **la Roumanie** • Rumänien
41 **la Serbie** • Serbien
42 **la Bosnie-Herzégovine**
 • Bosnien und Herzegowina
43 **l'Albanie** • Albanien
44 **la Macédoine** • Mazedonien
45 **la Bulgarie** • Bulgarien
46 **la Grèce** • Griechenland
47 **la Turquie** • die Türkei
48 **Chypre** • Zypern
49 **le Monténégro** • Montenegro

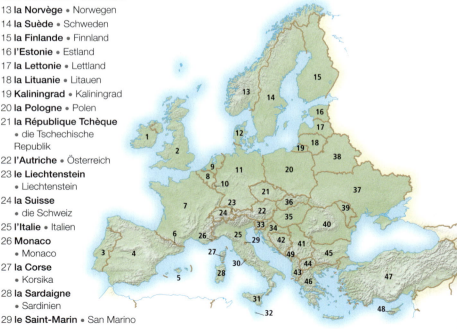

français • deutsch

L'INFORMATION • DIE INFORMATION

l'Afrique • Afrika

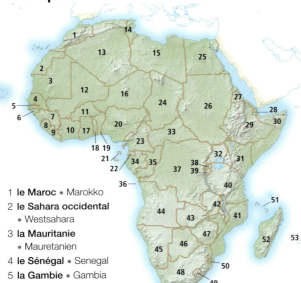

1. **le Maroc** • Marokko
2. **le Sahara occidental** • Westsahara
3. **la Mauritanie** • Mauretanien
4. **le Sénégal** • Senegal
5. **la Gambie** • Gambia
6. **la Guinée-Bissau** • Guinea-Bissau
7. **la Guinée** • Guinea
8. **la Sierra Leone** • Sierra Leone
9. **le Libéria** • Liberia
10. **la Côte d'Ivoire** • Elfenbeinküste
11. **le Burkina** • Burkina Faso
12. **le Mali** • Mali
13. **l'Algérie** • Algerien
14. **la Tunisie** • Tunesien
15. **la Libye** • Libyen
16. **le Niger** • Niger
17. **le Ghana** • Ghana
18. **le Togo** • Togo
19. **le Bénin** • Benin
20. **le Nigéria** • Nigeria
21. **Sao Tomé-et-Principe** • São Tomé und Príncipe
22. **la Guinée équatoriale** • Äquatorial-Guinea
23. **le Cameroun** • Kamerun
24. **le Tchad** • Tschad
25. **l'Égypte** • Ägypten
26. **le Soudan** • der Sudan
27. **l'Érythrée** • Eritrea
28. **Djibouti** • Dschibuti
29. **l'Éthiopie** • Äthiopien
30. **la Somalie** • Somalia
31. **le Kenya** • Kenia
32. **l'Ouganda** • Uganda
33. **la République centrafricaine** • die Zentralafrikanische Republik
34. **le Gabon** • Gabun
35. **le Congo** • Kongo
36. **Cabinda** • Kabinda
37. **la République démocratique du Congo** • die Demokratische Republik Kongo
38. **le Rwanda** • Ruanda
39. **le Burundi** • Burundi
40. **la Tanzanie** • Tansania
41. **le Mozambique** • Mosambik
42. **le Malawi** • Malawi
43. **la Zambie** • Sambia
44. **l'Angola** • Angola
45. **la Namibie** • Namibia
46. **le Botswana** • Botsuana
47. **le Zimbabwe** • Simbabwe
48. **l'Afrique du Sud** • Südafrika
49. **le Lesotho** • Lesotho
50. **le Swaziland** • Swasiland
51. **les Comores** • die Komoren
52. **Madagascar** • Madagaskar
53. **l'île Maurice** • Mauritius

français • deutsch   317

L'INFORMATION • DIE INFORMATION

l'Asie • Asien

1. **la Fédération de Russie**
   • die Russische Föderation
2. **la Géorgie** • Georgien
3. **l'Arménie** • Armenien
4. **l'Azerbaïdjan** • Aserbaidschan
5. **l'Iran** • der Iran
6. **l'Irak** • der Irak
7. **la Syrie** • Syrien
8. **le Liban** • der Libanon
9. **Israël** • Israel
10. **la Jordanie** • Jordanien
11. **l'Arabie Saoudite**
    • Saudi-Arabien
12. **le Koweït** • Kuwait
13. **le Qatar** • Katar
14. **les Émirats arabes unis**
    • Vereinigte Arabische Emirate
15. **l'Oman** • Oman
16. **le Yémen** • der Jemen
17. **le Kasakhastan** • Kasachstan
18. **l'Ouzbékistan** • Usbekistan
19. **le Turkmenistan** • Turkmenistan
20. **l'Afghanistan** • Afghanistan
21. **le Tadjikistan** • Tadschikistan
22. **le Kirghizistan** • Kirgisistan
23. **le Pakistan** • Pakistan
24. **l'Inde** • Indien
25. **les Maldives** • die Malediven
26. **Sri Lanka** • Sri Lanka
27. **la Chine** • China
28. **la Mongolie** • die Mongolei
29. **la Corée du Nord** • Nordkorea
30. **la Corée du Sud** • Südkorea
31. **le Japon** • Japan
32. **le Népal** • Nepal
33. **le Bhoutan** • Bhutan
34. **le Bangladesh** • Bangladesch
35. **le Myanmar (la Birmanie)**
    • Myanmar (Birma)
36. **la Thaïlande** • Thailand
37. **le Laos** • Laos
38. **le Vietnam** • Vietnam
39. **le Cambodge** • Kambodscha
40. **la Malaisie** • Malaysia

français • deutsch

L'INFORMATION • DIE INFORMATION

l'Australasie • Australien und Ozeanien

1 **l'Australie** • Australien
2 **la Tasmanie** • Tasmanien
3 **la Nouvelle-Zélande** • Neuseeland

41 **Singapour** • Singapur
42 **l'Indonésie** • Indonesien
43 **le Brunei** • Brunei
44 **les Philippines** • die Philippinen
45 **Taiwan** • Taiwan
46 **le Timor oriental** • Timor-Leste
47 **la Papouasie-Nouvelle-Guinée** • Papua-Neuguinea
48 **les îles Saloman** • die Salomonen
49 **Vanuatu** • Vanuatu
50 **Fiji** • Fidschi

français • deutsch

L'INFORMATION • DIE INFORMATION

particules et antonymes • Partikeln und Antonyme

à zu, nach	**de** von, aus	**pour** für	**vers** zu
au-dessus de über	**sous** unter	**le long de** entlang	**à travers** über
devant vor	**derrière** hinter	**avec** mit	**sans** ohne
sur auf	**dans** in	**avant** vor	**après** nach
dans in	**dehors** aus	**pour** für	**jusqu'à** bis
au-dessus de über	**au-dessous de** unter	**tôt** früh	**tard** spät
à l'intérieur de innerhalb	**à l'extérieur de** außerhalb	**maintenant** jetzt	**plus tard** später
en haut hinauf	**en bas** hinunter	**toujours** immer	**jamais** nie
à an, bei	**au-delà de** jenseits	**souvent** oft	**rarement** selten
à travers durch	**autour de** um	**hier** gestern	**demain** morgen
sur auf	**à côté de** neben	**premier** erste	**dernier** letzte
entre zwischen	**en face de** gegenüber	**chaque** jede	**quelque** etwas
près de nahe	**loin de** weit	**vers** gegen	**exactement** genau
ici hier	**là** dort	**un peu** ein wenig	**beaucoup** viel

français • deutsch

L'INFORMATION • DIE INFORMATION

grand groß	**petit** klein	**chaud** heiß	**froid** kalt
large breit	**étroit** schmal	**ouvert** offen	**fermé** geschlossen
long lang	**court** kurz	**plein** voll	**vide** leer
haut hoch	**bas** niedrig	**neuf** neu	**vieux** alt
épais dick	**mince** dünn	**clair** hell	**foncé** dunkel
léger leicht	**lourd** schwer	**facile** leicht	**difficile** schwer
dur hart	**mou** weich	**libre** frei	**occupé** besetzt
humide nass	**sec** trocken	**fort** stark	**faible** schwach
bon gut	**mauvais** schlecht	**gros** dick	**mince** dünn
rapide schnell	**lent** langsam	**jeune** jung	**vieux** alt
juste richtig	**faux** falsch	**mieux** besser	**pire** schlechter
propre sauber	**sale** schmutzig	**noir** schwarz	**blanc** weiß
beau schön	**laid** hässlich	**intéressant** interessant	**ennuyeux** langweilig
cher teuer	**bon marché** billig	**malade** krank	**bien** wohl
silencieux leise	**bruyant** laut	**le début** der Anfang	**la fin** das Ende

français • deutsch

321

L'INFORMATION • DIE INFORMATION

phrases utiles • praktische Redewendungen

phrases essentielles
• wesentliche Redewendungen

Oui
Ja

Non
Nein

Peut-être
Vielleicht

S'il vous plaît
Bitte

Merci
Danke

De rien
Bitte sehr

Pardon
Entschuldigung

Je suis désolé
Es tut mir Leid

Ne… pas
Nicht

D'accord
Okay

Très bien
In Ordnung

C'est juste
Das ist richtig

C'est faux
Das ist falsch

salutations •
Begrüßungen

Bonjour
Guten Tag

Au revoir
Auf Wiedersehen

Bonjour
Guten Morgen

Bonsoir
Guten Abend

Bonne nuit
Gute Nacht

Comment allez-vous?
Wie geht es Ihnen?

Je m'appelle…
Ich heiße…

Vous vous appelez comment?
Wie heißen Sie?

Il/Elle s'appelle comment?
Wie heißt er/sie?

Je vous présente…
Darf ich… vorstellen

C'est…
Das ist…

Enchanté
Angenehm

À bientôt
Bis bald

À tout à l'heure
Bis später

panneaux •
Schilder

Office de tourisme
Touristen-Information

Entrée
Eingang

Sortie
Ausgang

Sortie de secours
Notausgang

Poussez
Drücken

Danger
Lebensgefahr

Défense de fumer
Rauchen verboten

En panne
Außer Betrieb

Heures d'ouverture
Öffnungszeiten

Entrée gratuite
Eintritt frei

Frappez avant d'entrer
Bitte anklopfen

Prix réduit
Reduziert

Soldes
Ausverkauf

Défense de marcher sur la pelouse
Betreten des Rasens verboten

assistance • Hilfe

Pouvez-vous m'aider?
Können Sie mir helfen?

Je ne comprends pas
Ich verstehe nicht

Je ne sais pas
Ich weiß nicht

Vous parlez allemand, français…?
Sprechen Sie Deutsch, Französisch…?

Je parle anglais, espagnol…
Ich spreche Englisch, Spanisch…

Parlez moins vite, s'il vous plaît
Sprechen Sie bitte langsamer

Écrivez-le pour moi, s'il vous plaît
Schreiben Sie es bitte für mich auf

J'ai perdu…
Ich habe… verloren

français • deutsch

L'INFORMATION • DIE INFORMATION

directions •
Richtungsangaben

Je me suis perdu
Ich habe mich
verlaufen

Où est le/la...?
Wo ist der/die/das...?

**Où est le/la...le/la
plus proche?**
Wo ist der/die/das
nächste...?

Où sont les toilettes?
Wo sind die Toiletten?

Pour aller à...?
Wie komme ich
nach...?

À droite
Nach rechts

À gauche
Nach links

Tout droit
Geradeaus

C'est loin...?
Wie weit ist...?

les panneaux routiers
• die
Verkehrsschilder

Trafic de transit
Durchgangsverkehr

Prudence
Achtung

Entrée interdite
Keine Zufahrt

Ralentir
Langsam fahren

Déviation
Umleitung

Serrez à droite
Rechts fahren

Autoroute
Autobahn

**Stationnement
interdit**
Parkverbot

impasse
Sackgasse

Sens unique
Einbahnstraße

Céder le passage
Vorfahrt gewähren

Route barrée
Gesperrt

Travaux
Baustelle

Virage dangereux
gefährliche Kurve

logement
• Unterkunft

**Avez-vous des
chambres de libres?**
Haben Sie Zimmer
frei?

**J'ai réservé une
chambre**
Ich habe ein Zimmer
reserviert

**Où est la salle à
manger?**
Wo ist der Speisesaal?

**Le petit déjeuner est
à quelle heure?**
Wann gibt es
Frühstück?

**Le numéro de ma
chambre est le ...**
Meine Zimmernummer
ist ...

**Je serai de retour à
... heures**
Ich bin um ... Uhr
wieder da

Je pars demain
Ich reise morgen ab

nourriture et boissons
• Essen und Trinken

À la vôtre!
Zum Wohl!

**C'est délicieux/
terrible**
Es ist köstlich/
scheußlich

Je ne bois/fume pas
Ich trinke/rauche nicht

**Je ne mange pas de
la viande**
Ich esse kein Fleisch

**Je n'en veux plus,
merci**
Nichts mehr, danke

**Encore un peu,
s'il vous plaît**
Könnte ich noch etwas
mehr haben?

**L'addition, s'il vous
plaît**
Wir möchten bitte
zahlen

Je voudrais un reçu
Ich hätte gerne eine
Quittung

Partie non-fumeurs
Nichtraucherbereich

la santé
• die Gusundheit

**Je ne me sens pas
bien**
Ich fühle mich nicht
wohl

J'ai envie de vomir
Mir ist schlecht

**Où est-ce que je
peux trouver un
médicin/dentiste?**
Wo finde ich einen
Artz/Zahnarzt?

J'ai mal ici
Es tut hier weh

J'ai de la fièvre
Ich habe Fieber

**Je suis enceinte de
...mois**
Ich bin im ... Monat
schwanger

**J'ai besoin d'une
ordonnance pour ...**
Ich brauche ein Rezept
für ...

**Je prends
habituellement ...**
Ich nehme
normalerweise ...

Je suis allergique à ...
Ich bin allergisch
gegen ...

français • deutsch

323

INDEX FRANÇAIS • FRANZÖSISCHES REGISTER

index français • französisches Register

français

A

à 320
à armature 35
à côté de 320
à deux portes 200
à droite 260
à emporter 154
à feuilles caduques 86
à feuilles persistantes 86
à gauche 260
à genou 34
à grains longs 130
à grains ronds 130
à impériale 260
à l'extérieur de 320
à l'heure 305
à l'intérieur de 320
à la carte 152
à l'huile 143
à quatre portes 200
à sens unique 194
à travers 320
à trois portes 200
abats m 118
abdominaux m 16
abeille f 295
abribus m 197
abricot m 126
acacia m 110
accélérateur m 200, 204
accès aux handicapés m 197
accessoires m 36, 38
accessoires de toilette m 41
accident m 46
accident de voiture m 203
accompagnement m 153
accotement stabilisé m 194
accouchement m 52
accouchement assisté m 53
accoudoir m 200, 210
accusation f 94, 180
accusé m 180, 181
acquitté 181
acrylique m 274
acte de naissance m 26
acte judiciaire m 180
acteur m 254
acteurs m 179
action f 97
actions f 97, 233, 227, 229, 237
activités f 77, 162, 183, 245, 263
activités de plein air f 262
actrice f 254
acupuncture f 55

acupression f 55
addition f 152
additionner 165
admis 48
adolescente f 23
adresse de courrier électronique f 177
adulte m 23
adversaire f 236
adzukis m 131
aérobic m 251
aéroboxe m 251
aéroglisseur m 215
aéroport m 212
affaires f 175
affiche f 255
Afghanistan 318
Afrique 317
Afrique du Sud 317
after-shave m 73
agate f 289
agence de voyage f 114
agenda m 173, 175
agenda électronique m 175
agent de conservation m 83
agent de la bourse m 97
agent de la circulation m 195
agent de voyage m 190
agent immobilier m 115, 189
aggloméré m 79
agitateur m 150
agneau m 118, 185
agrafe f 276
agrafes f 173
agrafeuse f 173
agrandir 172
agrandissement m 58, 271
agression f 94
agriculteur m 182
agrumes m 126
aigle m 292
aiglefin m 120
aigre 127
aigue-marine f 288
aiguille f 109, 276
aiguille à tricoter f 277
aiguisoir m 68
aïkido m 236
ail m 125, 132
aile f 60, 119, 210, 293
aileron m 210
ailes de raie f 120
aimant m 167
aine f 12
airbag m 201
aire f 165
aire de stationnement f 199, 212

aisselle f 13
ajusté 35
alarme f 58
Alaska 314
Albanie 316
album de photos m 271
alésoir m 80
alezan 39
Algérie 317
alimentation f 105
aliments en bouteille m 134
allaitement m 53
allant au four 69
allée f 58, 85, 106, 254
Allemagne 316
allergie f 44
alligator m 293
allonge f 118
allumage m 200
allume-feu m 266
allumer la télévision 269
allumer un feu 266
allumettes f 112
alternateur m 203
altitude f 211
alto m 256
aluminium m 289
amande f 129
amandes f 151
amarres f 217
Amazonie f 312
amer 124
Amérique centrale 314
Amérique du Nord 314
améthyste f 288
ameublement m 105
ami m 24
amniocentèse f 52
amorce f 244
amorcer 245
amorti m 230
ampère m 60
amphibiens m 294
amplificateur m 268
ampoule f 46, 60
amuse-gueule m 151
an m 306
analgésique m 109
analgésiques m 47
analyse f 49
analyse de sang f 48
ananas m 128
ancre f 214, 240
Andes f 312
Andorre 316
âne m 185
anesthésiste m 48
aneth f 133
angle m 164
Angola 317
anguille f 294
animalerie f 115

animaux m 292, 294
anis m 133
anneau m 226
anneaux m 89, 235
anniversaire m 27
anniversaire de mariage m 26
annuel 86, 307
annulaire m 15
anorak m 31, 33
anse f 106
antenne f 295
antenne parabolique f 269
antenne radio f 214
anti-adhérent 69
antigel m 199, 203
anti-inflammatoire m 109
antirides 41
antiseptique m 47
antivol m 207
août m 306
apéritif m 153
appareil de chauffage m 60
appareil de gym m 250
appareil dentaire m 50
appareil instantané m 270
appareil jetable m 270
appareil numérique m 270
appareil photo m 260
appareil photo APS m 270
appareils électriques m 105
appareils ménagers m 66
apparence f 30
appartement m 59
appât m 244
appel m 181
appendice m 18
applaudir 255
application f 176
applique f 62
apprendre 163
apprêt m 83
après 320
après-demain 307
après-midi f 305
après-shampoing m 38
après-soleil m 108
aquarelle f 274
Arabie Saoudite 318
araignée f 295
arbitre m 222, 225, 226, 229, 230
arbre m 86, 296
arbre de transmission m 202

arbuste à fleurs m 87
arc m 164, 249, 300
arceau m 85
arc-en-ciel m 287
architecte m 190
architecture f 300
architrave f 301
ardoise f 288
arène f 243
arête f 121
argent m 97, 235, 289
Argentine 315
argile f 85, 275
arithmétique f 165
Arménie 318
armoire f 70
armoire à pharmacie f 72
armoire encastrée f 71
aromathérapie f 55
arrestation f 94
arrêt m 269
arrêt de bus m 197, 299
arrêt interdit 195
arrière m 240
arrivée f 61
arrivées f 213
arrosage m 89
arroser 90, 183
arroseur m 89
art m 162
art déco 301
art nouveau 301
artère f 19
artichaut m 124
articles de sport m 105
articles de toilette m 107
articles pour bébés m 107
articulation f 17
articulation du doigt f 15
artiste peintre f 274
arts et métiers m 274, 276
arts martiaux m 237
as m 230, 273
ascenseur m 59, 100, 104
Asie 318
asperger 91
aspirateur m 77, 188
assaisonné 159
assiette f 65
assiette à dessert f 65
assiette à soupe f 65
assiette plate f 65
assignation f 180
assistante f 24
assister à 174
associée f 24
assouplissant m 76
astéroïde m 280

324

français • deutsch

INDEX FRANÇAIS • FRANZÖSISCHES REGISTER

français

asthme *m* 44
astigmatisme *m* 51
astronaute *m* 281
astronomie *f* 281
atelier *m* 78
athlète *m* 234
athlétisme *m* 234
atmosphère *f* 282, 286
atrium *m* 104
attaches *f* 89
attaque *f* 44, 220
attelle *f* 47
attenante 58
attendrisseur *m* 68
atterrir 211
attraction touristique *f* 260
attractions *f* 261
attraper 225, 227, 229, 220, 245
au carré 39
au revoir 322
au sirop 159
aube *f* 305
aubergine *f* 125
au-delà de 320
au-dessous de 320
au-dessus de 320
auge *f* 183
aujourd'hui 306
auriculaire *m* 15
aurore *f* 286
Australasie 319
Australie 319
autobronzant *m* 41
autodéfense *f* 237
automatique 200
automne *m* 31, 307
autopont *m* 194
autoroute *f* 194
autour de 320
autres arts *m* 275
autres bateaux *m* 215
autres magasins *m* 114
autres sports *m* 248
Autriche 316
autruche *f* 292
aux pépites de chocolats 141
avalanche *f* 247
avance rapide *f* 269
avant 320
avant *m* 240
avant 222
avantage *m* 230
avant-bras *m* 12
avant-hier 307
avant-toit *m* 58
avec 320
avec plomb 199
avenue *f* 299
averse *f* 286
avertisseur d'incendie *m* 95
avion *m* 210
avion de ligne *m* 210, 212

avion léger *m* 211
avion supersonique *m* 211
avocat *m* 128, 180, 190
avoine *f* 130
avoir faim 64
avoir un bébé 26
avril *m* 306
Azerbaïdjan 318

B

babeurre *m* 137
bac à légumes *m* 67
bac à peinture *m* 83
bac à sable *m* 263
bacon *m* 118, 157
badge *m* 94,189
badminton *m* 231
baffle *m* 268
bagages *m* 100, 198, 213
bagages à main *m* 211, 213
bague *f* 36
baguette *f* 138, 256
Bahamas 314
baie *f* 296
baignoire *f* 72
baignoire en plastique *f* 74
bâiller 25
bain moussant *m* 73
baladeur CD *m* 269
baladeur MP3 *m* 268
balai *m* 77
balai à gazon *m* 88
balai laveur *m* 77
balance *f* 45, 69, 98, 118, 166, 212, 310
balance à ressort *f* 166
balancier *m* 276
balançoire *f* 263
balayer 77
balayette *f* 77
balcon *m* 59, 254
Baléares 316
baleine *f* 290
balle *f* 75, 130, 184, 224, 228, 230
balle de criquet *f* 225
balle de golf *f* 233
ballet *m* 255
ballon *m* 221, 220, 222
ballon de plage *m* 265
ballon lancé *m* 226
bambou *m* 86, 122
banane *f* 128
banc *m* 250, 262
banc à pique-nique *m* 266
banc de touche *m* 229
banc des jurés *m* 180
bandage *m* 47
bande de roulement *f* 207
bande dessinée *f* 112

bande fluorescente *f* 205
bande sonore *f* 255
Bangladesh 318
banlieue *f* 299
banque *f* 96
baptême *m* 26
bar *m* 120, 150, 152
Barbade 314
barbecue *m* 267
barbillon *m* 244
barman *m* 150, 191
baroque 301
barque *f* 214
barrage *m* 300
barre *f* 207, 235, 240, 250
barre à poids *f* 251
barre d'outils *f* 177
barre de défilement *f* 177
barre de menus *f* 177
barre de mesure *f* 256
barre fixe *f* 235
barre transversale *f* 222
barreaux *m* 74
barres asymétriques *f* 235
barres parallèles *f* 235
barrière *f* 182
barrière d'escalier *f* 75
barrière de sécurité *f* 246
bas 321
bas *m* 35
basalte *m* 288
bascule *f* 263
base *f* 99, 164, 229
base du batteur *f* 228
baseball *m* 228
basilic *m* 133
basket *m* 226
basket *f* 37
basketball *m* 226
baskets *m* 251
baskets *f* 31
bassin *m* 17, 85
bassiste *m* 258
basson *m* 257
bateau de pêche *m* 217
bateau pneumatique *m* 215
bâtiments *m* 299
bâtir 277
bâton *m* 235
bâton de ski *m* 246
bâtons *m* 133
batte *f* 225, 228
batter 229
batterie *f* 202, 258
batteur *m* 225, 228
battre 273
battre un record 234
bavoir *m* 30, 50
beat *m* 259
beau-fils *m* 23
beau-frère *m* 23
beau-père *m* 23
beauté *f* 40, 105
bébé *m* 23, 30

bébé-phoque *m* 290
bec *m* 293
bec Bunsen *m* 166
bécarre *m* 256
bêche *f* 88
bêcher *m* 167
bêcher 90
beignets de poulet *m* 155
Bélarus 316
Belgique 316
Bélize 314
belle-fille *f* 22, 23
belle-mère *f* 23
belle-sœur *f* 23
bémol *m* 256
Bénin 317
béquille *f* 205, 207
berline *f* 199
berline à hayon *f* 199
bermuda *m* 30
bétail *m* 182
bétonnière *f* 186
bette *f* 123
betterave *f* 125
beurre *m* 137, 156
beurre de cacahouètes *m* 135
Bhoutan 318
biathlon *m* 247
biberon *m* 75
bibliothécaire *m* 190
bibliothécaire *f* 168
bibliothèque *f* 63, 168, 299
biceps *m* 16
bicyclette *f* 206
bidet *m* 72
bière *f* 145, 151
bière anglaise *f* 145
bière brune *f* 145
bifocal 51
bifteck d'aloyau *m* 119
bigoudi *m* 38
bijouterie *f* 114
bijoutier *m* 188
bijoux *m* 36
bikini *m* 264
billard *m* 249
billard américain *m* 249
billet *m* 97, 209, 213
billets de loterie *m* 112
biologie *f* 162
biologique 91, 122
biplan *m* 211
Birmanie 318
bis *m* 255
bisannuel 86
biscuit *m* 113
biscuit scandinave *m* 139, 156
biscuits *m* 141
blanc 39, 145, 272, 274
blanc *m* 119
blanc d'œuf *m* 137
blazer *m* 33

blé *m* 130, 184
blé écrasé *m* 130
blessure *f* 46
bleu 274
bleu *m* 136
bleu de travail *m* 83
bloc de béton *m* 187
blocage *m* 237
bloc-note 173
blond 39
bloquer 227
blues *m* 259
bobine *f* 276
bobine de fil *f* 276
bobsleigh *m* 247
bocal scellé *m* 135
bœuf *m* 118
bois *m* 79, 187, 233, 257, 275, 285
bois dur *m* 79
bois tendre *m* 79
boisson en boîte *f* 154
boisson maltée *f* 144
boisson non alcoolisée *f* 154
boissons *f* 107, 144, 156
boissons alcoolisées *f* 145
boissons chaudes *f* 144
boissons non alcoolisées *f* 144
boîte *f* 145
boîte à bijoux *f* 36
boîte à déchets recyclables *f* 61
boîte à fusibles *f* 60
boîte à onglets *f* 81
boîte à outils *f* 80
boîte aux lettres *f* 58, 99
boîte d'équipement *f* 244
boîte de chocolats *f* 113
boîte de kleenex *f* 70
boîte de réception *f* 177
boîte de tri *f* 61
boîte de vitesses *f* 202, 204
boîte d'outils *f* 207
bol *m* 65
bol du mixeur *m* 66
Bolivie 315
bollard *m* 214
bombardier *m* 211
bombe *f* 242
bombe aérosol *f* 311
bôme *m* 240
bon 321
bonbon à la menthe *m* 113
bonbon au fruit *m* 113
bonbons *m* 113
bonbons assortis *m* 113
bonde *f* 72
bongos *m* 257
bonjour 322
bonne nuit 322
bonnet de natation *m* 238

français • deutsch

325

INDEX FRANÇAIS • FRANZÖSISCHES REGISTER

français

bonsoir 322
bord du trottoir *m* 298
bordure de plantes
  herbacées *f* 85
bordure de plantes
  mixtes *f* 85
borne 298
borne d'incendie *f* 95
Bosnie-Herzégovine 316
bosse *f* 291
Botswana 317
botte *f* 111, 242
botter 221, 223
bottes *f* 89
bottes de caoutchouc *f*
  31
bottes de pêche *f* 244
bouche *f* 14
bouche d'égout *f* 299
boucher *m* 118, 188
boucherie *f* 114
bouchon *m* 134, 166
bouchon d'objectif *m* 270
boucle *f* 36
boucle d'oreille *f* 36
boudin *m* 157
boudoirs *m* 141
bouée *f* 217, 265
bouée de sauvetage *f*
  240
bougie *f* 63, 203
bougies d'anniversaire *f*
  141
bouillir 67
bouilloire électrique *f* 66
bouillon *m* 158
bouillotte *f* 70
boulanger *m* 139
boulangerie *f* 107, 114,
  138
boule *f* 149
boule de bowling *f* 249
bouleau *m* 296
boules de coton *f* 41
boulettes de viande *f* 158
bouquet *m* 35, 111
bouquet garni *m* 132
bourgeon *m* 111
bourriche *f* 244
bourse *f* 97, 169
boussole *f* 312
bouteille *f* 61, 135, 166,
  311
bouteille d'eau *f* 206,
  267
bouteille d'air *f* 239
boutique *f* 115
boutique de cadeaux *f*
  114
boutique hors taxes *f*
  213
bouton *m* 31, 32, 297
bouton d'appel *m* 48
bouton d'arrêt *m* 197
bouton de manchette *m*
  36

bouton de mise
  au point *m* 167
bouton de porte *m* 59
boutonnière *f* 32
bouton-pression *m* 30
bouture *f* 91
bowling *m* 249
boxe *f* 236
boxe thaïlandaise *f* 236
bracelet *m* 36
bracelet d'identité *m* 53
brancard *m* 94
branche *f* 296
brandy *m* 145
bras *m* 13, 88
brassard *m* 45
brasse *f* 239
brassière *f* 238
break *m* 199
Brésil 315
bretelle *f* 35, 37
bretelle d'accès *f* 194
bretelle de sortie *f* 194
bride *f* 241, 242
bridge *m* 273
brie *m* 142
brillant 83
brillant à lèvres *m* 40
brilliant 271
brindille *f* 296
brioche *f* 157
brique *f* 136,187,311
briquet *m* 112
brise-bise *m* 63
broche *f* 36, 60, 68
brochure *f* 175
brochure de vacances *f*
  212
brocoli *m* 123
broderie *f* 277
bronzage *m* 41
bronze *m* 235
brosse *f* 38, 72, 83
brosse à dents *f* 72
brosse à encoller *f* 82
brosse à sourcils *f* 40
brosse à tapisser *f* 82
brosse pour le dos *f* 73
brosser 38, 50
brouette *f* 88
brouillard *m* 287
broyeur d'ordures *m* 61
brûleur *m* 67
brûleur à gaz *m* 61
brulure *f* 46
brume *f* 287
Brunei 319
bruyère *f* 297
buanderie *f* 76
buffet *m* 152
buffet du petit déjeuner *m*
  156
buggy *m* 232
bulbe *m* 86
Bulgarie 316
bunker *m* 232

bureau 172
bureau *m* 24, 63, 174,
  177
bureau de change *m* 97
bureau des douanes *m*
  216
bureau du chef *m* 266
Burkina 317
Burundi 317
bus *m* 196
bus à deux étages *m*
  196
bus de touristes *m* 197
bus scolaire *m* 196
bus touristique *m* 260
but *m* 221, 223, 224
bytes *m* 176

C

cabane *f* 84
cabine d'essayage *f* 104
Cabinda 317
cabine *f* 95, 210, 214
cabine de plage *f* 264
cabine du conducteur *f*
  208
cabine téléphonique *f* 99
cabinet *m* 45, 180
câble *m* 79, 207
câble électrique *m* 176,
  209
cabriole *f* 235
cabriolet sport *m* 198
cacahouète *f* 129
cacahouètes *f* 151
cacao *m* 156
cacatoès *m* 293
cachet 173
cachets antinau-
  pathiques *m* 109
cactus *m* 87
caddie *m* 106, 208, 233
cadeau *m* 27
cadre *m* 62, 174, 206,
  230, 267
cadre-photo *m* 271
cafard *m* 295
café *m* 144, 148, 153,
  156, 184, 262
café filtre *m* 148
café glacé *m* 148
café moulu *m* 144
cafetière *f* 65
cage à poules *f* 263
cage thoracique *f* 17
cahier *m* 163
caille *f* 119
caisse *f* 106, 150, 255
caisse claire *f* 257
caissier *m* 96, 106
cake *m* 140
calamar *m* 121
calcaire *m* 288
calcite *f* 289
calcium *m* 109

calculatrice *f* 165
cale *f* 215, 233
cale sèche *f* 217
caleçon *m* 33
calendrier *m* 306
cale-pied *m* 207
calice *m* 297
calmar *m* 295
Cambodge 318
cambriolage *m* 94
cambrure *f* 15
camembert *m* 142
caméra *f* 178
cameraman *m* 178
Cameroun 317
caméscope *m* 260, 269
camion *m* 194
camionneur *m* 190
camisole *f* 35
camomille *f* 149
Campari *m* 145
camper 266
camping *m* 266
camping-car *m* 266
campus *m* 168
Canada 314
canapé *m* 62, 155
canapé-lit *m* 63
canard *m* 119, 185
canari *m* 292
caneton *m* 185
canine *f* 50
caniveau *m* 299
canne *f* 91
canne à pêche *f* 244
canne à sucre *f* 184
canneberge *f* 127
cannelle *f* 133
cannes *f* 89
canoë *m* 214, 241
canot de sauvetage *m*
  214
capacité *f* 311
cape cervicale *f* 21
capitaine *m* 214
capitaine de port *m* 217
capitale *f* 315
capoeira *f* 237
capot *m* 198
capote *f* 75
cappuccino *m* 148
câpres *f* 143
capuche *f* 31
car *m* 196
caractéristiques *f* 282
carambole *f* 128
caramel *m* 113
carapace *f* 293
caravane *f* 266
cardamome *f* 132
cardigan *m* 32
cardiologie *f* 49
cardio-vasculaire 19
cargaison *f* 216
cargo *m* 215
carie *f* 50

carnaval *m* 27
carnet 172
carnet à croquis *m* 275
carnet de chèques *m* 96
carotte *f* 124
carpe koi *f* 294
carquois *m* 249
carre *f* 246
carré *m* 164
carreau *m* 273
carrefour *m* 298
carreler 82
carrosserie *f* 202
cartable *m* 162
carte *f* 27, 153, 154, 195
carte bancaire *f* 96
carte d'embarquement *f*
  213
carte de crédit *f* 96
carte de lecteur *f* 168
carte des vins *f* 152
carte du monde *f* 312
carte postale *f* 112
cartilage *m* 17
carton *m* 275
carton jaune *m* 223
carton rouge *m* 223
cascade *f* 285
case *f* 272
casier *m* 100
casier à bagages *m* 210
casier judiciaire *m* 181
casiers *m* 239
casino *m* 261
casque *m* 95, 204, 206,
  220, 224, 228
casque de sécurité *m*
  186
casquette *f* 36
casserole *f* 69
cassette *f* 269
cassis *m* 127
catadioptre *m* 207
catalogue *m* 168
catamaran *m* 215
cataracte *f* 51
cathédrale *f* 300
cathéter *m* 53
cause *f* 180
caution *f* 181
cavalier *m* 242, 272
caverne *f* 284
CD *m* 269
cèdre *m* 296
ceinture *f* 32, 35, 36,
  236
ceinture à outils *f* 186
ceinture de plomb *f* 239
ceinture de sécurité *f*
  198
ceinture de sécurité *f*
  211
ceinture noire *f* 237
céleri *m* 122, 124
cellule *f* 94, 181
cendre *f* 283

326

français • deutsch

INDEX FRANÇAIS • FRANZÖSISCHES REGISTER

français

cendres d'os f 88
cendrier m 150
cent 308
cent dix 308
cent mille 308
centième 309
centimètre m 276, 310
centre m 164
centre commercial m 104
centre de pisciculture m 183
cerceau m 277
cercle m 165
cercle central m 222, 224, 226
cercle de jeu m 224
cercle polaire arctique m 283
céréale f 130
céréales f 107, 130, 156
céréales traitées f 130
cérémonie de la remise des diplômes f 169
cerf m 291
cerise f 126
cerveau m 19
césarienne f 52
cette semaine 307
chaîne f 36, 178, 206, 269
chaîne à péage f 269
chaîne de montagnes f 282
chaîne de sûreté f 59
chaîne hi-fi f 268
chair f 127, 129
chaise f 64
chaise haute f 75
chaise roulante f 48
chaise tournante f 172
chambre f 58, 70, 283
chambre à air f 207
chambre à deux lits f 100
chambre d'enfants f 74
chambre d'eau f 61
chambre double f 100
chambre noire f 271
chambre privée f 48
chambre simple f 100
chambres f 100
chameau m 291
champ m 182
champ central m 228
champ droit m 229
champ extérieur m 229
champ gauche m 228
champ intérieur m 228
champagne m 145
champignon m 125
championnat m 223, 230
champs de courses m 243
changer de chaîne 269
changer de vitesse 207

changer une roue 203
chanson f 259
chanteur m 258
chanteuse f 191
chantier m 186
chantier naval m 217
chapeau m 36
chapeau de plage m 265
chapeau de soleil m 30
chapelure f 139
charbon m 288
charbon de bois m 266
charcuterie f 107, 142
chardon m 297
charger 76
chariot m 48, 213
chariot de levage m 186
chariot élévateur m 216
chasse-d'eau f 61
chasseur m 211
châssis m 203
chat m 290
châtaigne d'eau f 124
châtain 39
château m 300
château de sable m 265
chaton m 290
chaud 286, 321
chaudière f 61
chauffeur de taxi m 190
chaussettes f 33
chaussons m 30
chaussure f 220, 223, 233
chaussure à semelle compensée f 37
chaussure à talon f 37
chaussure de cuir f 37
chaussure de tennis f 231
chaussure de ski f 246
chaussure lacée f 37
chaussures f 34, 37
chaussures de marche f 267
chaussures en cuir f 32
chauve 39
chauve-souris f 290
chaux f 85
chavirer 241
cheddar m 142
chef m 24, 190
chef d'orchestre m 256
chef de cuisine m 152
cheminée f 58, 63, 214, 283
chemise f 32
chemise de nuit f 31, 35
chemisier m 34
chêne m 296
chenille f 295
chèque m 96
chercher 177
cheval m 185, 235, 242
cheval d'arçons m 235

cheval de course m 243
chevalet m 174, 258, 274
cheveux m 14, 38
cheville f 13, 15, 259
chèvre m 185
chevreau m 185
chèvrefeuille m 297
chevron m 186
chewing-gum m 113
chiche-kébab m 158
chicorée f 123
chien m 290
chien assis m 58
chiffon m 77
chignon m 39
Chili 315
chimie f 162
Chine 318
chiot m 290
chips f 113, 151
chiropractie f 54
chirurgie f 48
chirurgien m 48
chirurgie esthétique f 49
choc m 47
choc électrique m 46
chocolat m 113
chocolat au lait m 113
chocolat blanc m 113
chocolat chaud m 144
chocolat en poudre m 148
chocolat noir m 113
chœur m 301
choqué 25
chorizo m 143
chou m 123
chou chinois m 123
chou de Bruxelles m 122
chou frisé m 123
chou précoce m 123
chouette f 292
chou-fleur m 124
chou-rave m 123
chronomètre m 166, 234
chrysanthème m 110
chute f 237
chutney m 134
Chypre 316
cible f 249, 273
ciboule f 125
ciboulette f 133
cidre m 145
cigare m 112
cigarettes f 112
cigogne f 292
cil m 14, 51
ciment m 186
cinéma m 255, 299
cinq 308
cinq cents 308
cinquante-cinq mille cinq cents 309
cinquante 308
cinquante mille 309

cinquantième 309
cinquième 309
cintre m 70
circonférence f 164
circulation f 194
cire f 77
cirer 77
cisaille f 89
ciseaux m 38, 47, 82, 188, 276
ciseaux à ongles m 41
Cité du Vatican f 316
citron m 126
citron et glaçons 151
citron vert m 126
citronnelle f 133
citrouille f 125
clair 41, 321
clam f 121
claquette f 179
clarinette f 257
clarinette basse f 257
classe f 163
classe affaires f 211
classe économique f 211
classeur m 172
classeur à levier 173
clavicule f 17
clavier 97, 99, 172, 176
clayette f 67
clé de fa f 256
clé de sol f 256
clef f 59, 80, 207
clef à molette f 80
clef à pipe f 80
clef de la chambre f 100
clef serre-tube f 81
clémentine f 126
client m 96, 100, 104, 106, 152, 175, 180
cliente f 38
clignotant m 198, 204
climatisation f 200
clinique f 48
clipboard 173
clitoris m 20
clôture f 85, 182
clou m 80
clou de girofle m 133
clubs de golf m 233
coccinelle f 295
coccyx m 17
cocher 233
cochon m 185
cockpit m 210
cocktail m 151
cocon m 295
cocotte f 69
coquille f 129
code barres m 106
code postal m 98
code secret m 96
cœur m 18, 119, 122, 273
cœurs de palmier m 122
coffre m 198

coiffeur m 39, 188
coiffeuse f 38, 71
coiffures f 39
coin de la rue m 298
coing m 128
col m 32
col de l'utérus m 20
col de l'utérus m 52
col rond m 33
cola m 144
colibri m 292
colis m 99
collage m 275
collant m 251
collants m 35
colle f 275
colle à bois f 78
colle à tapisser f 82
collègue m 24
collier m 36
colline f 284
Colombie 315
colonie 315
colonne f 300
colonne vertébrale f 17
colza m 184
combat m 237
combinaison f 35
combinaison de neige f 30
combinaison de plongée f 239
combinaison de ski f 246
combinaison-short f 30
combiné m 99
comédie f 255
comédie musicale f 255
comédie romantique f 255
comédien m 191
comète f 280
commande f 269
commander 153
commandes f 201, 204
commencer à l'école 26
commis m 152
commission f 97
commode f 70
commotion cérébrale f 46
communications f 98
Comores 317
compartiment m 209
compartiment à bagages m 196
compartiment-couchettes m 209
compas m 165, 240
complet 129, 131, 266
composer 99
compositions florales f 111
compresseur m 199
comptabilité f 175
comptable m 97, 190
compte courant m 96

français • deutsch

327

INDEX FRANÇAIS • FRANZÖSISCHES REGISTER

français

compte de courrier
électronique *m* 177
compte d'épargne *f* 97
compte rendu *m* 174
compte-gouttes *m* 109,
167
compter 165
compte-tours *m* 201
compteur *m* 201, 204
compteur de vues *m* 270
compteur d'électricité *m*
60
comptoir *m* 96, 100,
142, 150
comptoir sandwichs *m*
143
conception *f* 52
concert *m* 255, 258
concert de rock *m* 258
concevoir 20
concombre *m* 125
condamnation *f* 181
conditionnement
physique *m* 250
condom *m* 21
conducteur *m* 196
conducteur de bus *m*
190
conduit éjaculatoire *m* 21
conduit spermatique *m*
21
conduite à droite *f* 201
conduite à gauche *f* 201
conduite d'amenée *f* 61
cône *m* 164, 187
conférencier *m* 174
confiant 25
confirmation *f* 26
confiserie *f* 107, 113
confiture *f* 134, 156
confiture de framboises *f*
134
confiture d'oranges *f*
134, 156
confus 25
congélateur *m* 67
congeler 67
conglomérat *m* 288
Congo 317
conifère *m* 86
connaissance *m* 24
connecter 177
conseil juridique *m* 180
conseiller dramatique *m*
254
conseillère *f* 55
conseillère financière *f* 97
Conservatoire *m* 169
conserves *f* 107
console *f* 269
constellation *f* 281
consterné 25
construction *f* 186
construire 186
consultation *f* 45
conteneur *m* 216

continent *m* 282, 315
contraception *f* 21, 52
contraction *f* 52
contrat *m* 175
contrebasse *f* 256
contrebasson *m* 257
contrefort *m* 301
contreplaqué *m* 79
contrôle de passeports *m*
213
contrôleur *m* 209
convecteur *m* 60
copeaux *m* 78
copilote *m* 211
coq *m* 185
coque *f* 121, 214, 240
coquelicot *m* 297
coquetier *m* 65, 137
coquillage *m* 265
coquille *f* 137
coquille Saint-Jacques *f*
121
cor *m* 257
cor anglais *m* 257
corbeau *m* 292
corbeille *f* 177, 254
corbeille à couture *f* 276
corbeille à papier 172
corbeille arrivée 172
corbeille de fruits *f* 126
corbeille départ 172
corde *f* 248, 258, 266
corde à linge *f* 76
cordes *f* 256
cordes vocales *f* 19
cordon ombilical *m* 52
Corée du Nord 318
Corée du Sud 318
coriandre *f* 133
corne 293
cornée *f* 51
corner *m* 223
corniche *f* 300
corps *m* 12
correcteur *m* 40
correspondance *f* 212
correspondant *m* 24
Corse 316
corset *m* 35
Costa Rica 314
costume *m* 32, 255
côte *f* 17, 285
côté *m* 164
côte de bœuf *f* 119
Côte d'Ivoire 317
côtelette *f* 119
côtes *f* 155
coton *m* 184, 277
cottage *m* 136
cou *m* 12
couche *f* 75
couche de fond *f* 83
couche d'ozone *f* 286
couche éponge *f* 30
couche jetable *f* 30
coucher *m* 74

coucher du soleil *m* 305
coude *m* 13
cou-de-pied *m* 15
coudre 277
couenne *f* 119
couette *f* 71
couettes *f* 39
couffin *m* 75
couleur 273
couleur pour bois *f* 79
couleurs *f* 39, 274
coulisses *f* 254
couloir *m* 168, 210, 234,
238
country *f* 259
coup *m* 151, 233, 237,
273
coup de pied *m* 237, 239
coup de poing *m* 237
coup de soleil *m* 46
coup droit *m* 231
coup du lapin *m* 46
coup franc *m* 222
coup manqué *m* 228
coupable 181
coupé 99
coupe courte *f* 39
coupe-ongles *m* 41
couper 38, 67, 277
coupe-tube *m* 81
coupe-vent *m* 33
couple *m* 24
coups *m* 231
coupure *f* 60
coupure de courant *f* 60
cour *f* 58, 84
cour de ferme *f* 182
courant *m* 60
courant alternatif *m* 60
courant continu *m* 60
courbe 165
courbe *f* 48
coureur automobile *m*
249
courge *f* 124, 125
courge musquée *f* 125
courgette *f* 125
courir 228
couronne *f* 50, 111
courrier électronique *m*
177
courroie de cames *f* 203
courroie de ventilateur *f*
203
course *f* 234
course attelée *f* 243
course automobile *f* 249
course de chevaux *f* 243
course de moto *f* 249
course de plat *f* 243
course de trot *f* 243
courser 229
courses *f* 104, 243
court 321
court de tennis *m* 230
couscous *m* 130

cousin *m* 22
coussin *m* 62
coussinets *m* 53
couteau *m* 65, 121
couteau à pain *m* 68
couteau de cuisine *m* 68
couture *f* 34
couturier *m* 191
couturière *f* 191, 277
couvercle *m* 61, 66
couvert *m* 65
couverts *m* 64
couverture *f* 71, 74
couverture chauffante *f*
71
couverture de protection *f*
83
couverture du sol *f* 87
couverture laineuse *f* 74
couveuse *f* 53
couvre-lit *m* 70
crabe *m* 121, 295
crachoir *m* 50
craie *f* 162, 288
craie de tailleur *f* 276
crampe *f* 239
crampes *f* 44
crâne *m* 17
crapaud *m* 294
cratère *m* 283
cravache *f* 242
cravate *f* 32
crawl *m* 239
crayon *m* 163, 275
crayon à lèvres *m* 40
crayon à sourcils *m* 40
crayon de couleur *m* 163
crème *f* 109, 137, 140,
157
crème *m* 148
crème allégée *f* 137
crème anglaise *f* 140
crème caramel *f* 141
crème épaisse *f* 137
crème fouettée *f* 137
crème fraîche *f* 137
crème hydratante *f* 41
crème pâtissière *f* 140
crème pour le visage *f* 73
crème pour l'érythème *f*
74
crémerie *f* 107
crème solaire *f* 265
crépuscule *m* 305
cresson *m* 123
creuset *m* 166
creux des reins *m* 13
crevaison *f* 203, 207
crevette *f* 121
crevettes décortiquées *f*
120
cric *m* 203
cricket *m* 225
crier 25
crime *m* 94

criminel *m* 181
crinière *f* 242, 291
crise cardiaque *f* 44
cristallin *m* 51
Croatie 316
crochet *m* 187, 277
crocodile *m* 293
croissant *m* 156
croissant de lune *m* 280
croquant 127
croquis *m* 275
crosse *f* 224, 249
crosse de hockey *f* 224
croûte *f* 136, 139, 142
cru 124, 129
Cuba 314
cube *m* 164
cubitus *m* 17
cueillir 91
cuiller *f* 65
cuiller à café *f* 65, 153
cuiller à glace *f* 68
cuiller à servir *f* 68
cuiller à soupe *f* 65
cuiller en bois *f* 68
cuiller pour mesurer *f*
109
cuir chevelu *m* 39
cuire à la vapeur 67
cuire au four 67
cuisine *f* 66, 67, 152, 214
cuisse *f* 12, 119
cuit 159
cuit à la vapeur 159
cuivre *m* 289
cuivres *m* 256
culasse *f* 202
culot à baïonnette *m* 60
culotte en plastique *f* 30
cultivateur *m* 182
cultiver 91
culture *f* 183
cultures *f* 184
cumin *m* 132
curcuma *m* 132
curling *m* 247
curry *m* 158
cutter *m* 80, 82
cuvette *f* 61
cygne *m* 293
cylindre *m* 164
cymbales *f* 257

D

d'accord 322
dame *f* 272, 273
dames *f* 272
dance *f* 259
Danemark 316
danger *m* 195
dans 320
danseuse *f* 191
dard *m* 295
date *f* 306
date d'expiration *f* 109
date de retour *f* 168

328

français • deutsch

INDEX FRANÇAIS • FRANZÖSISCHES REGISTER

français

date du procès f 180
datte f 129
dauphin m 290
daurade f 120
de 320
dé m 272
dé à coudre m 276
de ferme 118
de rien 322
de saison 129
de troisième cycle 169
débarquer 217
début m 321
décapotable f 199
décembre m 306
décennie f 307
déchets bios m 61
déclencher l'accouche-
  ment 53
déclencheur m 270
décoller 82, 211
décongeler 67
décontracté 34
décor m 254
décor de cinéma m 179
décoration f 82, 141
décortiqué 129
découper 79
découvert m 96
décrêper 39
défaire 277
défense f 181, 220, 291
défenseur m 223
défilé m 27
dehors 320
déjeuner m 64
déjeuner d'affaires m 175
deltaplane m 248
deltoïde m 16
demain 306
démaquillant m 41
demi-heure 304
demi-litre m 311
demi-pension f 101
démonte-pneu m 207
dénominateur m 165
dent f 50
dentelle f 35, 277
dentier m 50
dentifrice m 72
dentiste m 189
dentiste m 50
déodorant m 73
déodorants m 108
dépanneuse f 203
départ m 232
départ plongé m 239
départs m 213
dépendance f 182
déplantoir m 89
dépliants m 96
déposition f 180
dérive f 210, 241
dermatologie f 49
dernière couche f 83
derrière 320

descente f 247
désert m 285
désherber 91
dessert m 153
desserts m 140
dessin m 162, 275
dessin animé m 178
dessinatrice f 191
dessiner 91, 162
dessous de verre m 150
dessus 98
destination f 213
détecteur de fumée m 95
détergent m 77
deux 308
deux cents 308
deux heures 304
deux mille 307
deux mille un 307
deux pintes 311
deuxième 309
deuxième étage m 104
deuxième galerie f 254
devant 320
développer 271
déviation f 195
dévidoir de scotch 173
dévidoir de tuyau m 89
devises étrangères f 97
devoirs m 163
diabète m 44
diable m 100
diagonale f 164
diamant m 288
diamètre m 164
diaphragme m 21, 19
diarrhée f 44, 109
dictionnaire m 163
dièse m 256
diesel m 199
difficile 321
digestif 19
digitale f 297
dilatation f 52
dimanche m 306
dimensions f 165
dinde f 119
dindon m 185, 293
dîner m 64
dioptrie f 51
diplomate m 141
diplôme m 169
directeur m 163, 174
directeur d'agence m 96
directeur général m 175
directions f 260
disc-jockey m 179
discobole m 234
discuter 163
disque m 176
disque dur m 176
dissertation f 169
dissolvant m 41
distance f 310
distractions à la maison f
  268

distributeur m 97, 203
distribution f 98, 254
district m 315
dividendes f 97
divisé par 165
diviser 165
divorce m 26
dix 308
dix mille 309
dix-huit 308
dix-huitième 309
dixième 309
dix-neuf 308
dix-neuvième 309
dix-sept 308
dix-septième 309
Djibouti 317
dock m 214, 216
docteur m 189
doctorat m 169
documentaire m 178
dôme m 300
Dominique 314
dominos m 273
donner 273
donner à manger 183
donner le sein 53
dorsal m 16
dos m 13
dos crawlé m 239
dos du pied m 15
dos-nu 35
dossier m 210
dossier m 177
dossier suspendu 173
dossier-classeur 173
douane f 212
double m 230
double 151
double toit m 266
doubler 195
doublure f 32
douche f 72
douches f 266
douille f 69, 80
douve f 300
douze 308
douzième 309
dragée à la gelée f 113
drainage m 91
drap m 71, 74
drapeau m 221, 232
drapeau de coin m 223
dressage m 243
dribbler 223
driver 233
droit m 169, 180
droite 165
drummer m 258
duffel-coat m 31
dumper m 187
duodénum m 18
dur 129, 321
DVD m 269
dynamo f 207

E

eau f 144, 238
eau de Javel
eau de toilette f 41
eau dentifrice f 72
eau du robinet m 144
eau en bouteille f 144
eau minérale f 144
écaille f 121, 294
écaillé 121
écailles f 293
échafaudage m 186
échalote f 125
échange m 230
écharde f 46
écharpe f 31, 46
échecs m 272
échelle f 95, 186
écheveau m 277
échiquier m 272
échographie f 52
éclair m 140, 287
éclairage m 105, 178
éclipse f 280
école f 162, 299
école de danse f 169
école des beaux arts f
  169
écoles f 169
écolier m 162
écolière f 162
écorce f 127, 282, 296
écorchure f 46
écoute f 241
écouteurs m 268
écran m 97, 176, 255,
  269
écran d'information m
  213
écran de protection m
  88
écran solaire m 108
écran total m 108, 265
écrasé 132
écrevisse f 121
écrire 162
écrou m 80
écrous de roue m 203
écume f 241
écumoire f 68
écureuil m 290
écurie f 185, 243
eczéma m 44
édam m 142
édredon m 71
éducation physique f 162
effet m 230
effets secondaires m 109
effrayé 25
égale 165
égalité f 223, 230
église f 298, 300
égout m 299
égouttoir m 67
Égypte 317
élaguer 91

élastique 173
élastique pour cheveux m
  39
électricien m 188
électricité f 60
électrode négative f 167
électrode positive f 167
électroménager m 107
éléphant m 291
élève m 162
e-mail m 98
émail m 50
emballage m 111
embarcadère f 217
embarquer 217
embouteillage m 195
embouts de tournevis m
  80
embrayage m 200, 204
embryon m 52
émeraude f 288
émettre 178
émigrer 26
Émirats arabes unis 318
émission f 179
émotions f 25
empennage m 210
emplacement m 266
emplacements libres 266
employé m 24
employée de magasin f
  188
employeuse f 24
empoisonnement m 46
empreintes f 94
emprunter 168
en bas 320
en différé 178
en direct 178
en face de 320
en filets 121
en flocons 132
en haut 320
en ligne 177
en morceaux 132
en poudre 132
en purée 159
en sauce 159
en saumure 143
en verre 69
encaisser 97
enceinte 52
enclos m 185, 242
encolure f 34
encolure en V f 33
encre f 275
encyclopédie f 163
endive f 122
endocrine 19
endocrinologie f 49
enduit m 83
enfant m 23
enfant m 31
enfants m 23
enfiler 277
engrais m 91

français • deutsch

329

INDEX FRANÇAIS • FRANZÖSISCHES REGISTER

français

enjoliveur *m* 202
enlèvement de déchets *m* 61
enlever les fleurs fanées 91
ennuyé 25
enquête *f* 94
enregistrement des bagages *m* 213
enregistrer 212, 269
enregistreur minidisk *m* 268
enrobé de chocolat 140
enseigne *f* 104
enseignement supérieur *m* 168
ensoleillé 286
enterrement *m* 26
en-tête 173
entonnoir *m* 166
entorse *f* 46
entracte *m* 254
entraînement *m* 237
entraînement en circuit *m* 251
entraînement poids et haltères *m* 251
entraîneuse *f* 250
entre 320
entrée *f* 58, 59, 153
entrepôt *m* 216
entrer 177
entrer en éruption 283
enveloppe *f* 98, 173
environnement *m* 280
environs *m* 299
envoi en recommandé *m* 98
envoyer 177
épais 321
épargne *f* 96
épaule *f* 13
épaulette *f* 35
épeler 162
épicé 124
épicerie *f* 114
épices *f* 132
épiglotte *f* 19
épilation *f* 41
épilepsie *f* 44
épinards *m* 123
épingle *f* 276
épingle de cravate *f* 36
épingle de sûreté *f* 47
épisiotomie *f* 52
épluche-légume *m* 68
éplucher 67
éponge *f* 73, 74, 83
épousseter 77
épouvantail *m* 184
épreuve *f* 271
épreuves *f* 247
éprouvette *f* 166
épuisette *f* 244
Équateur 315
équateur *m* 283

équation *f* 165
équerre *f* 165
équipage *m* 241
équipe *f* 220, 229
équipement *m* 165, 233, 238
équipement de bureau 172
équipement d'entretien *m* 77
équitation *f* 242, 263
érable *m* 296
éruption *f* 44
Érythrée 317
escabeau *m* 82
escalade *f* 248
escalade en glace *f* 247
escalator *m* 104
escalier *m* 59
escalier de secours *m* 95
escalier d'entraînement 250
escargot *m* 295
escrime *f* 249
espace *m* 280
espadon *m* 120, 294
Espagne 316
essai *m* 221
essence *f* 199
essieu *m* 205
essorer 76
essoreuse *f* 76
essuie-glace *m* 198
essuyer 77
est *m* 312
estomac *m* 18
Estonie 316
estragon *m* 133
estuaire *m* 285
établi *m* 78
étage inférieur *m* 141
étage supérieur *m* 141
étagère *f* 66, 106, 268
étain *m* 289
étaler au rouleau 67
étamine *f* 297
État *m* 315
États-Unis d'Amérique 314
étau *m* 78
été *m* 31, 307
éteindre la télévision 269
étendre 251
éternuement *m* 44
Éthiopie 317
étiquette 172, 173
étiquettes *f* 89
étirement *m* 251
étoile *f* 280
étoile de mer *f* 295
étouffer 47
être en défense 229
étrier *m* 242
étroit 321
étude *f* 162
études d'ingénieur *f* 169

étudiant *m* 169
étui *m* 51
étui à lentilles *m* 51
eucalyptus *m* 296
Europe 316
événements de la vie *m* 26
évent *m* 290
évier *m* 61, 66
examen *m* 163
examen de la vue *m* 51
examen médical *m* 45
excédent de bagages *m* 212
excité 25
exécuter un swing 232
exercice pour la poitrine *m* 251
exercice pour les biceps *m* 251
exercices *m* 251
exercices au sol *m* 235
exercices Pilates *m* 251
exfolier 41
exosphère *f* 286
expéditeur *m* 98
expérience *f* 166
exploitation fruitière *f* 183
exploitations agricoles *f* 183
exploration spatiale *f* 281
exposition *f* 261
expresso *m* 148
expulsion *f* 223
extérieur *m* 198
extincteur *m* 95
extraction *f* 50
eye-liner *m* 40

F

fâché 25
facile 321
facile à cuisiner 130
facteur *m* 98, 190
faible 321
faire du pain 138
faire cuire au four 138
faire du vélo 207
faire le lit 71
faire marche arrière 195
faire rebondir 227
faire sauter 67
faire son testament 26
faire un dunk 227
faire un vœu 140
faire une manchette 227
faire une mise en plis 38
faire une passe 220, 223
faire une réservation de vol 212
faire une tête 222
fairway *m* 232
faisan *m* 119, 293
fait-tout *m* 69
falaise *f* 285
famille *f* 22

fans *m* 258
farci 159
fard à joues *m* 40
fard à paupières *m* 40
farine *f* 138
farine avec la levure chimique *f* 139
farine blanche *f* 138
farine brute *f* 138
farine complète *f* 138
farine sans levure chimique *f* 139
farine traitée *f* 139
faucon *m* 292
fausse couche *f* 52
faute *f* 222, 226, 230
fauteuil *m* 63, 254
fauteuil de dentiste *m* 50
fax 172
fax *m* 98
Fédération de Russie 318
féminin 20
femme *f* 12, 22, 23
femme d'affaires *f* 175
fémur *m* 17
fenêtre *f* 58, 177, 186, 197, 209
feng shui *m* 55
fenouil *m* 122, 133
fente *f* 297
fente avant *f* 251
fenugrec *m* 132
fer *m* 109, 233, 289
fer à cheval *m* 242
fer à friser *m* 38
fer à repasser *m* 76
fer à souder *m* 81
ferme *f* 182, 184
ferme 124
fermé 260, 321
ferme d'aviculture *f* 183
ferme de culture *f* 183
ferme d'élevage de moutons *f* 183
ferme d'élevage porcin *f* 183
ferme laitière *f* 183
fermeture éclair *f* 277
fermier *m* 182, 189
fermoir *m* 36
ferry *m* 215, 216
fertilisation *f* 20
fertiliser 91
fesse *f* 13
fessier *m* 16
festin *m* 27
fête *f* 140
fête de Thanksgiving *f* 27
fêtes *f* 27
feu *m* 217
feu arrière *m* 204, 207
feu de camp *m* 266
feuillage *m* 110
feuille *f* 122, 296
feuille de laurier *f* 133

feuilles de thé *f* 144
feuilleton *m* 178
feux *m* 94, 194
feux de détresse *m* 201
fève *f* 122
fèves *f* 131
février *m* 306
fiancé *m* 24
fiancée *f* 24
fiancés *m* 24
fibre *f* 127
fibre naturelle *f* 31
ficelle *f* 89
fiche compliments 173
fiche de retrait *f* 96
fiche intercalaire 173
fiches de versement *m* 96
fichier *m* 177
Fidji 319
fier 25
fièvre *f* 44
figue *f* 129
figue de Barbarie *f* 128
fil *m* 276
fil à plomb *m* 82
fil de fer *m* 79
fil dentaire *m* 50, 72
filament *m* 60
file de droite *f* 194
filet *m* 119, 121, 217, 222, 226, 227, 231
filets de flétan *m* 120
fille *f* 22, 23
film *m* 178, 269
film d'aventure *m* 255
film d'horreur *m* 255
film d'animation *m* 255
film de science-fiction *m* 255
fils *m* 22, 60
filtre *m* 270
filtre à air *m* 202
filtre d'air *m* 204
fin *f* 321
finance *f* 97
Finlande 316
fiole *f* 166
flageolets *m* 131
flamant *m* 292
flanc *m* 284
flash *m* 270
flash compact *m* 270
flèche *f* 95, 249, 300
fléchettes *f* 273
fléchir 251
fleur *f* 297
fleuret *m* 249
fleurette *f* 122
fleuriste *f* 188
fleuriste *m* 110
fleuron *m* 300
fleurs *f* 110
fleurs séchées *f* 111
flexion de jambes *f* 251
florentin *m* 141

330   français • deutsch

INDEX FRANÇAIS • FRANZÖSISCHES REGISTER

français

flotteur *m* 61, 244
flou 271
flûte *f* 139, 257
fœtus *m* 52
foie *m* 18, 118
foin *m* 184
foire *f* 262
fois 165
follicule *m* 20
foncé 41, 321
fond de teint *m* 40
fontaine *f* 85
fontaine publique *f* 262
foot *m* 222
football américain *m* 220
forceps *m* 53, 167
forêt *f* 285
foret à bois plat *m* 80
foret à métaux *m* 80
foret de maçonnerie *m* 80
foret de sécurité *m* 80
forêt tropicale *f* 285
forets *m* 80
forets à bois *m* 80
formes *f* 164
fort 321
fosse d'orchestre *f* 254
fossette *f* 15
fou *m* 272
fouet *m* 68
fougère *f* 86
foulard *m* 36
four *m* 66
fourche *f* 88, 207
fourches *f* 39
fourchette *f* 65, 153
fourchette à découper *f* 68
fourmi *f* 295
fourneau *m* 112
fournitures de bureau 173
fourre-tout *m* 37
foyer *m* 255
fraction *f* 165
fracture *f* 46
fragile 98
frais 121, 127, 130
frais bancaires *m* 96
fraise *f* 50, 127
framboise *f* 127
France 316
frange de lit *f* 71
frapper 224, 225
freesia *m* 110
freezer *m* 67
frein *m* 204
frein *m* 200, 206
frein à main *m* 203
freiner 207
fréquence *f* 179
frère *m* 22
friandise *f* 113
frire 67
frise *f* 301
frisé 39

frit 159
frites *f* 154
froid 286, 321
fromage *m* 136, 156
fromage à la crème *m* 136
fromage à pâte molle *m* 136
fromage à pâte pressée cuite *m* 136
fromage à pâte pressée non cuite *m* 136
fromage à pâte semi-molle *m* 136
fromage de chèvre *m* 142
fromage frais *m* 136
fromage râpé *m* 136
froncement de sourcils *m* 25
front *m* 14
frontail *m* 242
frontal *m* 16
fronton *m* 301
fruit confit *m* 129
fruit de feijoa *m* 128
fruit de l'arbre à pain *m* 124
fruit de la passion *m* 128
fruits *m* 107, 126, 128, 157
fruits à noyau *m* 126
fruits de mer *m* 121
fruits en bocaux *m* 134
fruits secs *m* 156
fruits tropicaux *m* 128
fumé 118, 121, 143, 159
fumée *f* 95
fumer 112
fumer en surface 90
fusain *m* 275
fuseau *m* 277
fusée d'orientation *f* 281
fusée éclairante *f* 240
fuselage *m* 210
fusible *m* 60
fusil *m* 118

G
Gabon 317
gagnant *m* 273
gagner 273
galaxie *f* 280
galerie *f* 198
galerie à vélo *f* 207
gallon *m* 311
galop *m* 243
galvanisé 79
Gambie 317
gamme *f* 256
gant *m* 224, 228, 233, 236, 246
gant isolant *m* 69
gants *m* 36
gants de boxe *m* 237
gants de jardinage *m* 89

garage *m* 58, 199, 203
garçon *m* 23, 152
garde *m* 189
garde-boue *m* 205
garde-côte *m* 217
garde-feu *m* 63
gardien de but *m* 222
gardien de guichet *m* 225
gardien de prison *f* 181
gare *f* 208
gare routière *f* 197
garer 195
garniture *f* 140, 155
gâteau au chocolat *m* 140
gâteau d'anniversaire *m* 141
gâteau de mariage *m* 141
gâteau de miel *m* 135
gâteaux *m* 140
gâteaux de fête *m* 141
gaufres *f* 157
gaze *f* 47
gazeux 144
gazonner 90
gel *m* 38, 109, 287
gel douche *m* 73
gélule *f* 109
gemmes *f* 288
gencive *f* 50
gendre *m* 22
gêné 25
génération *f* 23
générateur *m* 60
genou *m* 12
genouillère *f* 227
genres de pêche *m* 245
genres de plantes *m* 86
gens 12, 16
géographie *f* 162
géométrie *f* 165
Géorgie 318
gerbera *m* 110
germe de soja *m* 122
germoir *m* 89
geyser *m* 285
Ghana 317
gibier *m* 119
gigot *m* 119
gilet *m* 33
gilet de sauvetage *m* 240
gin *m* 145
gin tonic *m* 151
gingembre *m* 125, 133
girafe *f* 291
giroflée *f* 110
givre *m* 287
glaçage *m* 141
glace *f* 120, 137, 149, 287
glacer 139
glacier *m* 284
glaçon *m* 151, 287
glaïeul *m* 110

glande *f* 19
glisser 229
glissière de sécurité *f* 195
gneiss *m* 288
golf *m* 232
gomme *f* 163
gong *m* 257
gorge *f* 19, 284
gorille *m* 291
gotique 301
gouache *f* 274
gourde amère *f* 124
gousse *f* 122, 125
gouttes *f* 109
gouttière *f* 58
gouvernail *m* 241
gouverne *f* 210
goyave *f* 128
grain *m* 122, 130
grain de beauté *m* 14
grain de moutarde *m* 131
grain de poivre *m* 132
graine *f* 122, 130
graine de carvi *f* 131
graine de potiron *f* 131
graine de sésame *f* 131
graine de tournesol *f* 131
graines *f* 88, 131
graines de fenouil *f* 133
graines de soja *f* 131
grains *m* 144
gramme *m* 310
grand 321
grand bassin *m* 239
grand bol *m* 69
grand lit *m* 71
grand magasin *m* 105
grande aiguille *f* 304
grande cisaille *f* 88
grande tasse *f* 65
grandes ondes *f* 179
grand-mère *f* 22
grand-père *m* 22
grands-parents *m* 23
grand-voile *f* 240
grange *f* 182
granite *m* 288
graphite *m* 289
gras *m* 119
gras 39, 41
gratte-ciel *m* 299, 300
grattoir *m* 82
gravier *m* 88
gravure *f* 275
Grèce 316
gréement *m* 215, 240
green *m* 232
greffer 91
greffier *m* 180
grêle *f* 286
Grenade 314
grenade *f* 128
grenat *m* 288

grenier *m* 58
grenouille *f* 294
grenouillère *f* 30
grès *m* 288
griffe *f* 291
gril *m* 69
grillé 129, 159
grille de refroidissement *f* 69
grille-pain *m* 66
griller 67
grillon *m* 295
grippe *f* 44
gris 39, 274
Groenland 314
gros 321
gros haricots blancs *m* 131
gros intestin *m* 18
gros orteil *m* 15
groseille à maquereau *f* 127
groseille blanche *f* 127
grossesse *f* 52
grue *f* 187, 216, 292
grue de caméra *f* 178
Guatemala 314
guêpe *f* 295
guêpière *f* 35
guérison par cristaux *f* 55
gueule *f* 293
guichet *m* 96, 98, 209, 216, 225
guide *m* 104, 260
guide *m* 172, 260
guide de fil *m* 276
guidon *m* 207
guimauve *f* 113
guimbarde *f* 78
guindeau *m* 214
Guinée 317
Guinée équatoriale 317
Guinée-Bissau 317
guirlande de fleurs *f* 111
guitare basse *f* 258
guitare électrique *f* 258
Guyane 315
Guyane française 315
gymnase *m* 250
gymnaste *f* 235
gymnastique *f* 235
gymnastique rythmique *f* 235
gynécologie *f* 49
gynécologue *m* 52
gypsophile *f* 110

H
habillé 34
hache *f* 95
hachoir *m* 68
haie *f* 85, 90, 182
haies *f* 235
Haïti 314
hall *m* 100

français • deutsch

331

INDEX FRANÇAIS • FRANZÖSISCHES REGISTER

français

hall de gare *m* 209
haltère *m* 251
hamac *m* 266
hamburger *m* 154
hamburger au poulet *m* 155
hamburger avec des frites *m* 154
hamburger végétarien *m* 155
hameçon *m* 244
hamster 290
hanche *f* 12
handicap *m* 233
haricot grimpant *m* 122
haricot vert *m* 122
haricots *m* 131
haricots blancs *m* 131
haricots mung *m* 131
haricots pinto *m* 131
haricots rouges *m* 131
harpe *f* 256
haut 321
haut-parleur *m* 176, 209
hautbois *m* 257
hauteur *f* 165
Hawaii 314
hayon *m* 198
heavy métal *f* 259
hebdomadaire 307
hélice *f* 211, 214
hélicoptère *m* 211
hématite *f* 289
hématome *m* 46
hémisphère nord *m* 283
hémisphère sud *m* 283
hémorragie *f* 46
herbe *f* 55
herbes *f 86,* 133, 134
herbes et les épices *f* 132
herbicide *m* 91, 183
herboristerie *f* 55, 108
hérisson *m* 290
hêtre *m* 296
heure *f* 304
heure de pointe *f* 209
heures *f* 261
heures de visite *f* 48
heureux 25
hexagone *m* 164
hier 306
Himalaya *m* 313
hippocampe *m* 294
hippopotame *m* 291
hirondelle *f* 292
histoire *f* 162
histoire de l'art *f* 169
hiver *m* 31, 307
hochet *m* 74
hockey *m* 224
hockey sur gazon 224
hockey sur glace *m* 224
hockeyeur *m* 224
homard *m* 121, 295
homéopathie *f* 55
homme *m* 12, 23

homme d'affaires *m* 175
homme de base *m* 228
homogénéisé 137
Honduras 314
Hongrie 316
hôpital *m* 48
horaire *m* 197, 209, 261
horloge *f* 304
hormone *f* 20
hors jeu 225, 226, 228
hors piste 247
hors-bord *m* 215
hors-jeu *m* 223
hot-dog *m* 155
hôte *m* 64
hôtel *m* 100, 264
hôtesse *f* 64
hôtesse de l'air *f* 190, 210
hotte *f* 66
houe *f* 88
houppette *f* 40
houx *m* 296
hublot *m* 210, 214
huile *f* 142, 199
huile d'amande *f* 134
huile d'arachide *f* 135
huile d'olive *f* 134
huile de colza *f* 135
huile de maïs *f* 135
huile de noisette *f* 134
huile de noix *f* 134
huile de pépins de raisin *f* 134
huile de sésame *f* 134
huile de tournesol *f* 134
huile parfumée *f* 134
huile pressée à froid *f* 135
huile végétale *f* 135
huiles *f* 134
huiles essentielles *f* 55
huissier *m* 180
huit 308
huit cents 308
huitième 309
huître *f* 121
humérus *m* 17
humide 321, 286
hydravion *m* 211
hydroptère *m* 215
hydrothérapie *f* 55
hygiène dentaire *f* 72
hygiène féminine *f* 108
hypnothérapie *f* 55
hypoallergénique 41
hypoténuse *f* 164
hypothèque *f* 96

I

icône *f* 177
igname *f* 125
igné 288
iguane *m* 293
île *f* 282
île Maurice 317

îles Galapagos 315
îles Malouines 315
îles Salomon 319
immeuble *m* 59, 298
immeuble de bureaux *m* 298
immigration *f* 212
immobilisation *f* 237
imperméable *m* 31, 32, 245, 267
impôt *m* 96
imprimante *f* 172, 176
imprimer 172
imprimerie *f* 275
impuissant 20
incendie *m* 95
incisive *f* 50
Inde 318
index *m* 15
individuelle 58
Indonésie 319
infection *f* 44
infirmier du SAMU *m* 94
infirmière *f* 45, 48, 52, 189
information *f* 261
information touristique *f* 261
infusion de menthe *f* 149
ingénieur du son *m* 179
inhalateur *m* 44, 109
injection *f* 48
innocent 181
inondation *f* 287
inox *m* 79
inquiet 25
insomnie *f* 71
inspecteur *m* 94
installer 177
institutrice *f* 162, 191
instruments *m* 256, 258
insuline *f* 109
intercostal *m* 16
interdit de tourner à droite 195
intérieur *m* 200
internet *m* 177
interphone *m* 59
interrupteur *m* 60
interrupteur feux *m* 201
interviewer *m* 179
intestin grêle *m* 18
invertébrés *m* 295
investissement *m* 97
invité *m* 64
ionosphère *f* 286
Irak 318
Iran 318
iris *m* 51, 110
Irlande 316
isolation *f* 61
isorel *m* 79
Israël 318
Italie 316
itinéraire *m* 260

J

jacinthes des bois *f* 297
jacquet *m* 272
jade *m* 288
jais *m* 288
Jamaïque 314
jambe *f* 12
jambière *f* 224
jambon *m* 119, 143, 156
jante *f* 206
janvier *m* 306
Japon 318
jardin *m* 84
jardin à la française *m* 84, 262
jardin d'eau *m* 84
jardin d'herbes aromatiques *m* 84
jardin paysan *m* 84
jardin sur le toit *m* 84
jardinage *m* 90
jardinier *m* 188
jarretelle *f* 35
jarretière *f* 35
jauge d'essence *f* 201
jauge d'huile *f* 202
jaune 274
jaune d'œuf *m* 137, 157
javelot *m* 234
jazz *m* 259
jean *m* 31
jet *m* 89
jet d'eau *m* 95
jet privé *m* 211
jetable 109
jetée *f* 217
jeter l'ancre 217
jeton *m* 272
jet-ski *m* 241
jeu *m* 75, 230, 273
jeu de cartes *m* 273
jeu télévisé *m* 178
jeu vidéo *m* 269
jeudi *m* 306
jeux *m* 272
jeux de raquette *m* 231
jeux de société *m* 272
joaillerie *f* 275
jodhpur *m* 242
jogger sur place 251
jogging *m* 251, 263
joint *m* 61, 80
jointoiement *m* 187
joker *m* 273
jonc *m* 86
jonquille *f* 111
joue *f* 14
jouer 229, 273
jouet *m* 75
jouet en peluche *m* 75
jouets *m* 105
joueur *m* 221, 231, 273
joueur de basket *m* 226
joueur de cricket *m* 225
joueur de foot *m* 222

joueur de football *m* 220
joueur de golf *m* 232
jour *m* 306
jour ouvrable *m* 306
journal *m* 112
journaliste *m* 190
judas *m* 59
judo *m* 236
juge *m* 180
juge de ligne *m* 220, 223, 230
juillet *m* 306
juin *m* 306
jumeaux *m* 23
jumelles *f* 281
jumping *m* 243
jupe *f* 30, 34
Jupiter 280
jury *m* 180
jus *m* 127
jus d'ananas *m* 149
jus de fruit *m* 156
jus de pomme *m* 149
jus de raisin *m* 144
jus de tomate *m* 144, 149
jus d'orange *m* 148
jus et milk-shakes *m* 149
jusqu'à 320
juteux 127

K

kaki *m* 128
Kaliningrad 316
kangourou *m* 291
karaté *m* 236
Kasakhastan 318
kébab *m* 155
kendo *m* 236
Kenya 317
ketchup *m* 135, 154
kilogramme *m* 310
kilomètre *m* 310
kinésithérapie *f* 49
kiosque *m* 113
kippers *m* 157
Kirghizistan 318
kiwi *m* 128
klaxon *m* 201, 204
kleenex *m* 108
knock-out *m* 237
koala *m* 291
Koweït 318
kumquat *m* 126
kung-fu *m* 236

L

laboratoire *m* 166
labourer 183
lac *m* 285
lacet *m* 37
lâcher 245
lacrosse *m* 249
lactose *m* 137
laine *f* 277
laisser tremper 130

332   français • deutsch

INDEX FRANÇAIS • FRANZÖSISCHES REGISTER

lait *m* 136, 156
lait condensé *m* 136
lait de brebis *m* 137
lait de chèvre *m* 136
lait de vache *m* 136
lait demi-écrémé *m* 136
lait écrémé *m* 136
lait en poudre *m* 137
lait entier *m* 136
laitue *f* 123
lame *f* 66, 78, 89
lame de rasoir *f* 73
lampadaire *m* 298
lampe *f* 50, 62
lampe de chevet *f* 70
lampe de radio *f* 45
lampe d'entrée *f* 58
lampe torche *f* 267
lancement *m* 281
lancement du poids *m* 234
lancer 221, 225, 227, 229, 245
lanceur *m* 225, 229, 281
landau *m* 75
langue *f* 19
langue de bœuf *f* 118
langues *f* 162
languette *f* 37
lanière *f* 207
Laos 318
lapin *m* 118, 290
laque *f* 38
large 321
largeur *f* 165
larme *f* 51
larynx *m* 19
latitude *f* 283
lavabo *m* 38, 72
lave *f* 283
lave-auto *m* 198
lave-glace *m* 199
lave-linge *m* 76
lave-linge séchant 76
laver 38, 77
laver à la brosse 77
laverie automatique *f* 115
lave-vaisselle *m* 66
laxatif *m* 109
le long de 320
Le Salvador 314
leçon *f* 163
lecteur cassettes *m* 269
lecteur CD *m* 268
lecteur DVD *m* 268
lecteur optique *m* 106
lecture *f* 269
léger 321
leggings 31
légumes *m* 107, 122, 124
légumes secs *m* 130
lent 321
lentille de l'objectif *f* 167
lentilles *f* 131
lentilles de contact *f* 51

lentilles rouges *f* 131
Lesotho 317
Lettonie 316
lettre *f* 98
lettre par avion 98
levée *f* 98
lever 139
lever du soleil *m* 305
levier *m* 150
levier de frein *m* 207
levier de vitesse *m* 207
levier de vitesses *m* 201
lèvre *f* 14
lèvres *f* 20
levure *f* 138
lézard *m* 293
Liban 318
libellule *f* 295
Libéria 317
liberté conditionnelle *f* 181
librairie *f* 115
libre 321
Libye 317
licence *f* 169
licenciée *f* 169
licou *m* 243
Liechtenstein 316
ligament *m* 17
ligne *f* 244
ligne d'arrivée *f* 234
ligne de bout *f* 226
ligne de but *f* 220, 223, 224
ligne de centre *f* 226
ligne de côté *f* 230
ligne de départ *f* 234
ligne de fond *f* 230
ligne de jeu *f* 233
ligne de lancer franc *f* 226
ligne de pénalité *f* 229
ligne de service *f* 230
ligne de touche *f* 220, 221, 226
ligne de trois points *f* 226
ligne d'envoi *f* 225
ligne du ballon mort *f* 221
lignes *f* 165
limace *f* 295
limande-sole *f* 120
lime *f* 81
lime à ongles *f* 41
limitation de vitesse *f* 195
limite du terrain *f* 225
limonade *f* 144
limousine *f* 199
lin *m* 184, 277
linge *m* 76
linge de lit *m* 71
linge de maison *m* 105
linge propre *m* 76
linge sale *m* 76
lingerie *f* 35, 105
lingette *f* 74, 108

linteau *m* 186
lion *m* 291
liqueur *f* 145
liquide *m* 77
liquide amniotique *m* 52
lire 162
lis *m* 110
liseuse *f* 210
lit *m* 70
lit d'enfant *m* 74
lit de camp *m* 266
lit simple *m* 71
lit U.V. *m* 41
litchi *m* 128
literie *f* 74
litre *m* 311
littérature *f* 162, 169
Lituanie 316
livraison à domicile *f* 154
livre *f* 310
livre *m* 163, 168
lob *m* 230
locataire *m* 58
location de voitures *f* 213
locomotive *f* 208
loganberry *f* 127
loge *f* 254
logement du film *m* 270
logiciel *m* 176
logo *m* 31
loin de 320
lombaires *f* 17
long 34
longe *f* 121
longitude *f* 283
longueur *f* 165, 310
longueur d'ondes *f* 179
losange *m* 164
lotion *f* 109
lotion pour le corps *f* 73
lotte *f* 120
louche *f* 68
louer 58
loup *m* 290
lourd 286, 321
loutre *f* 290
louvoyer 241
loyer *m* 58
luffa *m* 73
luge *f* 247
lundi *m* 306
lune *f* 280
lunettes *f* 51, 247
lunettes de protection *f* 167
lunettes de sécurité *f* 81
lunettes de soleil *f* 51, 265
lunettes protectrices *f* 238
lupins *m* 297
lutte *f* 236
Luxembourg 316
luzerne *f* 184
lymphatique 19

M

macadam goudronné *m* 187
macadamia *f* 129
Macédoine 316
macéré 159
machine à coudre *f* 276
machine à couper *f* 139
machine à ramer *f* 250
machine de randonnée *f* 250
machine de rayons X *f* 212
machines *f* 187
mâchoire *f* 14
macis *m* 132
maçon *m* 186, 188
macramé *m* 277
Madagascar 317
Madame *f* 23
madeleine *f* 140
Mademoiselle *f* 23
magasin *m* 298
magasin à papier 172
magasin d'antiquités *m* 114
magasin d'appareils photos *m* 115
magasin d'objets d'art *m* 115
magasin de chaussures *m* 114
magasin de disques *m* 115
magasin de meubles *m* 115
magasin de produits diététiques *m* 115
magazine *m* 112
magazines *m* 107
magma *m* 283
magnésium *m* 109
magnétoscope *m* 269
mai *m* 306
maillet *m* 275
maillon *m* 36
maillot *m* 222, 251
maillot de bain *m* 238, 265
maillot de rugby *m* 221
main *f* 13, 15
maintenant 304
mairie *f* 299
maïs *m* 122, 130, 184
maison *f* 58
maison de deux étages *f* 58
maison de poupée *f* 75
maison d'habitation *f* 182
maison pliante *f* 75
maître *m* 54
maître de conférence *m* 169
maître nageur *m* 239, 265
maîtrise *f* 169

majeur *m* 15
majorette *f* 220
mal de tête *m* 44
mal d'estomac *m* 44
malachite *f* 288
malade en consultation externe *m* 48
maladie *f* 44
maladie sexuellement transmissible *f* 20
Malaisie 318
Malawi 317
Maldives 318
Mali 317
Malte 316
mamelon *m* 12
mammifères *m* 290
manche *m* 34, 36, 187, 230, 258
manchego *m* 142
manchette *f* 32
mandarine *f* 126
mandat *m* 180
mandat postal *m* 98
mandrin *m* 78
manette *f* 61
manette de chauffage *f* 201
manette de secours *f* 209
manger 64
manger *m* 75
manger sur place 154
mangoustan *m* 128
mangue *f* 128
manicure *f* 41
manioc *m* 124
manivelle *f* 203
mannequin *m* 276
mante religieuse *f* 295
manteau *m* 32, 282
manuel 200
maquereau *m* 120
maquette *f* 190
maquillage *m* 40
maracas *m* 257
marais *m* 285
marathon *m* 234
marbre *m* 288
marchand de hot-dogs *m* 154
marchand de journaux *m* 112
marchand de légumes *m* 114, 188
marchand d'occasion *m* 115
marchande de poissons *f* 188
marché *m* 115
mardi *m* 306
margarine *f* 137
marguerite *f* 110
mari *m* 22
mariage *m* 26, 35
marin *m* 189

français • deutsch

INDEX FRANÇAIS • FRANZÖSISCHES REGISTER

français

marina f 217
mariné 143, 159
marjolaine f 133
Maroc 317
marque f 273
marque de flottaison en charge f 214
marquer 227
marquer un but 223
marron 274
marron m 129
mars m 306
Mars 280
marteau m 80
marteau de forgeron m 187
marteau de porte m 59
marteau-piqueur m 187
marteler 79
martini m 151
mascara m 40
masculin 21
masque m 189, 228, 236, 239, 249
masque de beauté m 41
masque protecteur m 225
massage m 54
mastic m 83
mastiquer 82
mat 83, 271
mât m 240, 266
match m 230
matelas m 70, 74
matelas à langer m 74
matelas pneumatique m 267
matériaux m 79, 187
matériel m 176
matériel de pêche m 245
maternité f 48, 49
mathématiques f 162, 164
matin m
matraque f 94
Mauritanie 317
mauvais 321
mauvais point m 228
mauvaises herbes f 86
maxillaire m 17
mayonnaise f 135
mécanicien m 188
mécanique f 202
mèche f 78
médailles f 235
médecin m 45
médecine f 169
médecine ayurvédique f 55
médias m 178
médicament m 109
médicament multivita-mine m 109
médicament pour la toux m 108
médication f 109

méditation f 54
Méditerranée f 313
médium m 79
méduse f 295
mélanger 67, 138
mêlée f 221
mêlée ouverte f 221
mélèze m 296
mélodie f 259
melon m 127
mémoire f 176
menottes f 94
mensuel 307
menthe f 133
menton m 14
menu m 148
menu du déjeuner m 152
menu du soir m 152
menu enfant m 153
menuisier m 188
mer f 264, 282
mer Baltique f 313
mer Caspienne f 313
mer d'Arabie f 313
mer des Caraïbes f 312
mer du Nord f 312
mer Noire f 313
mer Rouge f 313
mercerie f 105
merci 322
mercredi m 306
mercure m 289
Mercure 280
mère f 22
meringue f 140
merlan m 120
mésosphère f 286
message vocal m 99
messages m 100
mesure f 150, 151
mesure pour les liquides f 311
mesurer 310
mesures f 165
métacarpien m 17
métal m 79
métamorphique m 288
métatarsien m 17
métaux m 289
météore m 280
métier à tisser m 277
mètre m 80, 310
mètre carré m 310
métro m 209
metteur en scène m 254
mettre en pot 91
mettre la table 64
mettre le réveil 71
mettre un tuteur 91
meuble à tiroirs 172
meuble-classeur 172
Mexique 314
mica m 289
micro m 258
micro-ondes m 66
microphone m 179

microscope m 167
midi m 305
miel liquide m 134
miel solide m 134
migraine f 44
mijoter 67
mile m 310
milk-shake m 137
milk-shake à la fraise m 149
milk-shake au chocolat m 149
mille 309
mille m 273
mille neuf cent dix 307
mille neuf cent un 307
mille neuf cents 307
millénaire m 307
mille-pattes m 295
millet m 130
milliard m 309
milligramme m 310
millilitre m 311
millimètre m 310
million m 309
mince 321
minéraux m 289
minerve f 46
minibar m 101
minibus m 197
minijupe f 34
minuit m 305
minute f 304
miroir m 40, 63, 71, 167
mise à la terre f 60
mise au point f 271
missile m 211
mite f 295
mi-temps f 223
mitoyenne 58
mitrailleuse f 189
mixeur m 66
mobile m 74
mocassin m 37
mode f 277
mode d'emploi m 109
modèle m 169
modèles m 199
modélisme m 275
modem m 176
module lunaire m 281
moineau m 292
moins 165
mois m 306
moïse m 74
moissonneuse-batteuse f 182
molaire f 50
Moldavie 316
mollet m 13, 16
Monaco 316
Mongolie 318
moniteur m 53, 75, 172, 176
Monopoly m 272
monorail m 208

Monsieur m 23
mont du lanceur m 228
montagne f 284
montagnes russes f 262
montant m 96
monter une tente 266
montgolfière f 211
montre f 36
monture f 51
monument m 261
monument historique m 261
morceaux de viande m 119
mordre 245
mors m 242
morse m 290
morsure f 46
mortier m 68, 167, 187
morue f 120
mosquée f 300
moteur m 88, 202, 204
moto f 204
moto de course f 205
moto routière f 205
moto tout-terrain f 205
motocross m 249
motonautisme m 241
motoneige f 247
mou 129, 321
mouche f 244, 295
mouchoir m 36
mouette f 292
moufles f 30
mouiller 217
moule f 121, 295
moule à gâteaux f 69
moule à muffins m 69
moule à soufflé m 69
moule à tarte m 69
moulinet m 244
mourir 26
mousse f 141, 148
mousse à raser f 73
mousson f 287
moustiquaire f 267
moustique m 295
moutarde f 155
moutarde anglaise f 135
moutarde en grains f 135
moutarde française f 135
mouton m 185
moyeu m 206
Mozambique 317
mozzarella f 142
muffin m 140
multiplier 165
mur m 58, 186
mûr 129
mûre f 127
muscles m 16
musée m 261
musée d'art m 261
muserolle f 242
musicien m 191
musique f 162

musique classique f 255, 259
musique folk f 259
Myanmar 318
myopie f 51
myrtille f 127

N

naan m 139
nacelle f 95
nage f 239
nage synchronisée f 239
nageoire 290
nageoire dorsale f 294
nageoire pectorale f 294
nager 238
nager sur place 239
nageur m 238
naissance f 52, 53
naître 26
Namibie 317
nappe f 64
narine f 14
natation f 238
nation m 315
natte f 39
naturel 118
naturopathie f 55
nausée f 44
navet m 124
navette f 197
navette spatiale f 281
navigateur m 177
navigateur satellite m 201
naviguer 177, 240
navire m 214
navire de guerre m 215
navire porte-conteneurs m 215
ne pas plier 98
nébuleuse f 280
nectarine f 126
négatif m 271
négligé m 35
neige f 287
neige fondue f 286
néoclassique 301
Népal 318
Neptune 280
nerf m 50, 19
nerf optique m 51
nerveux 19, 25
nettoyer 77
nettoyeur m 188
neuf 308, 321
neuf cents 308
neurologie f 49
neutre 60
neuvième 309
neveu m 23
nez m 14, 210
Nicaragua 314
nickel m 289
nièce f 23
Niger 317

334

français • deutsch

INDEX FRANÇAIS • FRANZÖSISCHES REGISTER

Nigéria 317
niveau m 80
niveau à bulle m 187
Noël m 27
nœud papillon m 36
noir 39, 272, 274
noir m 148
noisette f 129
noix f 129, 151
noix de cajou f 129, 151
noix de coco f 129
noix de muscade f 132
noix du Brésil f 129
noix et les fruits secs f, m 129
noix pacane f 129
nombres m 308
nombril m 12
non 322
non gazeux 144
non pasteurisé 137
non salé 137
nord m 312
normal 39
Norvège 316
notation f 256
note f 163, 256
notes f 191
nougat m 113
nouilles f 158
nourriture f 118, 130, 149
nourriture pour animaux f 107
nouveau-né m 53
Nouvel An m 27
nouvelle lune f 280
nouvelles f 178
Nouvelle-Zélande 319
novembre m 306
noyau externe m 282
noyau interne m 282
nuage m 287
nuageux 286
nuit f 305
numérateur m 165
numérique 269
numéro m 226
numéro de bus m 196
numéro de chambre m 100
numéro de compte m 96
numéro de la porte d'embarquement m 213
numéro de voie m 208
numéro de vol m 213
nuque f 13
nylon m 277

O
O.R.L. f 49
objectif m 270
objet exposé m 261
observation des oiseaux f 263
obsidienne f 288
obstacle m 243
obstacle d'eau m 232
obstétricien m 52
obtenir sa licence 26
occupé 99
océan m 282
océan Arctique m 312
océan Atlantique m 312
océan Austral m 313
océan Indien m 312
océan Pacifique m 312
octobre m 306
octogone m 164
oculaire m 167, 269
odomètre m 201
œil m 14, 51
œillet m 37, 110, 244, 276
œsophage m 19
œuf à la coque m 137, 157
œuf de caille m 137
œuf de cane m 137
œuf de poule m 137
œuf d'oie m 137
œuf sur le plat m 157
œufs m 137
œufs brouillés m 157
officier de police m 94
officine f 108
oie f 119, 293
oignon m 124
oiseaux m 292
okra m 122
olive fourrée f 143
olive noire f 143
olive verte f 143
olives f 151
Oman 318
omelette f 158
omoplate f 17
once f 310
oncle m 22
oncologie f 49
ondes courtes f 179
ondes moyennes f 179
ongle m 15
ongle du pied m 15
onyx m 289
onze 308
onzième 309
opale f 288
opéra m 255
opération f 48
ophtalmologie f 49
opticien m 51, 189
or m 235, 289
orage m 287
orange 274
orange f 126
orangeade f 144
orbite f 280
orchestre m 254, 256
orchidée f 111
ordinateur 172

ordinateur m 176
ordonnance f 45
ordre du jour m 174
oreille f 14
oreiller m 70
oreillons m 44
organes de reproduction m 20
organes génitaux 12
orge f 130, 184
orientation d'un patient m 49
origami m 275
origan m 133
orme m 296
ornemental 87
ornements de jardin m 84
orteil m 15
orthopédie f 49
ortie f 297
os m 17, 119
oseille f 123
ostéopathie f 54
otarie f 290
ouatage m 277
ouest m 312
Ouganda m 317
oui 322
ouïe f 294
ouragan m 287
ourlet m 34
ours m 291
ours blanc m 291
ours en peluche m 75
outils m 187
outils de jardin m 88
ouvert 260, 321
ouverture f 256
ouvrages recommandés m 168
ouvre-boîte m 68
ouvre-bouteille m 68, 150
Ouzbékistan 318
ovaire m 20
ovale m 164
over par m 233
ovulation f 20, 52
ovule m 20

P
P.C.V. m 99
pagaie f 241
paie f 175
paiement m 96
paillasson m 59
paille f 144, 154
paille de fer f 81
pailler 91
pain m 139, 157, 311
pain au bicarbonate de soude m 139
pain au levain m 139
pain aux graines m 139
pain aux raisins secs m 139

pain bis m 139, 149
pain blanc m 138, 139
pain complet m 139
pain de maïs m 139
pain de seigle m 138
pain de son m 139
pain perdu m 157
pain plat m 139
pain tranché m 138
pains m 138
Pakistan 318
palais m 19
pale de rotor f 211
palet m 224
palette f 186, 274
palier m 59
palisser 91
palme f 239
palmier m 86, 296
pamplemousse m 126
panais m 125
Panama 314
pancréas m 18
panda m 291
panier m 106, 207, 226
panier à jouets m 75
panier à linge m 76
panier à pique-nique m 263
panier de jardinier m 88
panier de pêche m 245
panier suspendu m 84
panne f 195, 203
panneau m 226
panneau d'affichage 173
panneau de signalisation m 298
panneaux routiers m 195
pansement m 47
pantalon m 32, 34
pantalon de jogging m 33
pantoufles f 31
paon m 293
papaye f 128
papeterie f 105
papier cache m 83
papier d'apprêt m 83
papier de verre m 81, 83
papier filtre m 167
papier gaufré m 83
papier mâché m 275
papier peint m 82, 177
papillon m 239, 295
Papouasie-Nouvelle-Guinée 319
paprika m 132
Pâque f 27
paquebot m 215
pâquerette f 297
Pâques f 27
paquet m 311
paquet de cigarettes m 112
par m 233
par avion 98

parachute m 248
parachutisme m 248
Paraguay 315
parallèle 165
parallélogramme m 164
parapente m 248
parapluie m 36, 233
parasol m 264
parc m 75, 261, 262
parc d'attractions m 262
parc national m 261
parcomètre m 195
pare-brise m 198, 205
pare-chocs m 198
parents m 23
pare-vent m 265
pardon 322
parfum m 41
parfumé 130
parfumerie f 105
pari m 273
parking m 298
parking réservé aux personnes handicapées m 195
parmesan m 142
paroles f 259
partenaire m, f 23
parterre m 85, 90
partie fumeur f 152
partie non-fumeur f 152
partir du tee 233
partition f 255, 256
pas m 243
passage clouté m 195
passage inférieur m 194
passager m 216
passe f 226
passeport m 213
passerelle f 212, 214
passoire f 68
pastels m 274
pastèque f 127
pasteurisé 137
pastille pour la gorge f 109
patate douce f 125
pataugas m 37
pataugeoire f 263
patchwork m 277
pâte f 138, 140
pâté m 142, 156
pâte à choux f 140
pâte à tartiner au chocolat f 135
pâte d'amandes f 141
pâte de filo f 140
pâte feuilletée f 140
pâtes f 158
pâtés en croûte m 143
pathologie f 49
patient m 45
patin à glace m 224, 247
patin à roulettes m 249
patin de frein m 207
patinage m 247

français • deutsch

335

INDEX FRANÇAIS • FRANZÖSISCHES REGISTER

français

patinage à roulettes *m* 249
patinage artistique *m* 247
patinage de vitesse *m* 247
patiner 224
patinoire *f* 224
patio *m* 85
pâtisserie *f* 69, 114, 149
patron *m* 276
paume *f* 15
paupière *f* 51
pause *f* 269
pavé *m* 85
pavillon *m* 58, 232
payer 153
pays *m* 315
paysage *m* 284
paysage 271
Pays-Bas 316
peau *f* 14, 119, 128
peau blanche *f* 126
pêche *f* 126, 128, 244
pêche à la mouche *f* 245
pêche au lancer en mer *f* 245
pêche en eau douce *f* 245
pêche hauturière *f* 245
pêche maritime *f* 245
pêche sous-marine *f* 245
pêche sportive *f* 245
pêcheur *m* 189, 244
pectoral *m* 16
pédale *f* 61, 206
pédale de frein *f* 205
pédaler 207
pédiatrie *f* 48, 49
pédicure *f* 41
pédoncule *m* 297
peigne *m* 38
peigner 38
peignoir *m* 32, 38, 73
peindre 83
peintre *m* 191
peinture *f* 83, 274
peintures à l'huile *f pl* 274
peinture mate *f* 83
pélican *m* 292
pelle *f* 77, 187, 265
pelle à poisson *f* 68
pelle mécanique *f* 187
pellicule *f* 260, 271
pellicules *f* 39
pelote à épingles *f* 276
pelouse *f* 85, 90, 262
penalty *m* 222
pendentif *m* 36
pendule *f* 62
péninsule *f* 282
pénis *m* 21
pension complète *f* 101
pentagone *m* 164
pente de ski *f* 246
pépin *m* 128, 127
pépinière *f* 115

pepperoni *m* 142
percer 79
perceuse électrique *f* 7
perceuse manuelle *f* 81
perceuse rechargeable *f* 78
perche *f* 179, 245
percolateur *m* 148, 150
percussion *f* 257
perdant *m* 273
perdre 273
perdre les eaux 52
père *m* 22
perforateur 173
perfusion *f* 53
pergola *f* 84
péridurale *f* 52
périodique *m* 168
permanente *f* 39
permis de pêche *m* 245
péroné *f* 17
Pérou 315
perpendiculaire 165
perroquet *m* 293
perruque *f* 39
persil *m* 133
personnel *m* 175
pesanteur *f* 280
pèse-bébé *m* 53
peser 310
pesticide *m* 89, 183
pétale *m* 297
petit 321
petit ami *m* 24
petit bassin *m* 239
petit déjeuner *m* 64, 156
petit déjeuner anglais *m* 156
petit enfant *m* 30
petit galop *m* 243
petit gâteau *m* 140
petit orteil *m* 15
petit pain *m* 139, 143, 155
petit pain américain *m* 139
petit pain rond *m* 139
petit pois *m* 122
petite aiguille *f* 304
petite amie *f* 24
petite fourche *f* 89
petite voiture *f* 199
petite-fille *f* 22
petit-fils *m* 22
petits pois *m* 131
petits-enfants *m* 23
pétrir 138
pétrolier *m* 215
peuplier *m* 296
peut-être 322
phare *m* 198, 205, 207, 217
pharmacien *m* 108
pharmacienne *f* 189
pharynx *m* 19
philatélie *f* 273

Philippines 319
philosophie *f* 169
phoque *f* 290
photo *f* 271
photocopier 172
photocopieur 172
photo-finish *m* 234
photographe *m* 191
photographie *f* 270
photographier 271
physalis *f* 128
physique *f* 162, 169
piano *m* 256
piano électronique *m* 258
pic *m* 292
piccolo *m* 257
pichet *m* 151
pichet à mesurer *m* 311
pick-up *m* 258
pièce *f* 97, 272
pièce jointe *f* 177
pièce de théâtre *f* 254
pièces rendues *f pl* 99
pied *m* 12, 15, 310
pied carré *m* 310
pied du lit *m* 71
pierre *f* 36, 275
pierre à aiguiser *f* 81
pierre de lune *f* 288
pierre ponce *f* 73, 288
pieuvre *f* 121, 295
pigeon *m* 292
pignon *m* 129, 207, 300
pile *f* 78, 167
piles *f* 260
pilon *m* 68, 167
pilote *m* 190, 211
pilule *f* 21
piment *m* 124, 132, 143
pin *m* 296
pince *f* 166, 167
pince à cheveux *f* 38
pince à dénuder *f* 81
pince à dessin 173
pince à épiler *f* 40
pince à linge *f* 76
pince coupante *f* 80
pince crocodile *f* 167
pince fine *f* 47, 167
pince plate *f* 80
pince pour le nez *f* 238
pince universelle *f* 80
pinceau *m* 40, 274
pinceau à lèvres *m* 40
pinceau à pâtisserie *m* 69
pinces *f* 150
pingouin *m* 292
pinte *f* 311
pioche *f* 187
pion *m* 272
pipe *f* 112
pipette *f* 167
pique *m* 273
pique-nique *m* 263
piquer 90
piquet *m* 225, 266
piqûre *f* 46

piscine *f* 101, 238, 250
pissenlit *m* 123, 297
pistache *f* 129
piste *f* 212, 234
piste cavalière *f* 263
piste cyclable *f* 206
piste de ski *f* 246
pistolet *m* 94
pistolet à colle *m* 78
pita *m* 139
pivoine *f* 111
pizza *f* 154
pizzeria *f* 154
placard *m* 66
place *f* 299
placenta *m* 52
places 211
placeur *m* 255
plafond *m* 62
plage *f* 264
plaidoyer *m* 180
plaine *f* 285
plainte *f* 94
plan *m* 261
plan de métro *m* 209
plan de travail *m* 66
planche *f* 238, 241
planche à hacher *f* 68
planche à repasser *f* 76
planche à roulette *f* 249, 263
planche à voile *f* 241
planche de surf 241
planches *f* 85
planchiste *m* 241
planète *f* 280, 282
planeur *m* 211, 248
plante à fleurs *f* 297
plante alpestre *f* 87
plante aquatique *f* 86
plante d'ombre *f* 87
plante du pied *f* 15
plante en pot *f* 87, 110
plante grasse *f* 87
plante grimpante *f* 87
plante rampante *f* 87
planter 183
plantes *f* 296
plantes de jardin *f* 86
plaque *f* 50, 283
plaque à gâteaux *f* 69
plaque d'immatriculation *f* 198
plat à gratin *m* 69
plat à rôtir *m* 69
plat principal *m* 153
plateau *m* 152, 154, 178, 284, 310
plateau de desserts *m* 152
plateau à petit déjeuner *m* 101
platine *m* 289
platine *f* 167, 276
platine magnétophone *f* 268

plâtre *m* 83
plâtrer 82
plats *m* 153
plats cuisinés *m* 107
plein 321
pleine lune *f* 280
pleurer 25
plomb *m* 244
plombage *m* 50
plomberie *f* 61
plombier *m* 188
plongée *f* 239
plongeon *m* 239
plongeon de haut vol *m* 239
plonger 238
plongeur *m* 238
plot de départ *m* 238
pluie *f* 287
plume *f* 163, 293
plus 165
plus tard 304
Pluton 280
pneu *m* 198, 205, 206
poche *f* 32, 293
pocher 67
pochoir *m* 83
podium *m* 235, 256
poêle *f* 69
poids *m* 166, 250
poids de naissance *m* 53
poignée *f* 196, 200
poignées *f* 37
poignet *m* 13, 15, 230
poing *m* 15, 237
point *m* 228, 273, 277
pointe *f* 37, 122, 246
pointes *f* 233
points de suture *m* 52
poire *f* 127
poireau *m* 125
pois *m* 131
pois cassés *m* 131
pois chiches *m* 131
poisson *m* 107, 120
poisson avec des frites *m* 155
poisson fumé 143
poisson rouge *m* 294
poissonnerie *f* 114, 120
poissons *m* 294
poitrine *f* 12
poivre *m* 64, 152
poivre de la Jamaïque *f* 132
poivron *m* 124
poker *m* 273
pôle *m* 282
pôle nord *m* 283
police *f* 94
police de charactères *f* 177
policier *m* 94, 189
polo *m* 243
Pologne 316
polyester *m* 277

336

français • deutsch

INDEX FRANÇAIS • FRANZÖSISCHES REGISTER

français

pommade f 47, 109
pomme f 126
pomme d'Adam f 19
pomme de terre f 124
pomme de terre nouvelle f 124
pommeau m 242
pommeau de douche m 72
pommes f 89
pompe f 199, 207
pompe à bière f 150
pompe à lait f 53
pompier m 189
pompiers m 95
poncer 82
ponceuse f 78
pont m 214, 300
pont arrière m 214
pont de commandement m 214
pont de côté m 240
pop f 259
pop-corn m 255
porc m 118
porcelaine f 105
porcelet m 185
porche m 58
porcherie f 185
pore m 15
porridge m 157
port m 176, 214, 216, 217
port de conteneurs m 216
port de passagers m 216
port de pêche m 217
portable m 99, 176
portable m
portail m 85
porte f 196, 198, 209, 247
porte automatique f 196
porte d'entrée f 58
porte de douche f 72
porte vitrée f 59
porte-avions m 215
porte-bagages m 204, 209, 212
porte-bébé m 75
porte-crayons 172
porte-dossiers 173
portée f 256
portefeuille m 37, 97
porte-fusibles m 203
porte-monnaie m 37
porte-objet m 167
porte-outils m 78
porte-parapluies m 59
porte-savon m 73
porte-serviettes m 72
porteur m 100
portillon m 209
portion f 64
porto m 145
Porto Rico 314

portrait 271
portrait-robot m 181
Portugal 316
pose f 271
posemètre m 270
poser 82
position f 232
posologie f 109
poste f 98
poste de péage m 194
poste de police m 94
poste d'incendie m 95
postier m 98
pot m 65, 74, 134, 311
pot à fleurs m 89
pot d'échappement m 204
pot de peinture m 83
pot d'échappement m 203
potage m 158
potager m 85, 182
poteau m 220, 222
poterie f 275
pot-pourri m 111
poubelle f 61, 67, 177
pouce m 15, 310
poudre f 40, 77, 109
poudre de curry f 132
poudrier m 40
poulailler m 185
poulain m 185
poule f 185
poulet m 119
poulet frit m 155
poulet préparé m 119
pouls m 47
poumon m 18
poupée f 75
pour 320
pourcentage m 165
pourri 127
poussette f 75
poussin m 185
poutre f 186, 235
prairie f 285
pré m 182, 285
prélèvement m 96
prématuré 52
premier 309
premier étage m 104
première f 254
premiers secours m 47
prémolaire f 50
prénatal 52
prendre au filet 245
prendre des notes 163
prendre la mer 217
prendre sa retraite 26
prendre un bain 72
prendre un bain de soleil 264
prendre une douche 72
préparation f 159
préparé 121
prépuce m 21

près de 320
presbytie f 51
présentateur m 178, 191
présentation f 174
présentatrice f 179
présider 174
presse-ail m 68
presse-pied m 276
presse-purée m 68
pressing m 115
pression des pneus f 203
prêt m 96, 168
preuve f 181
prie 321
primevère f 297
principauté f 315
printemps m 307
prise f 60, 237
prise de courant f 60
prise maladroite du ballon f 220
prison f 181
prix m 152, 209
prix d'entrée m 260
prix des actions m 97
prix du ticket m 197
problèmes m 271
produit anti-insecte m 108
produits à tartiner m 134
produits d'entretien m 107
produits laitiers m 136
produits surgelés m 107
professions f 188, 190
profondeur f 165
programmation f 178
programme m 176, 254
projecteur m 174, 259
projection f 237
prolongation f 223
promenade f 265
promotions f 106
propager 91
proposition f 174
propriétaire m 58
prosciutto m 143
prostate f 21
protections f 220
protège-barreaux m 74
protège-dents m 237
protège-slip m 108
protège-tête m 236
proue f 215
province f 315
provisions f 106
prune f 126
pruneau m 129
psychiatrie f 49
psychothérapie f 55
public m 254
publicité f 269
pullover m 33
pulpe f 124, 127
pulvérisateur m 311
punaise 173

punching-ball m 237
pupille f 51
pupitre m 162
putter 233
putter m 233
puzzle m 273
pyjama m 30, 33
pyramide f 164

Q

Qatar 318
quadriceps m 16
quai m 208, 216
quarante 308
quarante minutes 304
quarantième 309
quart d'heure 304
quartier m 126
quartz m 289
quatorze 308
quatorzième 309
quatre 308
quatre cents 308
quatre-quatre f 199
quatre-vingts 308
quatre-vingt-dix 308
quatre-vingt-dixième 309
quatre-vingtième 309
quatrième 309
question f 163
questionner 163
queue f 121, 210, 242, 280, 290, 294
queue de cheval f 39
quiche f 142
quille f 214, 249
quincaillerie f 114
quinoa m 130
quinze 308
quinze jours 307
quinzième 309

R

rabot m 81
raboter 79
racine f 50, 124, 296
racines f 39
racler 77
racquetball m 231
radar m 214, 281
radeau de sauvetage m 240
radiateur m 60, 202
radicchio m 123
radio f 48, 50, 179, 268
radio dentaire f 50
radiologie f 49
radio-réveil m 70
radis m 124
radius m 17
rafraîchir 39
rafting m 241
rage de dents f 50
ragoût m 158
raide 39
raie f 120, 294

raifort m 125
rail m 208
rail conducteur m 209
raisin de Corinthe m 129
raisin de Smyrne m 129
raisin sec m 129
rallonge f 78
rallye m 249
RAM f 176
ramadan m 26
ramasseur de balles m 231
rambarde f 59
rame f 241
ramener 245
ramequin m 69
ramer 241
rameur m 241
rampe f 59
rampe de lancement f 281
ramure f 291
randonnée f 243, 263
rang de perles m 36
rangée f 210, 254
rap m 259
râpe f 68
râper 67
rapide 321
rapide m 209
rapides m 240, 284
rappel m 248
rapport m 174
rapporteur m 165
rapports sexuels m 20
raquette f 230, 231
rasage m 73
rasoir électrique m 73
rasoir jetable m 73
rassasié 64
rat m 290
rate f 18
râteau m 88
ratisser 90
raton laveur m 290
rayon m 164, 207
rayon bagages m 104
rayon chaussures m 104
rayon enfants m 104
rayons m 168
rayons ultraviolets m 286
réacteur m 210
réanimation f 47
rebond m 227
réception f 100
réceptionniste m 100, 190
receveur m 229
recevoir 177
réchaud m 269
réchauffer 154
recherche f 169
récif de corail m 285
récipient m 311
récipient Petri m 166
récolter 91, 183
record m 234

français • deutsch

337

INDEX FRANÇAIS • FRANZÖSISCHES REGISTER

français

record personnel *m* 234
rectangle *m* 164
rectum *m* 21
reçu *m* 152
rédaction *f* 163
rédactrice *f* 191
redressement assis *m* 251
réduire 172
réflecteur *m* 204
reflets *m* 39
réflexologie *f* 54
réfrigérateur *m* 67
réfrigérateur-congélateur *m* 67
refroidissement *m* 44
regarder la télévision 269
reggae *m* 259
région *f* 315
registre *m* 100
réglage de l'allumage *m* 203
réglage du temps de pose *m* 270
règle *f* 163, 165
régler 179
régler la radio 269
règles *f* 20
réglisse *f* 113
régulateur *m* 239
reiki *f* 55
rein *m* 18
relais *m* 235
relations *f* 24
relaxation *f* 55
remorque *f* 266
remorquer 195
remorqueur *m* 215
remplaçant *m* 223
remplacement *m* 223
remuer 67
Renaissance 301
renard *m* 290
rendez-vous *m* 45, 175
rênes *f* 242
renoncule *f* 297
renouveler 168
renseignements *m* 99, 168
rentrée en touche *f* 223, 226
renvoyé 48
repas *m* 64, 158
repas de noces *m* 26
répasser 76
répondeur *m* 99
répondre 163
réponse *f* 163
reporter *f* 179
repose-tête *m* 200
repriser 277
reproducteur 19
reproduction *f* 20
reptiles *m* 293
République centrafricaine 317

République démocratique du Congo 317
République dominicaine 314
République tchèque 316
requin *m* 294
réseau *m* 176
réseau d'électricité *m* 60
réseau ferroviaire *m* 209
réserve *f* 262
réserver 168
réservoir *m* 61
réservoir d'huile *m* 204
réservoir de lave-glace *m* 202
réservoir de liquide de freins *m* 202
réservoir de liquide de refroidissement *m* 202
réservoir d'essence *m* 203, 204
résidence universitaire *f* 168
résistance *f* 61
respiration *f* 47
respiratoire 19
ressort *m* 71
restaurant *m* 101, 152
restaurant rapide *m* 154
restaurant universitaire *m* 168
restauration rapide *f* 154
résultat *m* 49
retard *m* 209
rétine *f* 51
retour *m* 231
retour rapide *m* 269
retourner 91
retrait des bagages 213
rétroprojecteur *m* 163
rétroviseur *m* 198
réunion *f* 174
réveil *m* 70
revers *m* 32, 231
revêtement *m* 66, 187
revitalisant capillaire *m* 38
revue *f* 168
rez-de-chaussée *m* 104
rhinocéros *m* 291
rhombe *m* 164
rhubarbe *f* 127
rhum *m* 145
rhum coca *m* 151
rhume *m* 44
rhume des foins *m* 44
richelieu *m* 37
ride *f* 15
rideau *m* 63, 254
rideau de douche *m* 72
rincer 38, 76
ring *m* 237
rire 25
rive *f* 284
rivière *f* 284
riz *m* 130, 158, 184

riz à grains ronds *m* 130
riz blanc *m* 130
riz complet *m* 130
riz sauvage *m* 130
robe *f* 31, 34, 169
robe de chambre *f* 31
robe de mariée *f* 35
robe du soir *f* 34
robinet *m* 61, 66
robinet d'eau chaude *m* 72
robinet d'eau froide *m* 72
robinet de purge *m* 61
robinet de sectionnement *m* 61
robot ménager *m* 66
rocaille *f* 84
rochers *m* 284
roches *f* 288
Rocheuses *f* 312
rococo 301
rodéo *m* 243
rognon *m* 119
roi *m* 272, 273
roller *m* 263
romarin *m* 133
rond de serviette *m* 65
rond-point *m* 195
ronfler 71
roquette *f* 123
rose 274
rose *f* 110
rosé 145
rôti *m* 158
rôtir 67
rotule *f* 17
roue *f* 198, 207
roue arrière *f* 197
roue avant *f* 196
roue de nez *f* 210
roue de secours *f* 203
roue dentée *f* 206
roues d'entraînement *f* 207
rouge 145, 274
rouge à lèvres *m* 40
rougeole *f* 44
rouget barbet *m* 120
rough *m* 232
rouleau *m* 39, 83, 311
rouleau compresseur *m* 187
rouleau de papier hygiénique *m* 72
rouleau de pellicule *m* 271
rouleau à pâtisserie *m* 69
Roumanie 316
round *m* 237
route à quatre voies *f* 195
route d'accès *f* 216
routes *f* 194
roux 39
Royaume-Uni *m* 316
ruban *m* 27, 39, 111, 141, 235

ruban isolant *m* 81
rubis *m* 288
rue *f* 298
rue transversale *f* 299
ruelle *f* 298
rugby *m* 221
ruine célèbre *f* 261
ruisseau *m* 285
rumsteck *m* 119
runabout *m* 214
rustine *f* 207
rutabaga *m* 125
Rwanda 317

S

sable *m* 85, 264
sabot *m* 291
sabot *m* 242
sabre *m* 236
sac *m* 75, 311
sac à bandoulière *m* 37
sac à dos *m* 31, 37, 267
sac à herbe *m* 88
sac à main *m* 37
sac à provisions *m* 106
sac d'appareil photo *m* 271
sac de couchage *m* 267
sac de golf *m* 233
sac de plage *m* 264
sac en plastique *m* 122
sac postal *m* 98, 190
sachet de thé *m* 144
sacs *m* 37
safran *m* 132
sage-femme *f* 53
Sahara *m* 313
Sahara occidental *m* 317
saignement de nez *m* 44
Sainte-Lucie 314
Saint-Kitts-et-Nevis 314
Saint-Marin 316
Saint-Vincent-et-les-Grenadines 314
saisons *f* 306
salade *f* 149
salade composée *f* 158
salade verte *f* 158
salaire *m* 175
salamandre *f* 294
salami *m* 142
salé 118, 121, 129, 137, 143, 155
salle *f* 48
salle à manger *f* 64
salle d'opération *f* 48
salle d'attente *f* 45
salle de bain *f* 72
salle de bain privée *f* 100
salle de cinéma *f* 255
salle de classe *f* 162
salle de conférence *f* 174
salle de cours *f* 169
salle de départ *f* 213
salle de lecture *f* 168
salle de sport *f* 101

salle de tribunal *f* 180
salle des moteurs *f* 214
salle des urgences *f* 48
salon *m* 62
salon de coiffeur *m* 115
salopette *f* 30
salto *m* 235
samedi *m* 306
sandale *f* 37
sandales *f* 31
sandwich *m* 155
sandwich grillé *m* 149
sandwich mixte *m* 155
sangle *f* 242
sans 320
sans arêtes 121
sans bretelles 34
sans connaissance 47
sans manches 34
sans matières grasses 137
sans peau 121
sans pépins 127
sans plomb 199
santé *f* 44
Sao Tomé-et-Principe 317
sapeurs-pompiers *m* 95
saphir *m* 288
Sardaigne 316
sardine *f* 120
sas d'équipage *m* 281
satellite *m* 281
satsuma *f* 126
Saturne 280
sauce *f* 134, 143, 155
saucisse *f* 155, 157
saucisses *m* 118
saucisson piquant *m* 142
sauf 228
sauge *f* 133
saule *m* 296
saumon *m* 120
sauna *m* 250
saut *m* 235, 237, 243, 247
saut à l'élastique *m* 248
saut à la corde *m* 251
saut à la perche *m* 234
saut en chute libre *m* 248
saut en hauteur *m* 235
saut en longueur *m* 235
sauté 159
sauté *m* 158
sauter 227
sauterelle *f* 295
sauvegarder 177
sauver 223
savon *m* 73
saxophone *m* 257
scalpel *m* 81, 167
scanner *m* 176
scanographie *f* 48
scaphandre spatial *m* 281
scarabée *m* 295

338   **français** • deutsch

INDEX FRANÇAIS • FRANZÖSISCHES REGISTER

français

scène f 254, 258
schiste m 288
scie à chantourner f 81
scie à dosseret f 81
scie à main f 89
scie circulaire f 78
scie égoïne f 80
scie sauteuse f 78
science f 166
sciences f 162
sciences économiques f 169
sciences politiques f 169
scientifique m 190
scier 79
scooter m 205
score m 220
scorpion m 295
scotch 173
scotch à l'eau m 151
Scrabble m 272
scrotum m 21
sculpter 79
sculpteur m 191
sculpture f 275
sculpture sur bois f 275
se coucher 71
se faire des amis 26
se lever 71, 139
se marier 26
se mettre à quai 217
se noyer 239
se réveiller 71
seau m 77, 82, 265
seau à glace m 150
sec 39, 41, 130, 145, 286, 321
sécateur m 89
s'échauffer 251
séché 129, 143, 159
sèche-cheveux m 38
sèche-linge m 76
sécher 38, 76
seconde f
secrétariat m 168
section f 282
sécurité f 75, 212, 240
sédatif m 109
sédimentaire 288
seiche f 121
sein m 12
seize 308
seizième 309
sel m 64, 152
sélecteur de point m 276
selle f 204, 206, 242
selle de femme f 242
semaine f 306
semaine dernière 307
semaine prochaine 306
semelle f 37
semer 90, 183
semis m 91
semoule f 130
s'endormir 71
Sénégal 317

sens interdit 195
sensible 41
sentier m 262
s'entraîner 251
sept 308
sept cents 308
septembre m 306
septième 309
Serbie-Monténégro 316
seringue f 109, 167
serpent m 293
serre f 85
serre-joint m 78
serre-tête m 38
serrure f 59
serrure de sécurité f 75
serveur m 148, 176
serveur d'accès m 177
serveuse f 191
service m 231
service après-vente m 104, 175
service compris 152
service de blanchisserie m 101
service de ménage m 101
service de messagerie m 99
service de prêt m 168
service de ressources humaines m 175
service de santé m 168
service de
   soins intensifs m 48
service des ventes m 175
service d'étage m 101
service du contentieux m 175
service marketing m 175
service non compris 152
services m 49
services d'urgence m 94, 99
serviette f 37, 65, 73, 152
serviette antiseptique f 47
serviette de bain f 73
serviette de plage f 265
serviette en papier f 154
serviette hygiénique f 108
serviettes f 73
servir 64
set m 230
set de table m 64
s'évanouir 25, 44
shaker à cocktails m 150
shampoing m 38
sherry f 145
shiatsu m 54
shooter 223
short m 33
Sibérie f 313
Sicile 316

siècle m 307
siège m 52, 61, 209, 210, 242
siège arrière m 200, 204
siège d'enfant m 198, 207
siège des toilettes m 72
siège du conducteur m 196
siège social m 175
Sierra Leone 317
signal m 209
signalisations f 194
signature f 96, 98
s'il vous plaît 322
silence m 256
silencieux m 203, 204
silex m 288
sillet m 258
sillon m 183
silo m 183
simple m 230
simple 151
Singapour 319
singe m 291
sinus m 19
sirène f 94
sirop m 109
sirop d'érable m 134
site web m 177
six 308
six cents 308
sixième 309
ski m 241, 246
ski alpin m 247
ski de randonnée m 247
ski nautique m 241
skieur nautique m 241
skieuse f 246
slalom m 247
slalom géant m 247
slice m 230
slip m 33, 35
slip de bain m 238
Slovaquie 316
Slovénie 316
smash m 231
snack m 148
soap-opéra m 178
société f 175
soda m 144
sœur f 22
soigner 91
soin dentaire m 108
soin du visage m 41
soins de beauté m 41
soins de bébé m 74, 104
soins de la peau m 108
soir m 305
soixante 308
soixante-dix 308
soixante-dixième 309
soixantième 309
sol m 62, 71, 85
soldat m 189
sole f 120

soleil m 280, 286
solides m 164
soluble 109
solution désinfectante f 51
solution nettoyante f 51
solvant m 83
Somalie 317
sommet m 165, 284
somnifère m 109
son m 130
sonate f 256
sonde f 50
sonnette f 59, 197
sorbet m 141
sortie f 61, 75, 210
sortie de secours f 210
Soudan 317
souder 79
soudure f 79, 80
soufflé m 158
souffler 141
soufre m 289
soupape de sûreté f 61
soupe f 153
soupirer 25
sourcil m 14, 51
sourire m 25
souris f 176, 290
sous 320
sous tension 60
sous-exposé 271
sous-marin m 215
sous-sol m 58, 91
sous-vêtements m 32
sous-vêtements thermiques m 35, 267
soutien-gorge m 35
soutien-gorge d'allaitement m 53
souvenirs m 260
sparadrap m 47
spatule f 68, 167, 275
spécialiste m 49
spécialités f 152
spectateurs m 233
sperme m 20
sphère f 164
sportif m 191
sports m 220, 236
sports aquatiques m 241
sports d'hiver m 247
sports de combat m 236
spray m 109
spray contre
   les insectes m 267
sprinter m 234
squash m 231
squelette m 17
Sri Lanka 318
stade m 223
stades m 23
starting block m 234
statif m 166
station de radio f 179

station de taxis f 213
station spatiale f 281
station-service f 199
statuette f 260
steeple m 243
sténographe m 181
stéréo 269
stéréo f 201
stérile 47, 20
stérilet m 21
sternum m 17
stéthoscope m 45
store m 63, 148
store vénitien m 63
stratosphère f 286
stress m 55
stuc m 63
studio d'enregistrement m 179
studio de télévision m 178
styles m 239, 301
styles de jardin m 84
styles de musique m 259
styliste m 277
stylo m 163
succursale f 175
sucette f 113
sucré 124, 127, 155
sud m 312
Suède 316
Suisse f 316
sumo m 237
superficie f 310
supermarché m 106
supplément m 55
support m 88, 166, 187, 268
suppositoire m 109
sur 320
surexposé 271
surf m 241
surf des neiges m 247
surface de but f 221, 223
surface de réparation f 223
surfeur m 241
surgelé 121, 124
Surinam 315
surpris 25
survêtement m 31, 32
suspect m 94, 181
suspension f 203, 205
Swaziland 317
sweat-shirt m 33
swing d'essai m 233
swing en arrière m 233
symphonie f 256
synagogue f 300
synthétique 31
Syrie 318
système m 176
système solaire m 280
systèmes domestiques m 60
systèmes du corps m 19

français • deutsch

339

INDEX FRANÇAIS • FRANZÖSISCHES REGISTER

français

T

tabac *m* 112, 184
table *f* 64, 148
table à encoller *f* 82
table basse *f* 62
table de cuisson *f* 67
table de cuisson vitrocéramique *f* 66
table de mixage *f* 179
table de nuit *f* 70
table du petit déjeuner *f* 156
tableau *m* 62, 162, 261, 274
tableau à feuilles mobiles *m* 174
tableau de bord *m* 201
tableau des points *m* 225
tablette *f* 109, 210
tablette de cheminée *f* 63
tablette de chocolat *f* 113
tablier *m* 30, 69
tabouret de bar *m* 150
tache de rousseur *f* 15
tacler 220, 223
taco *m* 155
Tadjikistan 318
taekwondo *m* 236
taï chi *m* 236
taie d'oreiller *f* 71
taille *f* 12
taille-crayon *m* 163
tailler 90
tailleur *m* 115
Taiwan 319
talc *m* 73
talon *m* 13, 15, 37, 96
tambour *m* 245, 257
tamis *m* 89
tamiser 91, 138
tampon *m* 108
tampon de la poste *m* 98
tampon encreur 173
tandem *m* 206
tangelo *m* 126
tante *f* 22
Tanzanie *f* 317
tapis *m* 54, 63, 71, 235
tapis de bain *m* 72
tapis de sol *m* 267
tapis roulant *m* 106, 212, 250
tapisser 82
tapisserie *f* 277
tapissier décorateur *m* 82
taquet *m* 240
tard 305
tarif *m* 154, 199
tarif d'affranchissement *m* 98
taro *m* 124
tarte *f* 141

tarte à la crème *f* 141
tarte aux fruits *f* 140
tas de compost *m* 85
Tasmanie 319
tasse *f* 75
tasse à café *f* 65
tasse à thé *f* 65
tatouage *m* 41
taureau *m* 185
taux d'intérêt *m* 96
taux de change *m* 97
Tchad 317
techniques *f* 79
tee *m* 233
teint *m* 41
teint 39
teinture de cheveux *f* 40
télécabine *f* 246
télécharger 177
télécommande *m* 269
télégramme *m* 98
téléphone 172
téléphone *m* 99
téléphone à carte *m* 99
téléphone à pièces *m* 99
téléphone de secours *m* 195
téléphone sans fil *m* 99
téléphoniste *m* 99
téléprompteur *m* 179
télescope *m* 281
télésiège *m* 246
télévision *f* 268
télévision 16/9ème *f* 269
télévision par câble *f* 269
témoin *m* 180
tempe *f* 14
température *f* 286
tempête *f* 286
temple *m* 300
temps *m* 234, 286
temps libre *m* 254, 258, 264
temps mort *m* 220
tendon *m* 17
tendon d'Achille *m* 16
tendon du jarret *m* 16
tennis *m* 230
tennis de table *m* 231
tensiomètre *m* 45
tension *f* 44, 60
tente *f* 267
tenue de foot *f* 31
téquila *f* 145
térébenthine *f* 83
terminal *m* 212
terminal de ferrys *m* 216
termite *f* 295
terrain *m* 220, 222, 226, 228, 234
terrain de camping *m* 266
terrain de cricket *m* 225
terrain de golf *m* 232
terrain de jeux *m* 263
terrain de rugby *m* 221

terrain de sport *m* 168
terrasse de café *f* 148
terrasse de café *f* 148
terre *f* 85, 282
Terre *f* 280
terreau *m* 88
terre-plein *m* 194
terres cultivées *f* 182
territoire *m* 315
test de grossesse *m* 52
testicule *m* 21
têtard *m* 294
tête *f* 12, 19, 81, 230
tête du lit *f* 70
tétine *f* 75
texte *m* 254
texto *m* 99
Thaïlande 318
thé *m* 144, 149, 184
thé au citron *m* 149
thé au lait *m* 149
thé glacé *m* 149
thé noir *m* 149
thé vert *m* 149
théâtre *m* 254, 299
théière *f* 65
thénar *m* 15
thérapeute *f* 55
thérapie de groupe *f* 55
thérapies alternatives *f* 54
thermomètre *m* 44, 167, 201
thermos *m* 267
thermosphère *f* 286
thermostat *m* 61
thèse *f* 169
thon *m* 120
thriller *m* 255
thym *m* 133
thyroïde *f* 18
tibia *m* 12, 17
ticket *m* 197
tiebrake *m* 230
tige *f* 111, 297
tige de verre *f* 167
tigre *m* 291
tilleul *m* 296
timbale *f* 257
timbre *m* 98
timbres *m* 112
timide 25
Timor oriental 319
tir à cible *m* 249
tir à l'arc *m* 249
tire-bouchon *m* 150
tirer 227, 251
tiroir *m* 66, 70, 172
tisane *f* 149
tissage *m* 277
tissu *m* 276, 277
titre *m* 168
titres *m* 23, 97
toast *m* 157
toboggan *m* 263
Togo *m* 317

toile *f* 274
toile de fond *f* 254
toile métallique *f* 167
toilettes *f* 72, 104, 266
toise *f* 45
toit *m* 58, 203
toit ouvrant *m* 202
tomate *f* 125, 157
tomate cerise *f* 124
tomber amoureux 26
ton *m* 41, 256
tondeuse *f* 88, 90
tondeuse à gazon *f* 90
tondre 90
tong *f* 37
tonic *m* 144
tonique *m* 41
tonne *f* 310
tonnerre *m* 286
topaze *m* 288
topiaire *f* 87
topinambour *m* 125
toque *f* 190
tornade *f* 287
tortue *f* 293
tortue marine *f* 293
tôt 305
touche *f* 176
tour *m* 272, 301
tour de batte *m* 228
tour de contrôle *f* 212
tour de potier *m* 275
tour de surveillance *f* 265
tourelle *f* 300
tourelle de commandement *f* 215
tourisme *m* 260
touriste *m* 260
tourmaline *f* 288
tourne-disque *m* 268
tourner 79
tournesol *m* 184, 297
tournevis *m* 80
tournevis cruciforme *m* 81
tournois *m* 233
tourte *f* 158
tourtière *f* 69
tout droit 260
toux *f* 44
trachée *f* 18
tracteur *m* 182
traction *f* 251
traction pour les jambes *f* 251
train *m* 208
train à grande vitesse *m* 208
train à vapeur *m* 208
train d'atterrissage *m* 210
train de marchandises *m* 208
train diesel *m* 208
train électrique *m* 208
traîne *f* 35
traîneau à chiens *m* 247

traire 183
tram *m* 208
tramway *m* 196
tranche *f* 119, 121, 139, 140
tranche de lard *f* 119
transat *m* 265
transfert *m* 223
transformateur *m* 60
transmission *f* 202
transplanter 91
transport *m* 194
trapèze *m* 16, 164
traumatisme crânien *m* 46
travail 172
travaux *m* 187, 195
traveller *m* 97
trèfle *m* 273, 297
treillis *m* 84
treize 308
treizième 309
tremblement *m* 283
tremplin *m* 235, 238
trente 308
trentième 309
trépied *m* 166, 270, 281
très chaud 286
triangle *m* 164, 257
triceps *m* 16
tricot *m* 277
tricot de corps *m* 33, 35
trimestre *m* 52
Trinité-et-Tobago 314
triste 25
trognon *m* 122, 127
trois 308
trois cents 308
troisième 309
trolleybus *m* 196
trombone *m* 257
trombone 173
trompe *f* 291
trompe de Fallope *f* 20
trompette *f* 257
tronc *m* 296
tropique du cancer *m* 283
tropique du capricorne *m* 283
tropiques *f* 283
troposphère *f* 286
trop-plein *m* 61
trot *m* 243
trotteuse *f* 304
trottoir *m* 298
trou *m* 232
trou en un *m* 233
trou noir *m* 280
troupeau *m* 183
trousse *f* 163
trousse de premiers secours *f* 47
trouver un emploi 26
truelle *f* 187

340   français • deutsch

INDEX FRANÇAIS • FRANZÖSISCHES REGISTER

truffe f 113, 125
truite f 120
truite arc-en-ciel f 120
T-shirt m 30, 33
tuba m 239, 257
tube m 230, 311
tube porte-selle m 206
tuile f 58, 187
tulipe f 111
Tunisie f 317
turbocompresseur m 203
Turkmenistan 318
Turquie f 316
turquoise f 289
tuteur m 90
tutu m 191
tuyau m 95, 112, 202
tuyau d'arrosage m 89
tuyau d'écoulement m 61, 72
tuyau flexible m 77
types m 205
types d'appareils photo m 270
types de bus m 196
types de trains m 208

U

U.F.R. f 169
U.L.M. m 211
Ukraine f 316
ultrasons m 52
un 308
under par m 233
uniforme m 94, 162, 189
unité centrale f 176
univers m 280
université f 299
Uranus 280
uretère m 21
urètre m 20
urgence f 46
urinaire 19
urologie f 49
Uruguay 315
usine f 299
ustensiles de cuisine m 68, 105
utérus m 20, 52
utiliser le fil dentaire 50

V

vacances f 212
vaccination f 45
vache f 185
vagin m 20
vague f 241, 264
vaisselle f 64
vaisselle et les couverts f 65
valet m 273
valet d'écurie m 243
valeur f 97
vallée f 284
valve f 207
vanille f 132
Vanuatu 319
vaporisateur m 89
varicelle f 44
vase f 85
vase m 63, 111
veau m 118, 185
véhicule de service m 212
veille de la Toussaint f 27
veine f 19
vélo m 263
vélo de course m 206
vélo de randonnée m 206
vélo de ville m 206
vélo d'entraînement m 250
vélo tous terrains m 206
venaison f 118
vendeur m 104
vendredi m 306
Venezuela 315
vent m 241, 286
venteux 286
ventilateur m 60, 202, 210
ventouse f 53, 81
ventre m 12
Vénus 280
ver m 295
verdict m 181
vernis m 79, 83
vernis à ongles m 41
verre m 51, 65, 152
verre à vin m 65
verre gradué m 150
verre mesureur 69
verrerie f 64
verres m 150

verrou m 59
verrouillage m 200
vers 320
verser 67, 96
vert 129, 274
vertèbres cervicales m 17
vertèbres thoraciques f 17
vésicule f 21
vessie f 20
veste f 32, 34
veste de sport f 33
vestibule m 59
vêtement en cuir m 205
vêtements m 205
vêtements de nuit m 31
vêtements pour enfants m 30
vêtements pour femmes m 34, 105
vêtements pour hommes m 32, 105
vêtements sport m 33
vétérinaire f 189
viande f 119
viande blanche f 118
viande cuite f 118, 143
viande et la volaille f 106
viande hachée f 119
viande maigre f 118
viande non cuite f 142
viande rouge f 118
vibraphone m 257
vide 321
vidéocassette f 269
vide-pomme f 68
Vietnam 318
vieux 321
vigne f 183
vilebrequin m 78
village m 299
ville f 298, 299
vin m 145, 151
vinaigre m 135, 142
vinaigre balsamique m 135
vinaigre de cidre m 135
vinaigre de malt m 135
vinaigre de vin m 135
vinaigrette f 158
vingt 308
vingt et un 308

vingt et unième 309
vingt mille 309
vingt minutes
vingt-deux 308
vingt-deuxième 309
vingtième 309
vingt-troisième 309
violet 274
violon m 256
violoncelle m 256
virage-culbute m 238
virement m 96
virus m 44
vis f 80
visa m 213
visage m 14
viseur m 271
visière f 205
visiophone m 99
visite de contrôle m 50
visite guidée f 260
vitamines f pl 108
vitesses f 206
vivace 86
vodka f 145
vodka à l'orange f 151
voie à sens unique f 298
voie centrale f 194
voie de dépassement f 194
voie ferrée f 208
voile f 240, 241
voile m 35
voile d'avant f 240
voilier m 215
voisin m 24
voiture f 198, 200, 208
voiture à six places f 199
voiture de police f 94
voiture de pompiers f 95
voiture d'époque f 199
voiture-restaurant f 209
vol domestique m 212
vol international m 212
vol plané m 248
volaille f 119
volant m 201, 231
volcan m 283
voler 211
volet m 58
vollée f 231
volley m 227

volume m 165, 179, 269, 311
vomir 44
voûte f 300
voyage d'affaires m 175
voyage de noces m 26
voyageur m 208
vue f 51

W

W.-C. m 61
water-polo m 239
week-end m 306
western m 255
whisky m 145
white-spirit m 83
wok m 69

Y

yacht m 215, 240
yaourt m 137
yaourt aux fruits m 157
yaourt surgelé m 137
yard m 310
Yémen 318
yeux rouges m 271
yoga m 54
Yougoslavie 316

Z

Zambie f 317
zèbre m 291
zéro 230, 308
zeste m 126
Zimbabwe m 317
zinc m 289
zone f 315
zone d'attaque f 224
zone de défense f 224
zone de fond f 220
zone industrielle f 299
zone neutre f 224
zone piétonnière f 299
zones f 283
zoo m 262
zoologie f 169
zoom m 270

français • deutsch

index allemand • deutsches Register

INDEX ALLEMAND • DEUTSCHES REGISTER

deutsch

A

à la carte 152
Aal *m* 294
Abdeckband *n* 83
Abdecktuch *n* 83
Abend *m* 305
Abenddämmerung *f* 305
Abendessen *n* 64
Abendkleid *n* 34
Abendmenü *n* 152
Abenteuerfilm *m* 255
Abfahrtslauf *m* 247
Abfalleimer *m* 61
Abfallentsorgung *f* 61
Abfallsortiereinheit *f* 61
Abfertigungsschalter *m* 213
Abflug *m* 213
Abflughalle *f* 213
Abfluss *m* 61, 72
Abflussrohr *n* 61
Abführmittel *n* 109
abheben 99
Abhebungsformular *m* 96
Abkühlgitter *n* 69
Ablage für Ausgänge *f* 172
Ablage für Eingänge *f* 172
Ablasshahn *m* 61
Ableger *m* 91
Abmessungen *f* 165
Absatz *m* 37
Abschlag *m* 232
abschleppen 195
Abschleppwagen *m* 203
Abschnitt *m* 96
Abschürfung *f* 46
Abschuss *m* 281
Abschussrampe *f* 281
Abseilen *n* 248
Abseits *n* 223
abseits der Piste 247
Absender *m* 98
Absperrhahn *m* 61
Abspielen *n* 269
Abteil *n* 209
Abteilungen *f* 49
Abtropfbrett *n* 67
Abzeichen *n* 189
abziehen 82
Abzug *m* 271
Accessoires *n* 36
Achat *m* 289
Achillessehne *f* 16
Achse *f* 205
Achselhöhle *f* 13
acht 308
Achteck *n* 164
achter 309
Achterbahn *f* 262
Achterdeck *n* 214

achthundert 308
achtzehn 308
achtzehnte 309
achtzig 308
achtzigster 309
Ackerbaubetrieb *m* 183
Ackerland *n* 182
Acrylfarbe *f* 274
Adamsapfel *m* 19
addieren 165
Adler *m* 292
Adresse *f* 98
Adzukibohnen *f* 131
Aerobic *n* 251
Affe *m* 291
Afghanistan 318
Afrika 317
After-Sun-Lotion *f* 108
Ägypten 317
Ahorn *m* 296
Ahornsirup *m* 134
Aikido *n* 236
Airbag *m* 201
akademische Grad *m* 169
Akazie *f* 110
Aktenordner *m* 173
Aktenschrank *m* 172
Aktentasche *f* 37
Aktien *f* 97
Aktienpreis *m* 97
Aktionen *f* 227, 229, 233
Aktivitäten *f* 162, 245, 263
Aktivitäten im Freien *f* 262
Akupressur *f* 55
Akupunktur *f* 55
Alarmanlage *f* 58
Alaska 314
Albanien 316
Algerien 317
alkoholfreies Getränk *n* 144, 145, 154
Allee *f* 299
Allergie *f* 44
Alligator *m* 293
Allzweckraum *m* 76
Alpenpflanze *f* 87
alpine Kombination *f* 247
als Fänger spielen 229
alt 321
Altbier 145
Alternativtherapien *f* 54
Aluminium *n* 289
Amazonien 312
ambulanter Patient *m* 48
Ameise *f* 295
Amethyst *m* 288
Amniozentese *f* 52
Ampère *n* 60
Amphibien *f* 294
an Bord gehen 217

an, bei 320
Ananas *f* 128
Ananassaft *m* 149
Anästhesist *m* 48
Anbau *m* 58
anbeißen 245
anbraten 67
anbringen 82
Anden 312
Andenken *n* 260
andere Geschäfte *n* 114
andere Kunstfertigkeiten *f* 275
andere Schiffe *n* 215
andere Sportarten *f* 248
Andorra 316
Anfang *m* 321
Angebot *n* 106, 174
Angeklagter *m* 180, 181
Angelgeräte *n* 245
Angelhaken *m* 244
Angelrute *f* 244
Angelschein *m* 245
Angelsport *m* 244
angemacht 159
angereichertes Mehl *n* 139
Angler *m* 244
Angola 317
angreifen 220, 223
Angriff *m* 220, 237
Angriffszone *f* 224
Anhang *m* 177
Anhänger *m* 36, 266
Anker *m* 214, 240
Ankerwinde *f* 214
Anklage *f* 94, 180
Ankunft *f* 213
anlegen 217
Anorak *m* 31, 33
Anprobe *f* 104
Anreden *f* 23
Anrufbeantworter *m* 99
Anspielkreis *m* 224
anstreichen 83
Antifalten- 41
Antigua und Barbuda 314
Antiquitätenladen *m* 114
Antiseptikum *n* 47
Antwort *f* 163
antworten 163
Anwaltsbüro *n* 180
Anwendung *f* 176
Anzeigetafel *f* 104, 225
Aperitif *m* 153
Apfel *m* 126
Apfelsaft *m* 149
Apfelstecher *m* 68
Apfelwein *m* 145
Apfelweinessig *m* 135
Apotheke *f* 108
Apotheker *m* 108

Apothekerin *f* 189
Apparat *m* 99
applaudieren 255
Aprikose *f* 126
April *m* 306
Aquamarin *m* 288
Aquarellfarbe *f* 274
Äquator *m* 283
Äquatorial-Guinea 317
Arabisches Meer *n* 313
Arbeit *f* 172
Arbeitgeberin *f* 24
Arbeitnehmer *m* 24
Arbeitsessen *n* 175
Arbeitsfläche *f* 66
Arbeitszimmer *n* 63
Architekt *m* 190
architektonischer Garten *m* 84
Architektur *f* 300
Architrav *m* 301
Argentinien 315
Arithmetik *f* 165
Arm *m* 13
Armaturen *f* 201
Armaturenbrett *n* 201
Armband *n* 36
Ärmel *m* 34
ärmellos 34
Armenien 318
Armlehne *f* 210
Armstütze *f* 200
Aromatherapie *f* 55
aromatisch 130
aromatisches Öl *n* 134
Art-déco 301
Arterie *f* 19
Artischocke *f* 124
Arzt *m* 45, 189
Arztbesuch *m* 45
Aschenbecher *m* 150
Asche *f* 283
Aserbaidschan 318
Asien 318
Asphalt *m* 187
Ass *n* 230, 273
Assistentin *f* 24
assistierte Entbindung *f* 53
Ast *m* 296
Asteroid *m* 280
Asthma *n* 44
Astigmatismus *m* 51
Astronaut *m* 281
Astronomie *f* 281
Atemloch *n* 290
ätherischen Öle *m* 55
Äthiopien 317
Atlantischer Ozean *m* 312
Atmosphäre *f* 282, 286
Atmung *f* 47
Atmungssystem *n* 19

Atrium *n* 104
Aubergine *f* 125
auf 320
auf der Stelle joggen 251
aufgehen 139
aufgenommen 48
aufgeregt 25
Aufhängung *f* 203, 205
aufkreuzen 241
Auflaufform *f* 69
Auflaufförmchen *n* 69
auflockern 91
Auflösungszeichen *n* 256
Aufnahme *f* 269
Aufsatz *m* 163, 233
Aufschlag *m* 231
aufschlagen 231
Aufschlaglinie *f* 230
aufstehen 71
auftauen 67
auftrennen 277
aufwachen 71
aufwärmen 154
Auge *n* 14, 51
Augenbraue *f* 14, 51
Augenbrauenstift *m* 40
Augenheilkunde *f* 49
Augenoptiker *m* 51
August *m* 306
aus 225, 226, 228, 320
aus Freilandhaltung 118
ausblasen 141
ausbrechen 283
Ausfahrt *f* 194
Ausfall *m* 251
Ausgang *m* 210
Ausgehen *n* 75
Auskunft *f* 99, 168
ausländische Währung *f* 97
Auslandsflug *m* 212
Auslass *m* 61
auslaufen 217
Ausleger *m* 95
Auslegerkorb *m* 95
Ausleihe *f* 168
ausleihen 168
Auslöser *m* 270
Auspuff *m* 203
Auspuffrohr *n* 204
Auspufftopf *m* 203
ausrollen 67
Ausrüstung *f* 165, 233, 238
Aussage *f* 180
Ausschnitt *m* 34
Außenbordmotor *m* 215
Außenfeld *n* 229
Außentür *f* 59
Äussere *n* 198
äussere Erscheinung *f* 30
äussere Kern *m* 282

342

français • deutsch

INDEX ALLEMAND • DEUTSCHES REGISTER

außerhalb 320
ausspülen 38
Ausstellung f 261
Ausstellungsstück n 261
ausstrecken 251
Auster f 121
Australien 319
Australien und Ozeanien
319
Auswechslung f 223
auswerfen 245
Auszeit f 220
Auto n 198, 200
Autobahn f 194
Automatiktür f 196
Autostereoanlage f 201
Autotür f 198
Autounfall m 203
Autoverleih m 213
Autowaschanlage f 198
Avocado f 128
Ayurveda n 55

B

Baby n 23, 30
Babyflasche f 75
Babyfon n 75
Babyhandschuh m 30
Babyprodukt n 107
Babyschuh m 30
Babytasche f 75
Babytrageschlinge f 75
Babywanne f 74
Bach m 285
backen 67, 138
Backenzahn m 50
Bäcker m 139
Bäckerei f 114, 138
Backgammon n 272
Backofen m 66
Backpflaume f 129
Backpinsel m 69
Backwaren f 107
Badeanzug m 238, 265
Badehose f 238
Badekappe f 238
Bademantel m 32, 73
Badematte f 72
Bademeister m 239, 265
baden 72
Badetuch n 73
Badewanne f 72
Badezimmer n 72
Badminton n 231
Bagger m 187
baggern 227
Baguette n 138
Bahamas 314
Bahn f 234, 238
Bahnhof m 208
Bahnhofshalle f 209
Bahnnetz m 209
Bahnsteig m 208
Baiser n 140
Bajonettfassung f 60
Balearen 316
Balken m 186
Balkon m 59, 254

Ball m 75
Ballen m 15, 184
Ballett n 255
Ballettröckchen n 191
Balljunge m 231
Ballwechsel m 230
Balsamicoessig m 135
Bambus m 86, 122
Banane f 128
Band n 27, 39, 47, 141
Bandage f 47
Bangladesch 318
Bank f 96, 250, 262
Bankgebühr f 96
Banküberweisung f 96
Bar f 150, 152
Bär m 291
Barbados 314
Barhocker m 150
Barkeeper m 150, 191
barock 301
Barren m 235
Basalt m 288
Baseball n 228
Basilikum n 133
Basketball n 226
Basketballspieler m 226
Bassgitarre 258
Bassgitarrist m 258
Bassklarinette f 257
Bassschlüssel m 256
Batterie f 78, 167, 202
Batterien f 260
Bau m 186
Bauarbeiter m 186
Bauch m 12
Bauchmuskeln m 16
Bauchspeicheldrüse f
18
bauen 186
Bauerngarten m 84
Bauernhaus n 182
Bauernhof m 182, 184
Bauholz n 187
Baum m 86, 240, 296
Baumwolle f 184, 277
Baustelle f 186
Baustile m 301
Beat m 259
Beben n 283
Becher m 65
Becherglas n 167
Becken n 17, 61, 257
Bedienung inbegriffen
152
Beere f 296
Befestigungen f 89
Befruchtung f 20
Begräbnis n 26
Behälter m 311
Behandlungslampe f 50
Behandlungsschürze f
50
Behindertenparkplatz m
195
Beil n 95
Beilage f 153
Beilagenteller m 65

Bein n 12, 64
Beinstütz m 251
Beize f 79
Bekannte m 24
belegt 321
belegtes Brot n 155
Beleuchtung f 178
Belgien 316
Belichtung f 271
Belichtungsmesser m
270
Belize 314
Benin 317
Benzin n 199
Benzinpreis m 199
Benzintank m 203
Beraterin f 55
Berg m 284
Bericht m 174
Berufe m 188, 190
Berufung f 181
Beruhigungsmittel n 109
berühmte Ruine f 261
Besatzungsluke f 281
Beschleuniger m 281
beschneiden 91
Beschwerde f 94
Besen m 77
besetzt 99, 321
Besetzung f 254
Besichtigungstour f 260
besorgt 25
Besteck n 64
bestellen 153
Bestuhlung f 254
bestürzt 25
Besuchszeiten f 48
Betonblock m 187
Betonmischmaschine f
186
Betrag m 96
Betrieb für Milchproduk-
tion m 183
Bett n 70
Bettcouch f 63
Bettdecke f 71
Bettlaken n 71
Bettwäsche f 71
Bettzeug n 74
beugen 251
Beutel m 291, 311
bewässern 183
Beweismittel n 181
bewölkt 286
bewusstlos 47
bezahlen 153
Beziehungen f 24
Bezirk m 315
Bhutan 318
Biathlon n 247
Bibliothek f 168, 299
Bibliothekar m 190
Bibliothekarin f 168
Bidet n 72
Biene f 295
Bier n 145, 151
Bifokal- 51
Bikini m 264

Bilderrahmen m 62
Bildhauer m 191
Bildhauerei f 275
Bildschirm m 97, 172,
176, 269
Bildschirmhintergrund m
177
Bildsucher m 271
Bildtelefon n 99
Bimsstein m 73, 288
Binse f 86
Bio-Abfall m 61
biologisch 91, 122
Biologie f 162
biologisch kontrolliert
118
Birke f 296
Birma 318
Birne f 60, 127
bis 320
Biskuittörtchen n 140
Biss m 46
bitter 124
Bizeps m 16
Bizepsübung f 251
Blase f 46
Blatt n 78, 122, 296
Blätter n 110
Blätterteig n 140
blau 274
Blauschimmelkäse m
136
Blazer m 33
Blechblasinstrument n
256
bleifrei 199
Bleigürtel m 239
Bleistift m 163, 275
Blendenregler m 270
Blinddarm m 18
Blinker m 198, 204
Blitz m 270, 287
Block m 237
blocken 227
blond 39
Blues m 259
blühende Pflanze f 297
Blumen f 110
Blumenampel f 84
Blumenarrangement n
111
Blumenbeet n 85, 90
Blumengeschäft n 110
Blumengirlande f 111
Blumenkohl m 124
Blumenstrauß m 111
Blumentopf m 89
Blumenvase f 111
Bluse f 34
Blutdruck m 44
Blutdruckmesser m 45
Bluterguss m 46
Blüte f 297
Blütenblatt n 297
Blutung f 46
Blutuntersuchung f 48
Blutwurst f 157
Bob m 247

Bockshornklee m 132
Boden m 85
Bodenakrobatik f 235
Bodendecker f 87
Bodenturnen m 235
Bogen m 85, 164, 249,
300
Bogenschießen n 249
Bohnen f 131, 144
bohren 79
Bohrer m 50, 78, 80
Bohrer mit Batteriebe-
trieb m 78
Bohrfutter m 78
Bohrwinde f 78
Boiler m 61
Boje f 217
Bolivien 315
Bombenflugzeug m 211
Bonbons m 113
Bongos m 257
Bordkarte f 213
Bordstein m 298
Börse f 97
Börsenmakler m 97
Bosnien und Herzegow-
ina 316
Botsuana 317
Boutique f 115
Bowling n 249
Bowlingkugel f 249
Box f 268
Boxen n 236
Boxershorts 33
Boxgymnastik f 251
Boxhandschuh m 237
Boxring m 237
Brand m 95
Brandteig m 140
Brandung f 241
Brandungsangeln n 245
Brandwunde f 46
Brasilien 315
Braten m 158
braten 67
Bratenblech n 69
bratfertiges Huhn n 119
Bratfisch mit Pommes
frites m 155
Bratpfanne f 69
Bratsche f 256
Brauenbürstchen n 40
braun 274
braune Linse f 131
Brause f 89
breit 321
Breitbildfernsehen n
269
Breite f 165
Breitengrad m 283
Bremsbacke f 207
Bremse f 200, 204
bremsen 207
Bremsflüssigkeitsbehälter
m 202
Bremshebel m 207
Bremslicht n 204
Bremspedal n 205

français • deutsch

343

INDEX ALLEMAND • DEUTSCHES REGISTER

Brenner *m* 67
Brettspiel *n* 272
Bridge *n* 273
Brie *m* 142
Brief *m* 98
Brieffreund *m* 24
Briefkasten *m* 58, 99
Briefmarke *f* 98
Briefmarken *f* 112
Briefmarkensammeln *n* 273
Brieftasche *f* 37, 97
Briefträger *m* 98, 190
Briefumschlag *m* 173
Brille *f* 51
Brillengestell *n* 51
Brioche *f* 157
Brokkoli *m* 123
Brombeere *f* 127
Bronze *f* 235
Brosche *f* 36
Broschüre *f* 96, 175
Brot *n* 138, 157
Brot backen 138
Brötchen *n* 139, 143, 155
Brotfrucht *f* 124
Brotmesser *n* 68
Brotschneider *m* 139
browsen 177
Browser *m* 177
Bruch *m* 165
Brücke *f* 300
Bruder *m* 22
Brühe *f* 158
Brunei 319
brünett 39
Brunnenkresse *f* 123
Brust *f* 12, 119
Brustbein *n* 17
Brustflosse *f* 294
Brustkorb *m* 17
Brustmuskel *m* 16
Brustschwimmen *n* 239
Brustübung *f* 251
Brustwarze *f* 12
Brustwirbel *m* 17
Brutkasten *m* 53
Bube *m* 273
Buch *n* 168
Buche *f* 296
Bücherregal *n* 63, 168
Buchhaltung *f* 175
Buchladen *m* 115
buchstabieren 162
Buffet *n* 152
Bug *m* 210, 215, 240
Bügelbrett *n* 76
Bügeleisen *n* 76
bügeln 76
Bugfahrwerk *n* 210
Buggy *m* 232
Bühne *f* 254, 258
Bühnenbild *n* 254
Bukett *n* 35
Bulgarien 316
Bullauge *n* 214
Bull's eye *n* 273

Bund *m* 258
Bungalow *m* 58
Bungeejumping *n* 248
Bunker *m* 232
Bunsenbrenner *m* 166
bunte Mischung *f* 113
Buntstift *m* 163
Burg *f* 300
Bürgersteig *m* 298
Burggraben *m* 300
Burkina Faso 317
Büro *m* 24, 172, 174
Büroausstattung *f* 172
Bürobedarf *m* 173
Bürogebäude *n* 298
Büroklammer *f* 173
bürsten 38, 50
Burundi 317
Bus *m* 196
Busbahnhof *m* 197
Busfahrer *m* 190
Bushaltestelle *f* 197, 299
Businessclass *f* 211
Büstenhalter *m* 35
Bustier *n* 35
Bustypen *m* 196
Butter *f* 137, 156
Buttermilch *f* 137
Butternusskürbis *m* 125
Bytes *n* 176

C

Caddie *m* 233
Café *n* 148, 262
Cafetière *f* 65
Camcorder *m* 260, 269
Camembert *m* 142
Campari *m* 145
Camping *n* 266
Campingplatz *m* 266
Campingplatzverwaltung *f* 266
Campus *m* 168
Capoeira *f* 237
Cappuccino *m* 148
Cashewnuss *f* 129
Cashewnüsse *f* 151
CD *f* 269
CD-Spieler *m* 268
Cello *n* 256
Champagner *m* 145
Chassis *n* 203
Cheddar *m* 142
Cheerleader *m* 220
Chef *m* 24
Chemie *f* 162
Chickenburger *m* 155
Chicorée *m* 122
Chile 315
Chili *m* 132
China 318
Chinakohl *m* 123
chippen 233
Chips *m* 113
Chiropraktik *f* 54
Chirurg *m* 48
Chirurgie *f* 48
Chor *m* 301

Chorizo *f* 143
Chrysantheme *f* 110
Chutney *n* 134
Cockpit *n* 210
Cocktail *m* 151
Cocktailrührer *m* 150
Cocktailshaker *m* 150
Cola *f* 144
Collage *f* 275
Comicheft *n* 112
Computer *m* 172, 176
Container *m* 216
Containerhafen *m* 216
Containerschiff *m* 215
Costa Rica 314
Couchtisch *m* 62
Countrymusic *f* 259
Cousin *m* 22
Creme *f* 109
Crêpes *f* 155
Crew *f* 241
Croissant *n* 156
Curling *n* 247
Curry *n* 158
Currypulver *n* 132

D

Dach *n* 58, 203
Dachboden *m* 58
Dachgarten *m* 84
Dachgepäckträger *m* 198
Dachrinne *f* 58
Dachsparren *m* 186
Dachvorsprung *m* 58
Dachziegel *m* 58, 187
Dame *f* 272, 273
Damenbinde *f* 108
Damenkleidung *f* 34
Damenoberbekleidung *f* 105
Damensattel *m* 242
Damenschneiderin *f* 191
Damenwäsche *f* 105
Damespiel *n* 272
dämpfen 67
Dampflokomotive *f* 208
Dänemark 316
Darlehen *n* 96
Darts *n* 273
Dartscheibe *f* 273
das Bett machen 71
das Fruchtwasser geht ab 52
das Radio einstellen 269
Datei *f* 177
Dattel *f* 129
Datum *n* 306
Daumen *m* 15
Deck *n* 214
Deckanstrich *m* 83
Decke *f* 62, 71, 74
Deckel *m* 61, 66, 69
decken 227
Degen *m* 236
Dekoration *f* 141
Delfin *m* 290

Deltamuskel *m* 16
Demokratische Republik Kongo 317
den Anker werfen 217
den Ball abgeben 220, 223
den Fernseher abschalten 269
den Fernseher einschalten 269
den Kanal wechseln 269
den Tisch decken 64
den Vorsitz führen 174
den Wecker stellen 71
Deo *n* 73, 108
Dermatologie *f* 49
Designerin *f* 191
Desinfektionsmittel *n* 51
Desinfektionstuch *n* 47
Desktop *m* 177
Dessertwagen *m* 152
Deutschland 316
Dezember *m* 306
Diagonale *f* 164
Diamant *m* 288
Diaphragma *n* 21
dichter Nebel *m* 287
Dichtung *f* 61
Dichtungsring *m* 80
dick 321
Dickdarm *m* 18
dicke Bohne *f* 122
Dickmilch *f* 137
die Geburt einleiten 53
Diele *f* 59
Dienstag *m* 306
Diesel *m* 199
Diesellokomotive *f* 208
digital 269
Digitalkamera *f* 270
Dill *m* 133
Dioptrie *f* 51
Diplom *n* 169
Dirigent *m* 256
Discman *m* 269
Diskette *f* 176
Diskjockey *m* 179
Diskuswerfen *n* 234
diskutieren 163
Dissertation *f* 169
Distel *f* 297
Disziplinen *f* 247
dividieren 165
Diwali *n* 27
Dock *n* 214, 216
Dokumentarfilm *m* 178
Dominica 314
Domino *n* 273
Dominikanische Republik 314
Donner *m* 286
Donnerstag *m* 306
Doppel *n* 230
Doppelbett *n* 71
Doppeldecker *m* 196, 211
Doppel(haus) 58
doppelt 151

Doppelzimmer *n* 100
Dorf *n* 299
Dörrobst *n* 156
Dose *f* 145, 311
Dosengetränk *n* 154
Dosenöffner *m* 68
Dosierung *f* 109
Dozent *m* 169
Drachen *m* 248
Drachenfliegen *n* 248
Draht *m* 79
Drahtnetz *n* 167
Drahtschneider *m* 80
Dramaturg *m* 254
drechseln 79
Drehscheibe *f* 275
Drehstuhl *m* 172
Drehzahlmesser 201
drei 308
Dreieck *n* 164
Dreifuß *m* 166
dreihundert 308
Dreipunktlinie *f* 226
dreißig 308
dreißigster 309
dreistöckiges Haus *n* 58
dreitürig 200
dreiundzwanzigster 309
dreizehn 308
dreizehnter 309
Dress *m* 222
Dressurreiten *n* 243
dribbeln 223
dritter 309
driven 233
Dromedar *m* 291
drucken 172, 275
Drucker *m* 172, 176
Druckfarbe *f* 275
Druckknopf *m* 30
Drucklufttflasche *f* 239
Druckluftgerät *n* 199
Drüse *f* 19
Dschibuti 317
Duffelcoat *m* 31
düngen 91
Dünger *m* 91
dunkel 41, 321
Dunkelkammer *f* 271
dünn 321
Dünndarm *m* 18
Dunstabzug *m* 66
durch 320
Durchfall *m* 44, 109
Durchmesser *m* 164
Durchschwung 233
Dusche *f* 72
Duschen *f* 266
duschen 72
Duschgel *n* 73
Duschkopf *m* 72
Duschtür *f* 72
Duschvorhang *m* 72
Düse *f* 89
Duty-free-Shop *m* 213
DVD *f* 269
DVD-Spieler *m* 268
Dynamo *m* 207

344   français • deutsch

INDEX ALLEMAND • DEUTSCHES REGISTER

deutsch

E

Eau de Toilette n 41
Ebene f 285
EC-Karte f 96
Eckball m 223
Eckfahne f 223
Eckzahn m 50
Eclair n 140
Economyclass f 211
Ecuador 315
Edamer m 142
Edelstein m 36
Ehefrau f 22
Ehemann m 22
Ei n 20
Eiche f 296
Eichelkürbis m 125
Eichhörnchen n 290
Eidechse f 293
Eier n 137
Eierbecher m 65, 137
Eierschale f 137
Eierstock m 20
Eigelb n 137, 157
Eileiter m 20
Eimer m 77, 82, 265
ein Baby bekommen 26
ein Feuer machen 266
ein Rad wechseln 203
ein Tor schießen 223
ein Zelt aufschlagen 266
Einbahn- 194
Einbahnstraße f 298
Einbauschrank m 71
Einbruchdiebstahl m 94
einchecken 212
eine halbe Stunde 304
eine Stelle bekommen 26
eine Viertelstunde 304
einen Dunk spielen m 227
einen Flug buchen 212
einen Rekord brechen 234
einfach 151
einfädeln 277
einfrieren 67
Eingang m 59
Eingangssperre f 209
eingelegt 159
eingemachtes Obst n 134
einholen 245
einjährig 86
Einkauf m 104
Einkaufskorb m 106
Einkaufstasche f 106
Einkaufswagen m 106
Einkaufszentrum n 104
Einlagen f 53
einlochen 233
einloggen 177
einlösen 97
Einmachglas n 135
eins 308
Einsatzpapier n 83
Einschienenbahn f 208

einschlafen 71
Einschreiben n 98
Einstand m 230
einstellen 179
Einstellknopf m 167
Einstellung f 203, 271
eintausend 309
Eintopf m 158
eintopfen 91
Eintrittsgeld n 260
einundzwanzig 308
einundzwanzigster 309
Einwegkamera f 270
Einwegrasierer m 73
einweichen 130
Einwickelpapier n 111
Einwurf m 223, 226
einzahlen 96
Einzahlungsformular m 96
Einzel n 230
Einzelbett n 71
Einzel(haus) 58
Einzelzimmer n 100
Einzugsauftrag m 96
Eis n 120, 137, 149, 287
Eis und Zitrone 151
Eisbär m 291
Eisen n 109, 233, 289
Eisenwarenhandlung f 114
Eisfach n 67
Eisfläche f 224
Eishockey n 224
Eishockeyspieler m 224
Eiskaffee m 148
Eisklettern n 247
Eiskübel m 150
Eiskunstlauf m 247
Eislaufen n 247
Eisprung m 20, 52
Eisschnelllauf m 247
Eistee m 149
Eiswürfel m 151
Eiszange f 150
Eiszapfen m 287
Eiweiß n 137
Ekzem n 44
El Salvador 314
Elefant m 291
Elektriker m 188
elektrische Gitarre f 258
elektrischer Schlag m 46
Elektrizität f 60
Elektroartikel m 105, 107
Elektrobohrer m 78
Elektrolokomotive f 208
Elektronenblitz m 270
Elektrorasierer m 73
elf 308
Elfenbeinküste 317
Elfmeter m 222
elfter 309
Ellbogen m 13
Elle f 17
Eltern 23
E-Mail f 98, 177
E-Mail-Adresse f 177

E-Mail-Konto n 177
Embryo m 52
emigrieren 26
Empfang m 100
empfangen 20
Empfängnis f 52
Empfängnisverhütung f 21, 52
Empfangsdame f 100, 190
Empfangshalle f 100
Empfehlungszettel m 173
empfindlich 41
Emulsionsfarbe f 83
Ende n 321
Endivie f 123
Endlinie f 226
endokrines System n 19
Endokrinologie f 49
Endzone f 220
englisches Frühstück n 157
englischer Kuchen m 140
englischer Senf m 135
Englischhorn n 257
Enkel m 22
Enkelin f 22
Enkelkinder n 23
Entbindung f 52
Entbindungsstation f 48, 49
Ente f 119, 185
Entenei n 137
Entenküken n 185
Entfernung f 310
entgrätet 121
Enthaarung f 41
enthäutet 121
Entisolierzange f 81
entlang 320
entlassen 48
entschuppt 121
Entspannung f 55
Entwässerung f 91
entwickeln 271
Entzündungshemmer m 109
Epilepsie f 44
Erbsen f 131
Erdbeben n 283
Erdbeere f 127
Erdbeermilchshake m 149
Erde f 85, 280, 282
Erdgeschoss n 104
Erdkruste f 282
Erdkunde f 162
Erdnuss f 129
Erdnussbutter f 135
Erdnüsse f 151
Erdnussöl n 135
Erdung f 60
Erdzonen f 283
Ereignisse des Lebens n 26
Ergänzung f 55

Ergebnis n 49
erhalten 177
Eritrea 317
Erkältung f 44
Erkennungsbändchen n 53
Ermittlung f 94
ernten 91, 183
Ersatzrad n 203
Ersatzspieler m 223
erschrocken 25
Erspartes n 96
Erste Etage f 104
erste Hilfe f 47
Erste-Hilfe-Kasten m 47
erster Rang m 254
erster 309
ersticken 47
ertrinken 239
eruptiv 288
Erwachsene m 23
Erweiterung f 52
Esel m 185
Espresso m 148
Essen n 64, 75, 149
essen 64
Essig m 135, 142
Esskastanie f 129
Essteller m 65
Esszimmer n 64
Estland 316
Estragon m 133
Eukalyptus m 296
Eule f 292
Europa 316
Examensarbeit f 169
Exosphäre f 286
Extraktion f 50
Eyeliner m 40

F

Fabrik f 299
Fach n 100
Facharzt m 49
Fachbereich m 169
Fächerordner m 173
Fachhochschule f 169
Fadenführung f 276
Fagott n 257
Fahne f 221
fahrbare Liege f 48
Fähre f 215, 216
fahren 195
Fahrer m 196
Fahrerkabine f 95
Fahrersitz m 196
Fahrkarte f 209
Fahrkartenschalter m 209, 216
Fahrplan m 197, 209, 261
Fahrpreis m 197, 209
Fahrrad n 206
Fahrradhelm m 206
Fahrradkette f 206
Fahrradlampe f 207
Fahrradschloss n 207
Fahrradständer m 207

Fahrradweg m 206
Fahrschein m 197
Fahrstuhl m 59, 100, 104
Fährterminal m 216
Fairway n 232
Falke m 292
Falkland-Inseln 315
fallen 237
Fallschirm m 248
Fallschirmspringen n 248
Faltbett n 266
Falte f 15
Familie f 22
fangen 220, 225, 227, 229, 245
Fänger m 229
Fan m 258
Farbe f 83, 273
Farben f 274
Farbton m 41
Farbtopf m 83
Farm m 86
Fasan m 119, 293
Faser f 127
Fassungsvermögen n 311
faul 127
Faust f 15, 237
Fax m 98, 172
Faxgerät n 172
Februar m 306
Fechten n 249
Feder f 163, 293
Federball m 231
Federhalter m 172
Federmäppchen n 163
Federwaage f 166
fegen 77
Fehler m 230
Fehlgeburt f 52
Feier f 140
Feige f 129
Feijoa f 128
Feile f 81
feiner Nebel m 287
Feinkost f 107, 142
Feld n 182, 234, 272
Feldauslinie f 221
Feldfrucht f 183
Feldfrüchte f 184
Feldhockey n 224
Felge f 206
Felgenbremse f 206
Felsen m 284
Fenchel m 122, 133
Fenchelsamen m 133
Feng Shui m 55
Fenster n 58, 177, 186, 197, 210
Fensterladen m 58
Ferkel n 185
Fernbedienung f 269
Fernglas n 281
fernsehen 269
Fernseher m 268
Fernsehserie f 178, 179
Fernsehstudio n 178

français • deutsch

345

INDEX ALLEMAND • DEUTSCHES REGISTER

deutsch

Ferse f 13, 15
Fertiggericht n 107
Fertigkeiten f 79
Fesseln n 237
fest 124
Fest n 27
fester Honig m 134
Festessen n 27
festlicher Kuchen m 141
festmachen 217
Festnahme f 94
Festplattenlaufwerk n 176
Feststation f 99
Fett n 119
fettarme Sahne f 137
fettfrei 137
fettig 39, 41
feucht 286
Feuchtigkeitscreme f 41
Feueranzünder m 266
feuerfest 69
Feuerlöscher m 95
Feuermelder m 95
Feuerstein m 288
Feuertreppe f 95
Feuerwehr f 95
Feuerwehrleute 95
Feuerwehrmann m 189
Feuerzeug n 112
Fidschi 319
Fieber n 44
Figur f 260
Filet n 119, 121
filetiert 121
Filialleiter m 96
Film m 260, 271
Filmfach n 270
Filmspule f 271
Filter m 270
Filterkaffee m 148
Filterpapier n 167
Finanzberaterin f 97
Fingerabdruck m 94
Fingerhut m 276, 297
Fingernagel m 15
Finnland 316
Finsternis f 280
Firma f 175
Fisch m 107, 120, 294
Fischer m 189
Fischerboot n 217
Fischereihafen m 217
Fischfangarten f 245
Fischgeschäft n 114, 120
Fischhändlerin f 188
Fischkorb m 245
Fischzucht f 183
Fitness f 250
Fitnesscenter n 250
Fitnessgerät n 250
Fitnessraum m 101
Fläche f 165, 310
flaches Ende n 239
Flachholzbohrer m 80
Flachrennen n 243

Flachs m 184
Flachzange f 80
Fladenbrot n 139
Flagge f 232
Flamingo m 292
Flasche f 61, 135, 311
Flaschenöffner m 68, 150
Flaschenwasser n 144
Flauschdecke f 74
Fledermaus f 290
Fleisch n 119, 124
Fleisch und Geflügel n 106
Fleischerhaken m 118
Fleischklopfer m 68
Fleischklöße m 158
Fleischsorten f 119
Flicken m 207
Fliege f 36, 244, 295
fliegen 211
Fliegenangeln n 245
Fließhecklimousine f 199
Flipchart n 174
Florentiner m 141
Florett n 249
Floristin f 188
Flosse f 290
Flöte f 139
Flugbegleiterin f 190, 210
Flügel m 60, 119, 293
Fluggastbrücke f 212
Flughafen m 212
Fluginformationsanzeige f 213
Flugnummer f 213
Flugticket n 213
Flugverbindung f 212
Flugzeug n 210
Flugzeugträger m 215
Fluss m 284
flüssiger Honig m 134
Flüssigkeitsmaß n 311
Flüssigreiniger m 77
Flussmündung f 285
Fock f 240
Fohlen n 185
Föhn m 38
föhnen 38
Fötus m 52
Folk m 259
Follikel m 20
Football n 220
Footballspieler m 220
Forelle f 120
formell 34
Formen f 164
Formschnitt m 87
Forschung f 169
Fortpflanzung f 20
Fortpflanzungsorgane n 20
Fortpflanzungssystem n 19
Foto n 271
Fotoalbum n 271
Fotoapparattypen m 270

Fotofinish n 234
Fotogeschäft n 115
Fotograf m 191
Fotografie f 270
fotografieren 271
Fotorahmen m 271
Foul n 222, 226
Foullinie f 229
Foyer n 255
Fracht f 216
Frachtraum m 215
Frachtschiff n 215
Frage f 163
fragen 163
Fraktur f 46
Frankreich 316
französischer Senf m 135
französische Bohnen f 131
Französisch-Guyana 315
Frau f 12, 23
Fräulein n 23
Freesie f 110
frei 321
freigesprochen 181
Freistoß m 222
Freitag m 306
Freiwurflinie f 226
Freizeit f 254, 258, 264
Freizeitkleidung f 33
Fremdenführerin f 260
Frequenz f 179
Freund m 24
Freundin f 24
Fries m 301
frisch 121, 127, 130
frisches Fleisch n 142
Frischkäse m 136
Friseur m 188
Friseurin f 38
Frisierartikel m 38
Frisiersalon m 115
Frisiertisch m 71
Frisierumhang m 38
Frisuren f 39
frittiert 159
Frosch m 294
Frost n 287
Frostschutzmittel n 199, 203
Früchtejogurt m 157
Fruchtfleisch n 127, 129
Fruchtgummi m 113
Fruchtmark n 127
Fruchtwasser n 52
früh 305
Frühkohl m 123
Frühling m 307
Frühlingszwiebel f 125
Frühstück n 64, 156
Frühstücksbuffet n 156
Frühstücksspeck m 157
Frühstückstablett n 101
Frühstückstisch m 156

Fühler m 295
Führerstand m 208
Führung f 260
füllen 76
Füller m 163
Füllung f 140, 155
fünf 308
Fünfeck n 164
fünfhundert 308
fünfter 309
fünfundfünfzigtausend-
fünfhundert 309
fünfzehn 308
fünfzehnter 309
fünfzig 308
fünfzigster 309
fünfzigtausend 309
Funkantenne f 214
für 320
Furche f 183
Fürstentum n 315
Fuß m 12, 15, 310
Fußabtreter m 59
Fußball m 222
Fußballdress m 31
Fußballfeld n 222
Fußballschuh m 223
Fußballspieler m 222
Fußboden m 62, 71
Fußende n 71
Fußgängerüberweg m 195
Fußgängerzone f 299
Fußrücken m 15
Fußschlaufe f 241
Fußsohle f 15
Fußweg m 262
Futter n 32
Futteral n 51
füttern 183

G

Gabel f 65, 153, 207
Gabelstapler m 186, 216
Gabun 317
gähnen 25
Galapagos-Inseln 315
Galaxie f 280
Gallone f 311
Galopp m 243
galvanisiert 79
Gambia 317
Gang m 106, 168, 210, 254
Gänge m 153, 206
Gans f 119, 293
Gänseei n 137
ganz 129, 132
Garage f 58
Gardine f 63
Garn n 276
Garnele f 121
Garten m 84
Gartenanlagen f 262
Gartenarbeit f 90
Gartencenter n 115
Gartengerät n 88
Gartenhandschuh m 89

Gartenkorb m 88
Gartenkürbis m 124
Gartenornament n 84
Gartenpflanzen f 86
Garten-Sauerampfer m 123
Gartenschlauch m 89
Gartenspritze f 89
Gartenstöcke f 89
Gartentyp m 84
Gärtner m 188
Gasbrenner m 61, 267
Gashebel m 204
Gaspedal n 200
Gasse f 298
Gast m 100
Gästebuch n 100
Gastgeber m 64
Gastgeberin f 64
Gatenummer f 213
Gaumen m 19
Gaze f 47
Gebäck n 140, 149
gebacken 159
Gebärmutter f 20, 52
Gebärmutterhals m 20, 52
Gebäude n 299
Gebäudereiniger m 188
geben 273
Gebirgskette f 282
gebogen 165
geboren werden 26
gebratenes Hähnchen n 155
Gebrauchsanweisung f 109
Gebrauchtwarenhändler m 115
Geburt f 52, 53
Geburtsgewicht n 53
Geburtshelfer m 52
Geburtstag m 27
Geburtstagsfeier f 27
Geburtstagskerzen f 141
Geburtstagskuchen m 141
Geburtsurkunde f 26
Geburtszange f 53
gedämpft 159
Gedeck n 65
Gedränge n 221
Gefahr f 195
Gefängnis n 181
Gefängniswärter m 181
Gefängniszelle f 181
gefärbt 39
Geflügel n 119
Gefrierfach n 67
Gefrier-Kühlschrank m 67
gefrorener Jogurt m 137
Gefühl n 25
gefüllt 159
gefülltes Fladenbrot n 155
gefüllte Olive f 143

346

français • deutsch

INDEX ALLEMAND • DEUTSCHES REGISTER

gegenüber 320
Gegner *m* 236
gegrillt 159
Gehalt *n* 175
gehen lassen 139
Gehirn *n* 19
Gehirnerschütterung *f* 46
Gehrungslade *f* 81
Geige *f* 256
Geißblatt *n* 297
gekochtes Ei *n* 137, 157
gekochtes Fleisch *n* 118, 143
gekrümmt 165
Gel *n* 109
geladen 60
Geländemotorrad *n* 205
Geländer *n* 59
Geländewagen *m* 199
gelangweilt 25
gelb 274
gelbe Karte *f* 223
Geld *n* 97
Geldautomat *m* 97
Geldwirtschaft *f* 97
Geleebonbon *m* 113
Gelenk *n* 17
gemahlen 132
gemahlener Kaffee *m* 144
Gemälde *n* 62, 261, 274
gemischter Salat *m* 158
Gemüse *n* 107, 122, 124
Gemüsefach *n* 67
Gemüsegarten *m* 85, 182
Gemüsehändler *m* 188
Gemüseladen *m* 114
Generaldirektor *m* 175
Generation *f* 23
Generator *m* 60
geöffnet 260
Geometrie *f* 165
Georgien 318
Gepäck *n* 100, 198, 213
Gepäckablage *f* 209
Gepäckabteilung *f* 104
Gepäckanhänger *m* 212
Gepäckausgabe *f* 213
Gepäckband *n* 212
Gepäckfach *n* 196, 210
Gepäckröntgenmaschine *f* 212
Gepäckträger *m* 204
Gepäckwaage *f* 212
gepökelt 118, 143
gerade 165
geradeaus 260
geraspelt 132
geräuchert 118, 121, 143, 159
Gerbera *f* 110
Gerichtsdiener *m* 180
Gerichtssaal *m* 180
Gerichtsstenograf *m* 181
Gerichtstermin *m* 180
geriebener Käse *m* 136
geröstet 129

Gerste *f* 130, 184
Gerüst *n* 186
gesalzen 121, 129, 137
Gesäßbacke *f* 13
Gesäßmuskel *m* 16
Geschäft *n* 175
Geschäftsabkommen *n* 175
Geschäftsbogen *m* 173
Geschäftsfrau *f* 175
Geschäftsmann *m* 175
Geschäftspartnerin *f* 24
Geschäftsreise *f* 175
geschält 129
geschälte Garnelen *f* 120
Geschenk *n* 27
Geschenkartikelladen *m* 114
Geschichte *f* 162
Geschirr *n* 64
Geschirr und Besteck *n* 65
Geschlechtskrankheit *f* 20
Geschlechtsteile 12
Geschlechtsverkehr *m* 20
geschlossen 260. 321
Geschwindigkeitsbegrenzung *f* 195
Geschworene *m* 180
Geschworenenbank *f* 180
Gesicht *n* 14
Gesichtsbehandlung *f* 41
Gesichtscreme *f* 73
Gesichtsmaske *f* 41
Gesichtspuder *m* 40
Gesichtsschutzmaske *f* 225
Gesichtswasser *n* 41
Gesims *n* 300
gespaltene Haarspitzen *f* 39
gestalten 91
Gestänge *n* 267
Gestein *n* 288
Gestell *n* 166, 174
gestern 306
Gesundheit *f* 44
geteilt durch 165
getoastetes Sandwich *m* 149
Getränk *n* 107, 144, 156
Getreide *n* 130
Getreideflocken *f* 107, 156
Getriebe *n* 202, 204
getrocknet 129, 143, 159
getrocknete Erbsen *f* 131
Gewächshaus *n* 85
Geweih *n* 291
Gewicht *n* 166, 244
Gewichten 250
Gewichthantel *f* 251
Gewinnanteile *m* 97

gewinnen 273
Gewinner *m* 273
Gewitter *n* 287
Gewölbe *n* 15, 300
Gewürze *n* 132
Gewürznelke *f* 133
Geysir *m* 285
Ghana 317
Giebel *m* 300
Giebeldreieck *n* 301
gießen 67, 90
Gießen *n* 89
Gießkanne *f* 89
Gin *m* 145
Gin Tonic *m* 151
Gips *m* 83
Giraffe *f* 291
Girokonto *n* 96
Gitarrist *m* 258
Gitterstäbe *m* 74
Gladiole *f* 110
Glanz- 83
Glas *n* 51, 134, 152, 311
Glas- 69
Gläser *n* 150
Glasflasche *f* 166
glasieren 139
Glaskeramikkochfeld *n* 66
Glasstäbchen *n* 167
Glaswaren *f* 64
glatt 39
glätten 39
Glattrochen *m* 294
gleich 165
Gleichstand *m* 230
Gleichstrom *m* 60
Gleichung *f* 165
Gleis *n* 208
Gleisnummer *f* 208
Gleitschirmfliegen *n* 248
Gletscher *m* 284
Glied *n* 36
Glimmer *m* 289
glücklich 25
Glühfaden *m* 60
Gneis *m* 288
Gold *n* 235, 289
Goldfisch *m* 294
Golf *n* 232
Goldbrassen *m* 120
Golfhandicap *n* 233
Golfplatz *m* 232
Golfschläger *m* 233
Golfspieler *m* 232
Golftasche *f* 233
Golfturnier *n* 233
Gong *m* 257
Gorilla *m* 291
gotisch 301
Gottesanbeterin *f* 295
GPS-System *n* 201
graben 90
graduieren 26
Graduierte *f* 169
Graduierungsfeier *f* 169
Gramm *n* 310

Granat *m* 288
Granatapfel *m* 128
Granit *m* 288
Grapefruit *f* 126
Graphit *m* 289
Gras *m* 86, 262
Grasfangsack *m* 88
Grasland *n* 285
Gräte *f* 121
grau 39, 274
Graubrot *n* 139, 149
grauer Star *m* 51
Gravieren *n* 275
Greifzange *f* 167
Grenada 314
Griechenland 316
Grieß *m* 130
Griff *m* 36, 37, 88, 230, 237
Grill *m* 267
Grillpfanne *f* 69
Grille *f* 295
grillen 67
Grippe *f* 44
grober Senf *m* 135
Grönland 314
groß 321
Großbritannien 316
großer Zeh *m* 15
Großeltern 23
Großmutter *f* 22
Großraumlimousine *f* 199
Großsegel *n* 240
Großvater *m* 22
Grübchen *n* 15
grün 129, 274
Grün *n* 232
Grundfläche *f* 164
Grundhobel *m* 78
Grundierfarbe *f* 83
Grundierung *f* 40, 83
Grundlinie *f* 230
Grundriss *m* 261
grüne Bohne *f* 122
grüne Erbse *f* 122
grüne Olive *f* 143
grüner Salat *m* 158
grüner Tee *m* 149
grüne Erbsen *f* 131
Grünkohl *m* 123
Gruppentherapie *f* 55
Guatemala 314
Guave *f* 128
Guinea 317
Guinea-Bissau 317
Gummiband *n* 173
Gummihose *f* 30
Gummiknüppel *m* 94
Gummistiefel *m* 31, 89
Gurke *f* 125
Gürtel *m* 32, 36, 236
Gürtelschnalle *f* 36
gut 321
gut geschnitten 35
Güterzug *m* 208
Guyana 315
Gymnastikband *n* 235
Gymnastikhose *f* 251

Gynäkologe *m* 52
Gynäkologie *f* 49

H

Haar *n* 14, 38
Haarband *n* 39
Haarbürste *f* 38
Haarfärbemittel *n* 40
Haarfarben *f* 39
Haargel *n* 38
Haarklammer *f* 38
Haarknoten *m* 39
Haarreif *m* 38
Haarspray *n* 38
Haarspülung *f* 38
Hackbrett *n* 68
Hacke *f* 88
Hackfleisch *n* 119
Hackmesser *n* 68
Hafen *m* 214, 216, 217
Hafenmeister *m* 217
Hafer *m* 130
Haferbrei *m* 157
Haftbefehl *m* 180
Haftentlassung auf Bewährung *f* 181
Hagel *m* 286
Hahn *m* 61, 185
Hähnchen *n* 119
Hähnchenstückchen *n* 155
Hahnenfuß *m* 297
Haifisch *m* 294
Haiti 314
Häkelhaken *m* 277
Häkeln *n* 277
Haken *m* 187, 276
halbdunkles Bier *n* 145
halber Liter *m* 311
halbfester Käse *m* 136
Halbfettmilch *f* 136
Halbinsel *f* 282
Halbpension *f* 101
Halbzeit *f* 223
Halfter *n* 243
Halloween *n* 27
Hals *m* 12, 258
Halskette *f* 36
Halskrawatte *f* 46
Halspastille *f* 109
Halstuch *n* 36
Halswirbel *m* 17
Haltegriff *m* 196
Halteknopf *m* 197
halten 223
Halten verboten 195
Haltung *f* 232
Hämatit *m* 289
Hamburger *m* 154
Hamburger mit Pommes frites *m* 154
Hammer *m* 80
hämmern 79
Hamster *m* 290
Hand *f* 13, 15
Handbohrer *m* 81
Handbremse *f* 203
Handfeger *m* 77

deutsch

français • deutsch
347

INDEX ALLEMAND • DEUTSCHES REGISTER

Handfläche f 15
Handgabel f 89
Handgelenk n 13, 15
Handgepäck n 211, 213
Handknöchel m 15
Handrad n 276
Handsäge f 89
Handschellen f 94
Handschuh m 224, 228, 233, 236, 246
Handschuhe f 36
Handtasche f 37
Handtuch n 73
Handtücher n 73
Handtuchhalter m 72
Handy n 99
Hang m 284
Hängematte f 266
Hängeordner m 173
Hantel f 251
Hardware f 176
Harfe f 256
Harke f 88
harken 90
Harnblase f 20
Harnleiter m 21
Harnröhre f 20
Harnsystem n 19
hart 129, 321
Hartfaserplatte f 79
Hartholz n 79
Hartkäse m 136
Haselnuss f 129
Haselnussöl n 134
Hauptfahrwerk n 210
Hauptgericht n 153
Hauptmahlzeit f 158
Hauptstadt f 315
Haus n 58
Hausanschlüsse m 60
Hausapotheke f 72
Hausaufgaben f 163
Haushaltswaage f 69
Haushaltswaren f 107
Hausschuhe m 31
Haustür f 58
Haustürlampe f 58
Haut f 14, 119
Hautausschlag m 44
Hautpflege f 108
Hawaii 314
Heavymetal n 259
Hebamme f 53
Hebel m 61, 150
Heck n 198, 210, 240
Hecke f 85, 90, 182
Heckenschere f 89
Hefe f 138
Hefebrötchen n 139
Heft n 163
heften 277
Hefter m 173
hegen 91
Heidekraut n 297
Heidelbeere f 127
Heilbuttfilet n 120
Heilkräuter n 55
Heimwerkstatt f 78

heiraten 26
heiß 286, 321
heiße Schokolade f 144
heißes Getränk n 144
Heißluftballon m 211
Heißwasserhahn m 72
Heizdecke f 71
Heizelement n 61
Heizkörper m 60
Heizlüfter m 60
Heizofen m 60
Heizungsregler m 201
hell 41, 321
Helm m 204, 220, 228
Hemd n 32, 251
Henkel m 106
Herbizid n 183
Herbst m 31, 307
Herde f 183
Hering m 266
Herr m 23
Herrenbekleidung f 105
Herrenfriseur m 39
Herrenhalbschuh m 37
Herrenkleidung f 32
herunterladen 177
Herz n 18, 119, 122, 273
Herz- und Gefäßsystem n 19
Herzinfarkt m 44
Herzmuschel f 121
Heu m 184
Heuschnupfen m 44
Heuschrecke f 295
heute 306
Hieb m 237
hier essen 154
Hi-Fi-Anlage f 268
Hilfskoch m 152
Himalaja m 313
Himbeere f 127
Himbeerkonfitüre f 134
hinauf 320
Hindernis n 243
hinter 320
hinterherlaufen 229
Hinterrad n 197
hinunter 320
Hirsch m 291
Hirse f 130
historisches Gebäude n 261
HNO-Abteilung f 49
Hobel m 81
hobeln 79
hoch 271, 321
hochbinden 91
Hochfrisur f 39
Hochgeschwindigkeitszug m 208
Hochglanz- 271
Hochschule f 168
Hochseefischerei f 245
Hochsprung m 235
Höchstlademarke f 214
Hochzeit f 26, 35
Hochzeitsfeier f 26
Hochzeitskleid m 35

Hochzeitsreise f 26
Hochzeitstag m 26
Hochzeitstorte f 141
hochziehen 251
Höcker m 291
Hockey n 224
Hockeyball m 224
Hockeyschläger m 224
Hoden m 21
Hodensack m 21
Hof m 58, 84, 182
Höhe f 165, 211
Höhenleitwerk n 210
Höhle f 284
Hole-in-One n 233
Holz n 79, 233, 275
Holzarbeit f 275
Holzblasinstrumente n 257
Holzbohrer m 80
Holzkohle f 266
Holzleim m 78
Holzlöffel m 68
Holzspäne n 78
homogenisiert 137
Homöopathie f 55
Honduras 314
Hörer m 99
Hormon n 20
Horn n 257, 291
Hornhaut f 51
Horrorfilm m 255
Hörsaal m 169
Hose f 32, 34
Hot Dog n 155
Hotel n 100, 264
Hoteldiener m 100
Hubschrauber m 211
Huf m 242, 291
Hufeisen n 242
Hüfte f 12
Hügel m 284
Huhn n 185
Hühnerbein n 119
Hühnerei n 137
Hühnerfarm f 183
Hühnerstall m 185
Hülse f 130
Hülsenfrüchte f 130
Hummer m 121, 295
Hund m 290
hundert 308
hundertster 309
hunderttausend 308
hundertzehn 308
Hundeschlittenfahren n 247
hungrig 64
Hupe f 201, 204
Hürdenlauf m 235
Hurrikan m 287
Husten m 44
Hustenmedikament n 108
Hut m 36
Hüttenkäse m 136
Hydrant m 95
Hypnotherapie f 55

hypoallergen 41
Hypotenuse f 164
Hypothek f 96

I

Ich möchte fotokopieren 172
Igel m 290
Imbissstand m 154
Imbissstube f 154
immergrün 86
Immobilienmakler m 115
Immobilienmaklerin f 189
impotent 20
in 320
in den Ruhestand treten 26
indigoblau 274
in Ei gebratenes Brot n 157
in Lake 143
in Ohnmacht fallen 25, 44
in Öl 143
in Saft 159
in Sicherheit 228
in Soße 159
Indien 318
Indischer Ozean m 312
Indonesien 319
Industriegebiet n 299
Infektion f 44
Information f 261
Ingwer m 125, 133
Inhalationsapparat m 44
Inhalierstift f 109
Inlandsflug m 212
Inlinerfahren n 263
Innenausstattung f 200
Innenfeld n 228
innerer Kern m 282
Innereien 118
innerhalb 320
Inning n 228
ins Bett gehen 71
Insektenschutzmittel n 108
Insektenspray m 267
Insel f 282
Inspektor m 94
Installation f 61
installieren 177
Instrumente n 258
Insulin n 109
Intensivstation f 48
Intercity m 209
Internet n 177
Interviewer m 179
Ionosphäre f 286
Irak 318
Iran 318
Iris f 51, 110
Irland 316
Isolierband n 81
Isolierung f 61
Israel 318
Italien 316

J

Jacht f 215
Jacke f 32, 34
Jade m 288
Jagdflugzeug n 211
Jagdrennen n 243
Jahr n 306
Jahreszeiten f 306
Jahrhundert n 307
jährlich 307
Jahrmarkt m 262
Jahrtausend n 307
Jahrzehnt n 307
Jakobsmuschel f 121
Jalousie f 63
Jamaika 314
Jamswurzel f 125
Januar m 306
Japan 318
jäten 91
Jazz m 259
Jeans f 31
Jemen 318
jenseits 320
Jett m 288
jetzt 320
Jogging n 251, 263
Jogurt m 137
Joker m 273
Jordanien 318
Journalist m 190
Judo n 236
Jugendliche f 23
Jugendstil m 301
Jugoslawien 316
Juli m 306
Junge m 23, 290
Juni m 306
Jupiter m 280
Juwelier 188
Juwelierarbeit f 275
Juweliergeschäft n 114

K

Kabel n 79, 207
Kabelfernsehen n 269
Kabeljau m 120
Kabinda 317
Kabine f 210, 214
Kabinenlift m 246
Kabriolett n 199
kacheln 82
Käfer m 295
Kaffee m 144, 148, 153, 156, 184
Kaffeelöffel m 153
Kaffeemaschine f 148, 150
Kaffeemilchshake m 149
Kaffeetasse f 65
kahl 39
Kai m 216
Kaiserschnitt m 52
Kakadu m 293
Kakaopulver n 148
Kaktus m 87
Kaktusfeige f 128
Kalb n 185

348   français • deutsch

INDEX ALLEMAND • DEUTSCHES REGISTER

Kalbfleisch n 118
Kalender m 306
Kalk m 85
Kalkstein m 288
kalt 286, 321
kaltgepresstes Öl n 135
Kaltwasserhahn m 72
Kalzit m 289
Kalzium n 109
Kambodscha 318
Kamera f 178, 260
Kamera für APS-Film f 270
Kamerakran m 178
Kameramann m 178
Kameratasche f 271
Kamerun 317
Kamillentee m 149
Kamin m 63
Kamingitter n 63
Kaminsims m 63
Kamm m 38
kämmen 38
Kammer f 283
Kampf m 237
Kampfsport m 236
Kampfsportarten f 237
Kanada 314
Kanal m 178, 269, 299
Kanalschacht m 299
Kanarienvogel m 292
Kandare f 242
kandierte Früchte f 129
Känguru n 291
Kaninchen n 118, 290
Kännchen n 65
Kante f 246
Kanter m 243
Kanu n 214
Kanusport m 241
Kapern f 143
Kapitalanlage f 97
Kapitän m 214
Kapsel f 109
Kapstachelbeere f 128
Kapuze f 31
Kapuzenmuskel m 16
Karamell m 113
Karamellpudding m 142
Karate m 236
Kardamom m 132
Kardanwelle f 202
Kardiologie f 49
Karibisches Meer m 312
Karies f 50
Karneval m 27
Karo n 273
Karosserie f 202
Karotte f 124
Karte f 27
Karten f 273
Kartenreiter m 173
Kartenschlitz m 97
Kartenspiel n 273
Kartentelefon n 99
Kartoffel f 124
Kartoffelchip m 151
Kartoffelstampfer m 68

Kasachstan 318
Käse m 136, 156
Kasino n 261
Kaspisches Meer m 313
Kasse f 106, 150, 255
Kasserolle f 69
Kassette f 269
Kassettenrekorder m 269
Kassierer m 96, 106
Katalog m 168
Katamaran m 215
Katar 318
Kathedrale f 300
Katheter m 53
Kätzchen n 290
Katze f 290
Katzenauge n 204
Kaufhaus n 105
Kaugummi m 113
Kaulquappe f 294
Kaution f 181
Kajak n 241
Kebab m 155
Kegel m 164, 249
Kehldeckel m 19
Kehle f 19
Kehlkopf m 19
Kehrblech n 77
Kehre f 238
Keilriemen m 203
keine Einfahrt 195
Keks m 113, 141
Kelch m 297
Kelle f 187
Kellergeschoss n 58
Kellner m 148, 152
Kellnerin f 191
Kendo n 236
Kenia 317
Kennmarke f 94
kentern 241
Kern m 122, 127, 128, 129
Kerngehäuse n 127
kernlos 127
Kerze f 63
Kescher m 244
Kessel m 61
Kesselpauke f 257
Ketchup m 135
Kette f 36
Kettenzahnrad n 207
Keule f 119, 228
Keyboard n 258
Kichererbsen f 131
Kickboxen n 236
kicken 221, 223
Kiefer f 296
Kieferknochen m 17
Kiel m 214
Kieme f 294
Kies m 88
Kilogramm n 310
Kilometer m 310
Kilometerzähler m 201
Kind n 23, 31
Kinder f 23

Kinderabteilung f 104
Kinderbett n 74
Kinderheilkunde f 49
Kinderkleidung f 30
Kinderportion f 153
Kindersicherung f 75
Kindersitz m 198, 207
Kinderstation f 48
Kinderstuhl m 75
Kinderwagen m 75
Kinderzimmer n 74
Kinn n 14
Kinnlade f 14
Kino n 255, 299
Kinosaal m 255
Kiosk m 113
Kipper m 187
Kirche f 298, 300
Kirsche f 126
Kirschtomate f 124
Kissenbezug m 71
Kiwi f 128
Klammer f 166
Klammern f 173
Klampe f 240
Klappe f 179
Klapptisch m 210
Klarinette f 257
Klasse f 163
Klassenzimmer n 162
klassische Musik f 255, 259
klassizistisch 301
Klatschmohn m 297
Klaue f 291
Klavier m 256
Klebepistole f 78
Klebstoff m 275
Klee m 297
Kleid n 31, 34
Kleiderbügel m 70
Kleiderschrank m 70
Kleidung f 205
Kleie f 130
klein 321
Kleinbus m 197
kleiner Finger m 15
kleine Trommel f 257
kleiner Zeh m 15
Kleinkind n 30
Kleinwagen m 199
Kleisterbürste f 82
Klementine f 126
Klemmbrett n 173
Klempner m 188
Klettergerüst n 263
Klettern n 248
Kletterpflanze f 87
Klient m 180
Klimaanlage f 200
Klinge f 89
Klingel f 197
Klinik f 48
Klippe f 285
Klitoris f 20
Klöppel m 277
Klubhaus n 232

Klubsandwich n 155
Knabbereien f 151
Knäckebrot n 139, 156
knackig 127
Knebelknopf m 31
kneten 138
Knie n 12
Kniebeuge f 251
knielang 34
Kniescheibe f 17
Knieschützer m 205, 227
Kniesehnenstrang m 16
Knoblauch m 125, 132
Knoblauchpresse f 68
Knöchel m 13, 15
knöchellang 34
Knochen m 17, 119
Knochenasche f 88
Knock-out m 237
Knopf m 32
Knopfloch n 32
Knorpel m 17
Knospe f 111, 297
Koalabär m 291
Koch m 190
köcheln lassen 67
kochen 67
Köcher m 249
Kochfeld n 67
Kochmütze f 190
Kochtopf m 69
Köder m 244
Köderhaken m 244
ködern 245
Kofferkuli m 100, 208, 213
Kofferraum m 198
Kohle f 288
Kohlestift m 275
Kohlrabi m 123
Kohlrübe f 125
Koikarpfen m 294
Kokon m 295
Kokosnuss f 129
Kolben m 166
Kolibri m 292
Kollege m 24
Kolonie 315
Kolumbien 315
Kombinationszange f 80
Kombiwagen m 199
Kombüse f 214
Komet m 280
Kommandobrücke f 214
Kommandoturm m 215
Kommode f 70
Kommunikation f 98
Komödie f 255
Komoren 317
Kompass m 240, 312
Komposterde f 88
Komposthaufen m 85
Kondensmilch f 136
Konditorcreme f 140
Konditorei f 114
Kondom n 21
Konfirmation f 26
Konfitüre f 134, 156

Konglomerat n 288
Kongo 317
König m 272, 273
Königsberg 316
Konserven f 107
Kontaktlinsen f 51
Kontaktlinsenbehälter m 51
Kontinent m 282, 315
Kontonummer f 96
Kontoüberziehung f 96
Kontrabass m 256
Kontrafagott m 257
Kontrollturm m 212
Kontrolluntersuchung f 50
Konzert n 255, 258
Kopf m 12, 19, 112, 230
köpfen 91, 222
Kopfende n 70
Kopfhaut f 39
Kopfhörer m 268
Kopfkissen n 70
Kopfschmerzen m 44
Kopfschutz m 74, 236
Kopfstütze f 200
Kopfverletzung f 46
kopieren 172
Kopilot m 211
Koppel f 242
Korallenriff n 285
Korb m 207, 226
Korbbrett n 226
Körbchen n 74
Korbring m 226
Koriander m 133
Korinthe f 129
Korken m 134
Korkenzieher m 150
Korn n 130
Körner n 131
Körnerbrot n 139
Körper m 12, 164
Körperlotion f 73
Körperpuder m 73
Körpersysteme n 19
Körperverletzung f 94
Korrekturstift m 40
Korsett n 35
Korsika 316
Kotelett n 119
Krabbe f 121
Kraftstoffanzeige f 201
Kraftstofftank m 204
Krafttraining n 251
Kragen m 32
Krähe f 292
Kralle f 293
Krampf m 44, 239
Kran m 187, 216
Kranich m 292
Krankenhaus n 48
Krankenhausstation f 48
Krankenschwester f 45, 48, 52, 189
Krankenwagen m 94
Krankheit f 44

français • deutsch

349

INDEX ALLEMAND • DEUTSCHES REGISTER

deutsch

Kranz m 111
Krater m 283
kratzen 77
Kraulen n 239
kraus 39
Kraut n 86
Kräuter m 133, 134
Kräuter und Gewürze n 132
Kräutergarten m 84
Kräuterheilkunde f 55
Kräuterheilmittel n 108
Kräutermischung f 132
Kräutertee m 149
Krawatte f 32
Krawattennadel f 36
Krebs m 121, 295
Kreditkarte f 96
Kreide f 162, 288
Kreis m 165
Kreissäge f 78
Kreisverkehr m 195
Kreuz n 256, 273
Kreuzblume f 300
Kreuzkümmel m 132
Kreuzschlitzschrauben-
    zieher m 80
Kreuzung f 194, 298
Kricket n 225
Kricketball m 225
Kricketspieler m 225
Krickettor n 225
Kriechpflanze f 87
Kriegsschiff n 215
Kriminalbeamte m 94
Kristalltherapie f 55
Kroatien 316
Krokodil n 293
Krokodilklemme f 167
Krone f 50
Kröte f 294
Krug m 151
Kruste f 139
Kuba 314
Küche f 66, 152
Kuchen m 141
Kuchen backen n 69
Kuchenblech n 69
Kuchenform f 69
Küchenchef m 152
Küchengeräte n 66, 68, 105
Küchenmaschine f 66
Küchenmesser n 68
Küchenregal n 66
Küchenschrank m 66
Kugel f 149, 164
Kugelstoßen n 234
Kuh f 185
Kühler m 202
Kühlmittelbehälter m 202
Kühlschrank m 67
Kuhmilch f 136
Küken n 185
Kulisse f 254
Kultivator m 182
Kümmel m 131
Kumquat f 126

Kunde m 96, 104, 106, 152, 175
Kundendienst m 104
Kundendienstabteilung f 175
Kundin f 38
Kung-Fu n 236
Kunst f 162
Kunstgeschichte f 169
Kunsthandlung f 115
Kunsthandwerk n 274, 276
Kunsthochschule f 169
Kunstmuseum n 261
Künstlerin f 274
kunststoffbeschichtet 69
Kupfer n 289
Kuppel f 300
Kupplung f 200, 204
Kürbiskern m 131
Kurkuma f 132
kurz 32, 321
kurz gebraten 159
Kurzhaarschnitt m 39
Kurzsichtigkeit f 51
Kurzwaren f 105
Kurzwelle f 179
Kuscheltier n 75
Kuskus m 130
Küste f 285
Küstenwache f 217
Kuwait 318

L

Labor n 166
Laborwaage f 166
lächeln 25
lachen 25
Lachs m 120
Lack m 79, 83
Lacrosse n 249
Lacrosseschläger m 249
Laden m 298
Lagerfeuer n 266
Laib m 139
Laken n 74
Lakritze f 113
Laktose f 137
Lamm n 118, 185
Lampe f 62
Lampen f 105
Land n 282, 315
landen 211
Landkarte f 195
Landschaft f 284
Landungsbrücke f 214
Landungssteg m 217
Landwirt m 182, 189
landwirtschaftliche
    Betriebe m 183
lang 32
Länge f 165, 310
Längengrad m 283
Langkorn- 130
Langlauf m 247
Langlaufmaschine f 250
langsam 321

Längsschnitt m 282
Langwelle f 179
Laos 318
Laptop m 175, 176
Lärche f 296
Lastwagen m 194
Lastwagenfahrer m 190
Laterne f 217
Latte f 235
Lätzchen n 30
Latzhose f 30
Laubbaum m 86
Laubrechen m 88
Lauch m 125
Lauf m 228
Laufband n 106, 250
Läufer m 272
Laufstall m 75
Lautsprecher m 176, 209, 258
Lautstärke f 179, 269
Lava f 283
Lawine f 247
Leadsänger m 258
Lebensmittel n 106
Lebensmittel n 106
Lebensmittelabteilung f 105
Lebensmittelgeschäft n 114
Leber f 18, 118
Lederanzug m 205
Lederschuh m 32, 37
leer 321
Leerung f 98
legen 38
leger 34
Leggings f 31
Leguan m 293
Lehm m 85
Lehne f 64
Lehrer m 54
Lehrerin f 162, 191
leicht 321
Leichtathlet m 234
Leichtathletik f 234
Leichtflugzeug n 211
Leinen n 277
Leinwand f 255, 274
Leiste f 12
leitender Angestellter m 174
Leiter f 95, 186
Leitkegel m 187
Leitplanke f 195
Leitung f 60
Leitungswasser n 144
Lende f 121
Lendenbereich m 13
Lendensteak n 119
Lendenwirbel m 17
Lenkrad n 201
Lenkstange f 207
lernen 163
Lernen n 162
Leselampe f 210
lesen 162
Leserausweis m 168

Lesesaal m 168
Lesotho 317
Lettland 316
letzte Woche 307
Leuchtrakete f 240
Leuchtstreifen m 205
Leuchtturm m 217
Leukoplast n 47
Levkoje f 110
Lexikon n 163
Libanon 318
Libelle f 295
Liberia 317
Libyen 317
Licht n 94
Lichtmaschine f 203
Lichtschalter m 201
Lid n 51
Lidschatten m 40
Liebesfilm m 255
Liechtenstein 316
Lied n 259
Lieferung ins Haus f 154
Liegestuhl m 265
Liegestütz m 251
Liga f 223
Likör m 145
Lilie f 110
Limonade f 144
Limone f 126
Limousine f 199
Linde f 296
Lineal n 163, 165
Linien f 165
Liniennummer f 196
Linienrichter m 220, 223, 230
Liniensystem n 256
linkes Feld n 228
links 260
Linkssteuerung f 201
Linse f 51, 270
Lipgloss m 40
Lippe f 14
Lippenkonturenstift m 40
Lippenpinsel m 40
Lippenstift m 40
Litauen 316
Liter m 311
Literatur f 162, 169
Literaturliste f 168
Litschi f 128
live 178
Lob m 230
Loch n 232
Locher m 173
Lockenstab m 38
Lockenwickler m 38
Löffel m 65
Löffelbiskuit n 141
Loganbeere f 127
Loge f 254
Logo n 31
Lohnliste f 175
Lokomotive f 208
Lorbeer m 133
Löschfahrzeug n 95
loslassen 245

löslich 109
Lösungsmittel 83
löten 79
Lotion f 109
Lötkolben m 81
Lottoscheine m 112
Lötzinn m 79, 80
Löwe m 291
Löwenzahn m 123, 297
Luffaschwamm m 73
Luftdüse f 210
Luftfilter m 202, 204
Luftkissenboot n 215
Luftmanschette f 45
Luftmatratze f 267
Luftpostbrief m 98
Luftpumpe f 207
Luftröhre f 18
Lunge f 18
Lungenautomat m 239
Lupinen f 297
Lutscher m 113
Luxemburg 316
Luzerne f 184
lymphatisches System n 19

M

Macadamianuss f 129
Madagaskar 317
Mädchen n 23
Magen m 18
Magenschmerzen m 44
mageres Fleisch n 118
Magermilch f 136
Magister m 169
Magma n 283
Magnesium n 109
Magnet m 167
Mähdrescher m 182
mähen 90
Mähne f 242, 291
Mai m 306
Mais m 122, 130, 184
Maisbrot n 139
Maiskeimöl n 135
Majonäse f 135
Majoran m 133
Make-up n 40
Makramee n 277
Makrele f 120
Mal n 229
mal 165
Malachit m 288
Malawi 317
Malaysia 318
Malediven 318
Malerei f 274
Malerin f 191
Mali 317
Malspieler m 228
Malta 316
Malzessig m 135
Malzgetränk n 144
Manager m 174
Manchego m 142
Mandarine f 126
Mandel f 129

350

français • deutsch

INDEX ALLEMAND • DEUTSCHES REGISTER

Mandeln f 151
Mandelöl n 134
Mango f 128
Mangold m 123
Mangostane f 128
Maniküre f 41
Maniok m 124
Mann m 12, 23
männlich 21
Mannschaft f 220
Mansarde f 58
Mansardenfenster n 58
Manschette f 32
Manschettenknopf m 36
Mantel m 32, 282
Maracas f 257
Marathon m 234
Margarine f 137
Margerite f 110, 297
Marienkäfer m 295
Marina f 217
mariniert 143, 159
Marketingabteilung f 175
Markise f 148
Markt m 115
Marmor m 288
Marokko 317
Mars m 280
Marshmallow n 113
Martini m 151
März m 306
Marzipan n 141
Maschinen f 187
Maschinenbau m 169
Maschinengewehr n 189
Maschinenraum m 214
Masern f 44
Maske f 189, 236, 249
Maß n 150, 151
Massage f 54
Maße n 165
Mast m 240
Mastdarm m 21
Match n 230
Material n 187
Materialien n 79
Mathematik f 162, 164
Matratze f 70, 74
matt 83, 271
Matte f 54, 235
Mauer f 58, 186, 222
Mauerturm m 300
Mauerwerkbohrer m 80
Maurer m 188
Mauretanien 317
Mauritius 317
Maus f 176, 290
Mautstelle f 194
Mazedonien 316
MDF-Platte f 79
Mechanik f 202
Mechaniker m 188, 203
Medaillen f 235
Medien f 178
Medikament n 109
Meditation f 54
Medizin f 169

Meer n 264, 282
Meeresfrüchte f 121
Meerrettich m 125
Mehl n 138
Mehl mit Backpulver n 139
Mehl ohne Backpulver n 139
mehrjährig 86
Mehrkornbrot n 139
Meile f 310
Meißel m 81, 275
Meisterschaft f 230
melken 183
Melodie f 259
Melone f 127
Mensa f 168
Menschen m 12, 16, 39
Menstruation f 20
Menüleiste m 177
Merkur m 280
Mesosphäre f 286
Messbecher m 69, 150, 311
messen 310
Messer n 65, 66
Messerschärfer m 68, 118
Messleiste f 45
Messlöffel m 109
Metall n 79
Metallbohrer m 80
Metalle n 289
Metallsäge f 81
metamorph 288
Meteor m 280
Meter m 310
Metermaß n 80
Metzger m 118, 188
Metzgerei f 114
Mexiko 314
Mieder n 35
Miesmuschel f 121
Miete f 58
mieten 58
Mieter m 58
Migräne f 44
Mikrofon n 179, 258
Mikrofongalgen m 179
Mikroskop n 167
Mikrowelle f 66
Milch f 136, 156
Milchkaffee m 148
Milchprodukte n 107, 136
Milchpulver n 137
Milchpumpe f 53
Milchreis m 130, 140
Milchschokolade f 113
Milchshake m 137
Milchtüte f 136
Milliarde 309
Milligramm n 310
Milliliter m 311
Millimeter m 310
Million 309
Milz f 18
Mineral n 289

Mineralwasser n 144
Minibar f 101
Minidiskrekorder m 268
Minirock m 34
minus 165
Minute f
Minutenzeiger m
Minze f 133
mischen 273
Mischpult n 179
Mistgabel f 88
mit 320
mit Automatik 200
mit Formbügeln 35
mit Handschaltung 200
mit Kohlensäure 144
mit Kopfdünger düngen 90
mit offenem Oberdeck 260
mit Rasen bedecken 90
mit Schokolade überzogen 140
mit Schokoladenstückchen 141
mit Zahnseide reinigen 50
Mittag m 305
Mittagessen n 64
Mittagsmenü n 152
Mittelfeld n 228
Mittelfinger m 15
Mittelfußknochen m 17
Mittelhandknochen m 17
mittelharter Käse m 136
Mittelkreis m 222, 224, 226
Mittellinie f 226
Mittelmeer n 313
Mittelpunkt m 164
Mittelstreifen m 194
Mittelstürmer m 222
Mittelwelle f 179
Mitternacht f 305
mittlere Spur f 194
Mittwoch m 306
Mixer m 66
Mixerschüssel f 66
Möbel n 105
Möbelgeschäft n 115
Mobile n 74
Mode f 277
Modedesigner m 277
Modell n 169, 190
Modellbau m 275
Modellierholz n 275
Modem n 176
Moderator m 178
Mohn m 138
Moldawien 316
Monaco 316
Monat m 306
monatlich 307
Monatshygiene f 108
Mond m 280
Mondbohnen f 131
Mondfähre f 281
Mondsichel f 280

Mondstein m 288
Mongolei 318
Monitor m 53, 176
Monopoly m 272
Monsun m 287
Montag m 306
Monument n 261
Morgen m 305
morgen 306
Morgendämmerung f 305
Morgenrock m 31
Mörser m 68, 167
Mörtel m 187
Mosambik 317
Moschee f 300
Moskitonetz n 267
Motocross n 249
Motor m 88, 202, 204
Motorbootsport m 241
Motorhaube f 198
Motorrad n 204
Motorradrennen n 249
Motorradständer m 205
Motte f 295
Mountainbike n 206
Mousse f 141
Möwe f 292
Mozzarella m 142
MP3-Spieler m 268
Muffin m 140
mulchen 91
Mülleimer m 67, 266
Müllschlucker m 61
multiplizieren 165
Multivitaminmittel n 109
Mumps m 44
Mund m 14
Mundschutz m 237
Mundwasser n 72
Mungbohnen f 131
Münze f 97
Münzfernsprecher m 99
Münzrückgabe f 99
Muschel f 265
Museum n 261
Musical n 255
Musik f 162
Musiker m 191
Musikhochschule f 169
Musikinstrumente n 256
Musikstile f 259
Muskatblüte f 132
Muskatnuss f 132
Muskel m 16
Mutter f 22, 80
Muttermal n 14
Mütze f 36
Myanmar 318

N

Naanbrot n 139
Nabe f 206
Nabel m 12
Nabelschnur f 52
nach 320
Nachbar m 24
Nachmittag m 305

Nachrichten f 100, 178
Nachrichtensprecher m 191
Nachrichtensprecherin f 179
nachschneiden 39
Nachspeisen f 140
nächste Woche 307
Nacht f 305
Nachthemd n 31, 35
Nachtisch m 70, 153
Nachttischlampe f 70
Nachtwäsche f 31
Nacken m 13
Nadel f 109, 276
Nadelbaum m 86
Nadelkissen n 276
Nagel m 80
Nagelfeile f 41
Nagelhaut f 15
Nagelknipser m 41
Nagelkopf m 81
Nagellack m 41
Nagellackentferner m 41
Nagelschere f 41
nahe 320
nähen 277
Näherin f 277
Nähfuß m 276
Nähkorb m 276
Nähmaschine f 276
Nahrungsmittel n 118, 130
Nahrungsmittel in Flaschen n 134
Naht f 34, 52
Namibia 317
Nascherei f 113
Nase f 14
Nasenbluten n 44
Nasenklemme f 238
Nasenloch n 14
Nasenriemen m 242
Nashorn n 291
nass 286, 321
Nation f 315
Nationalpark m 261
Naturfaser f 31
Naturheilkunde f 55
Naturreis m 130
Naturwissenschaft f 162
navigieren 240
Nebelfleck m 280
neben 320
Nebengebäude n 182
Nebenwirkungen f 109
Neffe m 23
Negativ n 271
negative Elektrode f 167
Negligé n 35
Nektarine f 126
Nelke f 110
Nenner m 165
Nennwert m 97
Nepal 318
Neptun m 280
Nerv m 19, 50
Nervensystem n 19

français • deutsch

351

INDEX ALLEMAND • DEUTSCHES REGISTER

nervös 25
Nessel f 297
Netz n 217, 226, 227, 231
Netzhaut f 51
Netzwerk n 176
neu 321
Neubelag m 187
neue Kartoffel f 124
Neugeborene n 53
Neujahr n 27
Neumond m 280
neun 308
neunhundert 308
neunter 309
neunzehn 308
neunzehnhundert 307
neunzehnhunderteins 307
neunzehnhundertzehn 307
neunzehnter 309
neunzig 308
neunzigster 309
Neurologie f 49
Neuseeland 319
neutral 60
neutrale Zone f 224
Nicaragua 314
nicht falten 98
Nichte f 23
Nichtraucherbereich m 152
Nickel m 289
Niederlande 316
niedrig 321
Niere f 18, 119
Niesen n 44
Niger 317
Nigeria 317
Nilpferd n 291
Nockenriemen m 203
Nord- und Mittelamerika 314
Norden m 312
Nordkorea 318
nördliche Halbkugel f 283
nördlicher Polarkreis m 283
Nordpol m 283
Nordpolarmeer n 312
Nordsee f 312
normal 39
Norwegen 316
Notation f 256
Notaufnahme f 48
Notausgang m 210
Note f 163, 256
Noten f 255, 256
Notfall m 46
Nothebel m 209
Notizblock m 173
Notizbuch n 172
Notizen f 175, 191
Notizen machen 163
Notrufsäule f 195
November m 306
Nudelholz n 69

Nudeln f 158
Nugat m 113
null 230, 308
Nummernschild n 198
Nüsse f 151
Nüsse und Dörrobst f, n 129
Nylon n 277

O

oben 98
Oberarmknochen m 17
oberer Kuchenteil m 141
Oberschenkel m 12
Oberschenkelknochen m 17
Oberschenkelmuskeln m 16
Objektivlinse f 167
Objektträger m 167
Oboe f 257
Obsidian m 288
Obst n 107, 126, 128, 157
Obstanbau m 183
Obstkorb m 126
Obstkuchenform f 69
Obstsaft m 156
Obsttörtchen n 140
Obus m 196
offen 321
offenes Gedränge n 221
ohne 320
ohne Bedienung 152
ohne Kohlensäure 144
Ohr n 14
Öhr n 244
Ohrring m 36
Okra f 122
Oktober m 306
Okular n 167, 269
Öl n 142, 199
Öle n 134
Ölfarben f 274
Oliven f 151
Olivenöl n 134
Ölmessstab m 202
Ölsumpf m 204
Öltanker m 215
Oman 318
Omelett n 158
Onkel m 22
Onkologie f 49
online 177
Onyx m 289
Opal m 288
Oper f 255
Operation f 48
Operationssaal m 48
Optiker m 189
orange 274
Orange f 126
Orangeade f 144
Orangenmarmelade f 134, 156
Orangensaft m 148
Orchester n 254, 256
Orchestergraben m 254

Orchidee f 111
Ordner m 172, 177
Oregano m 133
Origami n 275
Orthopädie f 49
Öse f 37, 276
Osten m 312
Osteopathie f 54
Osterglocke f 111
Ostern n 27
Österreich 316
Ostsee f 313
Otter m 290
Ouvertüre f 256
Oval n 164
Overall m 82
Overheadprojektor m 163
Ozean m 282
Ozeandampfer m 215
Ozonschicht f 286

P

Paar n 24
Päckchen n 311
Päckchen Zigaretten n 112
Packung f 311
Paddel n 241
Pagenkopf m 39
Paket n 99
Pakistan 318
Palette f 186, 274
Palme f 86, 296
Palmherzen n 122
Palmtop m 175
Panama 314
Pandabär m 291
Paniermehl n 139
Panzer m 293
Papagei m 293
Papaya f 128
Papierbehälter m 172
Papierführung f 172
Papierklammer f 173
Papierkorb m 172, 177
Papierserviette f 154
Papiertaschentuch n 108
Papiertaschentuch-schachtel f 70
Pappe f 275
Pappel f 296
Pappmaschee m 275
Paprika f 124
Papua-Neuguinea 319
Par n 233
Paraguay 315
parallel 165
Parallelogramm n 164
Paranuss f 129
Parfum n 41
Parfümerie f 105
Park m 261, 262
parken 195
Parkett n 254
Parkplatz m 298
Parkuhr f 195
Parmesan m 142

Partner m 23
Partnerin f 23
Parfümerie f 105
Pass m 213, 226
Passagier m 216
Passagierhafen m 216
Passah n 27
Passionsfrucht f 128
Passkontrolle f 212, 213
Pastellstifte m 274
Pastete f 142, 156, 158
Pasteten f 143
Pastetenform f 69
pasteurisiert 137
Pastinake f 125
Patchwork n 277
Pathologie f 49
Patientenkurve f 48
Patientenstuhl m 50
Patientin f 45
Patiogarten m 85
Pause f 254, 269
Pausenzeichen n 256
Pay-Kanal m 269
Pazifischer Ozean m 312
Pecannuss f 129
Pedal n 206
Pediküre f 41
Peeling n 41
Pelikan m 292
Pendler m 208
Penguin m 292
Penis m 21
Peperoni f 124, 142, 143
Periduralanästhesie f 52
Periodikum n 168
Perlenkette f 36
Persimone f 128
Personal n 175
Personalabteilung f 175
Personenwaage f 45
persönliche Bestleistung f 234
Peru 315
Perücke f 39
Pessar n 21
Pestizid n 89, 183
Petersilie f 133
Petrischale f 166
Pfannengericht n 158
Pfannenwender m 68
Pfannkuchen m 157
Pfau m 293
Pfeffer m 64, 152
Pfefferkorn n 132
Pfefferminz n 113
Pfefferminztee m 149
Pfeife f 112
Pfeil m 249
Pferch m 185
Pferd n 185, 235, 242
Pferderennen n 243
Pferdeschwanz m 39
Pferdestall m 243
Pfingstrose f 111
Pfirsich m 126, 128

pflanzen 183
Pflanzen f 296
Pflanzenarten f 86
Pflanzenöl n 135
Pflanzenschildchen n 89
Pflanzschaufel f 89
Pflaster n 47
Pflaume f 126
Pflegetuch n 75
pflücken 91
pflügen 183
pfropfen 91
Pfund n 310
Phantombild n 181
Philippinen 319
Philosophie f 169
Physik f 162, 169
Physiotherapie f 49
Picknick n 263
Picknickbank f 266
Picknickkorb m 263
Pier m 217
Pik n 273
pikante Wurst f 142
Pikkolaflöte f 257
Pilates-Übungen f 251
Pille f 21
Pilot m 190, 211
Pilz m 125
Piment m 132
Piniennuss f 129
PIN-Kode m 96
Pinne f 240
Pinnwand f 173
Pinsel m 274
Pint n 311
Pintobohnen f 131
Pinzette f 40, 47, 167
Pipette f 167
Pistazie f 129
Pistole f 94
Pitabrot n 139
Pizza f 154
Pizzabelag m 155
Pizzeria f 154
Plädoyer m 180
Plakat n 255
Plakatfarbe f 274
Planet m 280, 282
Planken f 85
Planschbecken n 263
Plastiktüte f 122
plastische Chirurgie f 49
Plateau n 284
Plateauschuh m 37
Platin n 289
Platte f 283
Platten f 85
Plattengeschäft n 115
Plattenspieler m 268
Platz m 299
Platzanweiser m 255
Platzverweis m 223
Plazenta f 52
plus 165
Pluto m 280
pochieren 67
pochiert 159

INDEX ALLEMAND • DEUTSCHES REGISTER

Podium n 256
Poker n 273
Pol m 60, 282
Polarlicht n 286
Polen 316
polieren 77
Politologie f 169
Politur f 77
Polizei f 94
Polizeiauto n 94
Polizeiwache f 94
Polizeizelle f 94
Polizist m 94, 189
Poller m 214, 298
Polo n 243
Polster n 220, 224
Polyester n 277
Pommes frites 154
Poolbillard n 249
Popcorn n 255
Popmusik f 259
Pore f 15
Port m 176
Portmonee n 37
Portion f 64
Portionierer m 68
Portokosten f 98
Portugal 316
Portwein m 145
Porzellan n 105
Posaune f 257
Pose f 244
positive Elektrode f 167
Post f 98
Postanweisung f 98
Postbeamte m 98
Posteingang m 177
postgraduiert 169
Postkarte f 112
Postleitzahl f 98
Postsack m 98
Poststempel m 98
Posttasche f 190
Potpourri n 111
Praline f 113
Präsentation f 174
Preis m 152
Preiselbeere f 127
Preisliste f 154
Premiere f 254
Presse f 178
Pressluftbohrer m 187
Privatbadezimmer n 100
private Fitnesstrainerin f 250
Privatjet m 211
Privatunterhaltung f 268
Privatzimmer n 48
Probleme n 271
Profilsäge f 81
Programm n 176, 254, 269
Programmgestaltung f 178
Projektor m 174
Promenade f 265

Promotion f 169
Propeller m 211
Prosciutto f 143
Prospekt m 254
Prostata f 21
Protokoll n 174
Protokollführer m 180
Provinz f 315
Provision f 97
Prozentsatz m 165
Prozessor m 176
Prüfung f 163
Psychiatrie f 49
Psychotherapie f 55
Publikum n 254
Puck m 224
Puder m 109
Puderdose f 40
Puderpinsel m 40
Puderquaste f 40
Puderrouge n 40
Puerto Rico 314
Pullover m 33
Puls m 47
Pult n 162, 269
Punkmusik f 259
pünktlich
Pupille f 51
Puppe f 75
Puppenhaus n 75
püriert 159
Pute f 119
Putter m 233
putzen 77
Putzmopp m 77
Puzzle n 273
Pyramide f 164

Q

Quadrat n 164
Quadratfuß m 310
Quadratmeter m 310
Qualle f 295
Quart n 311
Quarz m 289
Quecksilber n 289
quer 271
Querflöte f 257
Querlatte f 222
Querruder n 210
Quiche f 142
Quinoa n 130
Quitte f 128
Quittung f 152

R

Rachen m 19
Racquetball n 231
Rad n 198, 207
Rad fahren 207
Radar m 214, 281
Radfahren n 263
Radicchio n 123
Radiergummi m 163
Radieschen n 124
Radio n 179, 268
Radiologie f 49
Radiowecker m 70

Radius m 164
Radkappe f 202
Radmuttern f 203
Radschlüssel m 203
Rafting n 241
Rahmen m 206, 230
Rahmkäse m 136
Rakete f 211
Rallyefahren n 249
RAM n 176
Ramadan m 26
Rap m 259
Raps m 184
Rapsöl n 135
Rasen m 85, 90
Rasenmäher m 88, 90
Rasenrandschere f 88
Rasensprenger m 89
Rasieren n 73
Rasierklinge f 73
Rasierschaum m 73
Rasierwasser n 73
Rassel f 74
Rathaus n 299
Ratte f 290
Rattenschwänze f 39
Rauch m 95
rauchen 112
Raucherbereich m 152
Räucherfisch m 143
Räucherheringe m 157
Rauchmelder m 95
Raumanzug m 281
Raumfähre f 281
Raumforschung f 281
Raumstation f 281
Raupe f 295
Raureif m 287
Reagenzglas n 166
Rebound m 227
Rechnung f 152
Recht n 180
rechtes Feld n 229
rechte Spur f 194
Rechteck n 164
rechts 260
rechts abbiegen verboten 195
Rechtsabteilung f 175
Rechtsanwalt m 180, 190
Rechtsberatung f 180
Rechtsfall m 180
Rechtssteuerung f 201
Rechtswissenschaft f 169
Reck n 235
Recyclingbehälter m 61
Redakteurin f 191
Reflexzonenmassage f 54
Reformhaus n 115
Regal n 268
Regen m 287
Regenbogen m 287
Regenbogenforelle f 120
Regenhaut f 245, 267
Regenmantel m 31, 32

Regenschirm m 36
Regenwald m 285
Reggae m 259
Region f 315
Regisseur m 254
Reibahle f 80
Reibe f 68
reiben 67
reif 129
Reifen m 198, 205, 206
Reifendruck m 203
Reifenpanne f 203, 207
Reifenprofil n 207
Reifenschlüssel m 207
Reihe f 210, 254
Reihen(haus) 58
Reiki n 55
Reiniger m 41
Reinigung f 115
Reinigungsartikel m 77
Reinigungsmittel n 51, 77
Reinigungstuch n 108
Reis m 130, 158, 184
Reisebüro n 114
Reisebürokauffrau f 190
Reisebus m 196
Reiseführer m 260
Reisekrankheitstabletten f 109
Reisescheck m 97
Reisetasche f 37
Reiseziel n 213
Reißverschluss m 277
Reißzwecke m 173
Reiten n 263
Reiter m 242
Reitgerte f 242
Reithelm m 242
Reithose f 242
Reitsport m 242
Reitstiefel m 242
Reitweg m 263
Rekord m 234
Reliefpapier n 83
Renaissance- 301
Rennbahn f 234, 243
Rennboot n 214
Rennbügel m 207
Rennen n 234
rennen 228
Rennfahrer m 249
Rennmaschine f 205
Rennpferd n 243
Rennrad n 206
Rennrodeln n 247
Rennsport m 249
Reparaturkasten m 207
Reporterin f 179
Reproduktion f 20
Reptilien n 293
Restaurant n 101, 152
Rettungsboot n 214, 240
Rettungsring m 240
Rettungssanitäter m 94
Rettungsturm m 265
Return n 231
Revers n 32

Rezept n 45
R-Gespräch n 99
Rhabarber m 127
Rhombus m 164
rhythmische Gymnastik f 235
Richter m 180
Richtungsangaben f 260
Riemen m 207
Riesenslalom m 247
Rinde f 136, 142, 296
Rindfleisch n 118
Ring f 36
Ringbefestigungen f 89
Ringe m 235
Ringen n 236
Ringfinger m 15
Ringordner m 173
Rinnstein m 299
Rippe f 17, 126
Rippchen f 155
Rippenstück n 119
Robbe f 290
Robe f 169
Rochen m 120, 294
Rochenflügel m 120
Rock m 30, 34
Rockband m 35
Rockkonzert n 258
Rocky Moutains 312
Rodeo n 243
Roggenbrot n 138
Roggenmehl n 138
roh 124, 129
Rohr n 202
Rohrabschneider m 81
Rohrzange f 81
Rokoko- 301
Rolle f 244, 245, 311
Rolle Toilettenpapier f 72
Rollenheft n 254
Roller m 83, 205
Rollo n 63
Rollschuh m 249
Rollschuhfahren n 249
Rollstuhl m 48
Rollstuhlzugang m 197
Rolltreppe f 104
Röntgenaufnahme f 48, 50
Röntgenbild n 50
Röntgenschirm m 45
rosa 274
Röschen f 122
Rose f 110
rosé 145
Rosenkohl m 122
Rosenschere f 89
Rosine f 129
Rosinenbrot n 139
Rosmarin f 133
Rost m 67
rostfreier Stahl m 79
rot 39, 145, 274
rotbraun 39
rote Augen f 271
Rote Bete f 125
rote Karte f 223

français • deutsch

353

INDEX ALLEMAND • DEUTSCHES REGISTER

rote Meeräsche f 120
rote Bohnen f 131
rote Linsen f 131
rotes Fleisch n 118
Rotes Meer n 313
Rotorblatt n 211
Rotzunge f 120
Rough n 233
Route f 260
Ruanda 317
Rübe f 124
Rubin m 288
Rücken m 13
Rückenbürste f 73
Rückenflosse f 294
rückenfrei 35
Rückenlehne f 210
Rückenmuskel m 16
Rückenschwimmen n 239
Rückgabedatum n 168
Rückhand f 231
Rücklauf m 269
Rücklicht n 207
Rucksack m 31, 37, 267
Rücksitz m 200
Rückspiegel m 198
Rückstrahler m 207
rückwärts fahren 195
Ruder n 241
Ruderboot n 214
Ruderer m 241
Rudermaschine f 250
rudern 241
Rufknopf m 48
Rugby n 221
Rugbyball m 221
Rugbyspieler m 221
Rugbytrikot n 221
Rührei n 157
rühren 67
Rührschüssel f 69
Rum m 145
Rum mit Cola m 151
Rumänien 316
Rumpf m 210, 214, 240
Rumpfheben m 251
Rumpsteak n 119
Runde f 237
runder Ausschnitt m 33
Rundfunkstation f 179
Rundkorn- 130
Rüssel m 291
Russische Föderation 318
Rutsche f 263
rutschen 229

S

säen 90, 183
Safaripark m 262
Safran m 132
Saft m 109, 127
Säfte und Milchshakes f 149
saftig 127
sägen 79
Sahara f 313, 317

Sahne f 137, 140, 157
Sahnetorte f 141
Saint Kitts und Nevis 314
Saint Lucia 314
Saint Vincent und die Grenadinen 314
Saison- 129
Saite f 230, 258
Saiteninstrument n 256
Salamander m 294
Salami f 142
Salat m 123, 149
Salatsoße f 158
Salbe f 47, 109
Salbei m 133
Salomonen 319
Salto m 235
Salz n 64, 152
salzig 155
Sambia 317
Samen m 88, 122, 130
Samenausführungsgang m 21
Samenbläschen n 21
Samenleiter m 21
Sämling m 91
Samstag m 306
San Marino 316
Sand m 85, 264
Sandale f 37
Sandalen f 31
Sandburg f 265
Sandkasten m 263
Sandsack m 237
Sandstein m 288
Sandwich n 155
Sandwichtheke f 143
Sanitätsdienst m 168
Sängerin f 191
Sao Tomé und Príncipe 317
Saphir 288
Sardine f 120
Sardinien 316
Satellit m 281
Satellitenschüssel f 269
Satsuma f 126
satt 64
Sattel m 206, 242
Sattelgurt m 242
Sattelstütze f 206
Saturn m 280
Satz m 230
saubere Wäsche f 76
Saubohnen f 131
Saudi-Arabien 318
sauer 127
Sauerteigbrot n 139
Sauger m 75, 81
Säugetiere n 290
Saugglocke f 53
Säuglingspflege f 74
Saugschlauch m 77
Säule f 300
Saum m 34
Sauna f 250
saure Sahne f 137
Saxofon n 257

Scan m 48
Scanner m 106, 176
Schabe f 295
Schablone f 83
Schach n 272
Schachbrett n 272
Schachtel Pralinen f 113
Schädel m 17
Schaf n 185
Schaffarm f 183
Schaffner m 209
Schafsmilch f 137
Schal m 31
Schale f 126, 127, 128, 129
schälen 67
Schäler m 68
Schalldämpfer m 204
Schalotte f 125
schalten 207
Schalter m 60, 96, 98, 100
Schalthebel m 201, 207
Schamlippen f 20
scharf 124
Schaschlik m 158
Schattenpflanze f 87
Schauer m 286
Schaufel f 187
Schaukel f 263
Schaum m 148
Schaumbad n 73
Schaumlöffel m 68
Schauspieler m 179, 191, 254
Schauspielerin f 254
Scheck m 96
Scheckheft n 96
Scheibe f 119, 121, 139
Scheibenbrot n 138
Scheibenputzmittelbehälter m 202
Scheibenschießen n 249
Scheibenwaschanlage f 199
Scheibenwischer m 198
Scheide f 20
Scheidenmuschel f 121
Scheidung f 26
Schein m 97
Scheinwerfer m 198, 205, 259
Schellfisch m 120
Schenkel m 119
Schere f 38, 47, 188, 276
Scheune f 182
Schiebedach n 202
Schiedsrichter m 222, 225, 226, 229, 230
Schiedsrichterball m 226
Schiefer m 288
Schienbein n 12, 17
Schienbeinschutz m 225
Schiene f 47, 208
schießen 223, 227
Schiff n 214
Schiffsschraube f 214

Schild n 172
Schilddrüse f 18
Schildkröte f 293
Schinken m 119, 143, 156
Schirm m 233
Schirmständer m 59
Schlafabteil n 209
Schlafanzug m 30, 33
Schläfe f 14
Schlafen n 74
Schlaflosigkeit f 71
Schlafmatte f 267
Schlafmittel n 109
Schlafsack m 267
Schlafzimmer n 70
Schlag m 233
Schlaganfall m 44
Schläge m 231
schlagen 67, 224, 225, 229
Schläger m 224
Schlägerspiele n 231
Schlagfehler m 228
Schlagholz n 225
Schlaginstrumente n 257
Schlagmal n 228
Schlagmann m 225, 228
Schlagzeug n 258
Schlagzeuger m 258
Schlange f 293
Schlauch m 95, 207
Schlauchboot n 215
Schlauchwagen m 89
schlecht 321
Schlegel m 275
Schleier m 35
Schleierkraut n 110
Schleifmaschine f 78
Schleppdampfer m 215
Schleppe f 35
schleudern 76
Schleudertrauma n 46
Schlick m 85
Schließfächer n 239
Schlinge f 46
Schlittenfahren n 247
Schlittschuh m 224, 247
Schlittschuh laufen 224
Schloss n 59
Schlot m 283
Schlucht f 284
Schlüssel m 59, 80, 207
Schlüsselbein n 17
Schlüsselblume f 297
schmal 321
Schmerzmittel n 109
Schmerztabletten f 47
Schmetterball m 231
Schmetterling m 239, 295
schmirgeln 82
Schmirgelpapier n 81, 83
Schmortopf m 69
Schmuck m 36
Schmuckkasten m 36
Schmucksteine m 288
schmutzige Wäsche f 76

Schnabel m 293
Schnabeltasse f 75
schnarchen 71
Schnauze f 293
Schnecke f 295
Schnee m 287
Schneeanzug m 30
Schneebesen m 68
Schneemobil n 247
Schneeregen m 286
schneiden 38, 67, 79, 277
Schneider m 80, 88, 191
Schneiderei f 115
Schneiderkreide f 276
Schneiderpuppe f 276
Schneidezahn m 50
schnell 321
schnell zubereitet 130
Schnellimbiss m 154
Schnellstraße f 195
Schnitt m 46
Schnittlauch m 133
Schnittmuster n 276
schnitzen 79
Schnorchel m 239
Schnur f 244
schnurloses Telefon n 99
Schnurrhaare m 290
Schnürschuh m 37
Schnürsenkel m 37
Schock m 47
schockiert 25
Schokolade f 156
Schokoladenaufstrich m 135
Schokoladenmilchshake m 149
Schokoladentorte f 140
Schönheit f 40
Schönheitsbehandlungen f 41
Schönheitspflege f 105
Schöpflöffel m 68
Schornstein m 58, 214
Schot f 241
Schote f 122
Schraube f 80
Schraubenschlüssel m 80
Schraubenzieher m 80
Schraubenziehereinsätze m 80
Schraubstock m 78
schreiben 162
Schreibtisch m 172
Schreibtischschränkchen n 172
Schreibwaren f 105
schreien 25
Schreiner m 188
Schriftart f 177
Schritt m 243
schrubben 77
Schubkarre f 88
Schublade f 66, 70, 172
schüchtern 25
Schuh m 233

354   français • deutsch

INDEX ALLEMAND • DEUTSCHES REGISTER

Schuh mit hohem Absatz m 37
Schuhabteilung f 104
Schuhe f 34, 37
Schuhgeschäft m 114
Schulbuch n 163
Schulbus m 196
schuldig 181
Schule f 162, 299
Schüler m 162
Schuljunge m 162
Schulleiter m 163
Schulmädchen n 162
Schultasche f 160
Schulter f 13
Schulterblatt n 17
Schulterpolster m 35
Schulterriemen m 37
Schuluniform f 162
Schuppe f 121, 294
Schuppen f 39, 293
Schuppen m 84
Schürze f 30, 69
Schuss m 151
Schüssel f 65
Schutz m 88
Schutzanstrich m 83
Schutzblech n 205
Schutzbrille f 81, 167
Schutzhelm m 95, 186, 224
Schutzkappe f 270
Schutzmaske f 228
schwach 321
Schwager m 23
Schwägerin f 23
Schwalbe f 292
Schwamm m 73, 74, 83
Schwan m 293
schwanger 52
Schwangerschaft f 52
Schwangerschaftstest m 52
Schwanz m 121, 242, 290, 294
Schwarte f 119
schwarz 39, 272, 274
schwarzäugige Bohnen f 131
schwarzer Gürtel m 237
schwarze Johannisbeere f 127
schwarzer Kaffee m 148
Schwarzes Loch n 280
Schwarzes Meer n 313
schwarze Olive f 143
schwarzer Tee m 149
Schwebebalken m 235
Schweden 316
Schwefel m 289
Schweif m 280
Schweifsäge f 81
Schwein n 185
Schweinefarm f 183
Schweinefleisch n 118
Schweinestall m 185
Schweißband n 230
Schweiz f 316

schwer 321
Schwerkraft f 280
Schwert n 241
Schwertfisch m 120, 294
Schwester f 22
Schwiegermutter f 23
Schwiegersohn m 22
Schwiegertochter f 22
Schwiegervater m 23
Schwimmbad n 101
Schwimmbecken n 238, 250
Schwimmbrett n 238
Schwimmbrille f 238
schwimmen 238
Schwimmer m 61, 238
Schwimmflosse f 239
Schwimmflügel m 238
Schwimmreifen m 265
Schwimmsport m 238
Schwimmstile m 239
Schwimmweste f 240
schwingen 232
Science-Fiction-Film m 255
Scotch mit Wasser m 151
Scrabble n 272
Scrollbalken m 177
sechs 308
Sechseck n 164
sechshundert 308
sechzehn 308
sechzehnter 309
sechzig 308
sechzigster 309
sedimentär 288
See m 285
Seebarsch m 120
Seefischerei f 245
Seelöwe m 290
Seemann m 189
Seepferd n 294
Seepolyp m 121, 295
Seestern m 295
Seeteufel m 120
Seezunge f 120
Segel n 241
Segelboot n 215
Segelfliegen n 248
Segelflugzeug n 211, 248
Segeljacht f 240
Segelsport m 240
Sehenswürdigkeiten f 261
Sehkraft f 51
Sehne f 17
Sehnerv m 51
Sehtest m 51
Seide f 277
Seife f 73
Seifenoper f 178
Seifenschale f 73
Seil n 248
Seilspringen n 251
sein Testament machen 26

Seite f 164
Seitendeck n 240
Seitenleitwerk n 210
Seitenlinie f 220, 221, 226, 230
Seitenpferd m 235
Seitenruder n 210
Seitenspiegel m 198
Seitenstraße f 299
Seitenstreifen m 194
Seitfußstoß m 237
Sekretariat n 168
Sekunde f 304
Sekundenzeiger m
Selbstbräunungscreme f 41
selbstsicher 25
Selbstverteidigung f 237
Sellerie f 124
senden 177, 178
Sendung f 179
Senegal 317
Senf m 155
Senfkorn n 131
Senkblei n 82
senkrecht 165
Sepie f 121
September m 306
Serbien u. Montenegro 316
Server m 176
Serviceprovider m 177
servieren 64
Servierlöffel m 68
Serviette f 65, 152
Serviettenring m 65
Sesamkorn n 131
Sesamöl n 134
Sessel m 63
Sessellift m 246
Set n 179
Setzkasten m 89
Setzkescher m 244
seufzen 25
Shampoo n 38
Sherry m 145
Shiatsu n 54
Shorts 30, 33
Sibirien 313
sich anfreunden 26
sich aufwärmen 251
sich übergeben 44
sich verlieben 26
Sicherheit f 75, 240
Sicherheitsbohrer m 80
Sicherheitsgurt m 198, 211
Sicherheitsnadel f 47
Sicherheitssperre f 246
Sicherheitsventil n 61
Sicherheitsvorkehrungen f 212
sichern 177
Sicherung f 60
Sicherungskasten m 60, 203
Sieb n 68, 89
sieben 91, 138, 308

siebenhundert 308
siebter 309
siebzehn 308
siebzehnter 309
siebzig 308
siebzigster 309
Siegerpodium m 235
Sierra Leone 317
Signal n 209
Silber m 235, 289
Silo m 183
Simbabwe 317
Singapur 319
Sinus m 19
Sirene f 94
Sitz m 204, 209, 210, 242
Sitzfläche f 64
Sitzung f 174
Sitzungsraum m 174
Sizilien 316
Skalpell n 81, 167
Skateboard n 249
Skateboardfahren n 249, 263
Skelett n 17
Ski m 246
Skianzug m 246
Skibrille f 247
Skihang m 246
Skiläuferin f 246
Skipiste f 246
Skisport m 246
Skisprung m 247
Skistiefel m 246
Skistock m 246
Skizze f 275
Skizzenblock m 275
Skorpion m 295
Slalom m 247
Slice m 230
Slip m 33, 35
Slipeinlage f 108
Slipper m 37
Slowakei 316
Slowenien 316
Smaragd m 288
SMS f 99
Snackbar f 148
Snooker n 249
Snowboarding n 247
Sodabrot n 139
Sodawasser n 144
Sofa n 62
Sofakissen n 62
Sofortbildkamera f 270
Software f 176
Sohle f 37
Sohn m 22
Sojabohnen f 131
Sojasprosse f 122
Soldat m 189
Somalia 317
Sommer m 31, 307
Sommersprosse f 15
Sonate f 256
Sonde f 50
Sonne f 280

Sonnenaufgang m 305
sonnenbaden 264
Sonnenbank f 41
Sonnenblocker m 108, 265
Sonnenblume f 184, 297
Sonnenblumenkern m 131
Sonnenblumenöl n 134
Sonnenbrand m 46
Sonnenbräune f 41
Sonnenbrille f 51, 265
Sonnencreme f 265
Sonnenhut m 30, 265
Sonnenschein m 286
Sonnenschirm m 148, 264
Sonnenschutzcreme f 108
Sonnensystem n 280
Sonnenuhr f 262
Sonnenuntergang m 305
sonnig 286
Sonntag m 306
Sorbet n 141
Soße f 134, 143, 155
Soufflé n 158
Souffléform f 69
Soziussitz m 204
Spachtel m 82
Spachtelmasse f 83
spachteln 82
Spalier n 84
Spanholz n 79
Spanien 316
Spann m 15
Spannung f 60
Sparkonto n 97
Sparring n 237
spät 305
Spatel m 167
Spaten m 88, 265
später 304
Spatz m 292
Specht m 292
Speck m 118
Speckscheibe f 119
Speerfischen n 245
Speerwerfen n 234
Speiche f 17, 207
Speicher m 176
Speisekarte f 148, 153, 154
Speiseröhre f 19
Speisewagen m 209
Spermium n 20
Sperrholz n 79
Spezialitäten f 152
Spiegel m 40, 63, 71, 167
Spiegelei n 157
Spiel n 230, 273
Spielanzug m 30
Spielbahn f 225, 233
Spiele n 272
spielen 75, 229, 273
Spieler m 273
Spielerbank f 229

deutsch

français • deutsch   355

INDEX ALLEMAND • DEUTSCHES REGISTER

deutsch

Spielergebnis n 273
Spielernummer f 226
Spielfeld n 220, 221, 226, 228
Spielfeldgrenze f 225
Spielfilm m 269
Spielhaus n 75
Spielmarke f 272
Spielplatz m 263
Spielshow f 178
Spielstand m 220
Spielwaren f 105
Spielzeug n 75
Spielzeugkorb m 75
Spieß m 68
Spikes m 233
Spin m 230
Spinat m 123
Spinne f 295
Spinnerkasten m 244
Spion m 59
Spirale f 21
Spitze f 35, 37, 122, 165, 246
Spitzenklöppelei f 277
Spitzer m 163
Spitzhacke f 187
Splitter m 46
Sport m 162, 220, 236
Sportangeln n 245
Sportartikel m 105
Sportjackett n 33
Sportkabriolett n 198
Sportler m 191
Sportplatz m 168
Sportschuh m 37
Sportschuhe f 31
Sportwagen m 75
Sprachen f 162
Sprachmitteilung f 99
Spray n 109
Sprechanlage f 59
Sprecher m 174
Sprechzimmer n 45
Springbrunnen m 85
springen 227
Springer m 238, 272
Springreiten n 243
Sprinter m 234
Spritzbeutel m 69
Spritze 48, 109, 167
Spritzschutz m 66
Sprühbehälter m 311
Sprühdose f 311
sprühen 91
Sprung m 235, 237, 239, 243
Sprungball m 226
Sprungbrett n 235, 238
Sprungfeder f 71
Spuckbecken n 50
Spülbecken n 66
Spule f 276
Spüle f 61
spülen 76, 77
Spüler m 276
Spülkasten m 61
Spülmaschine f 66

Squash n 231
Sri Lanka 318
Staat m 315
Staatsanwaltschaft f 180
Stab m 225, 235
Stabhochsprung m 234
Stachel m 295
Stachelbeere f 127
Stadien n 23
Stadion n 223
Stadt f 298, 299
Stadtplan m 261
Stadtrundfahrtbus m 260
Stängel m 111, 297
Staffelei f 274
Staffellauf m 235
Stahlwolle f 81
Stake f 245
Stall m 185
Stallbursche m 243
Stamm m 296
Stammaktie f 97
Ständer m 88, 268
Stange f 90, 207, 250
Stangen f 133
Stangenbohne f 122
Stangensellerie m 122
stark 321
Start- und Landebahn f 212
Startblock m 234, 238
starten 211
Startlinie f 234
Startsprung m 239
Stativ n 166, 270, 281
Staub wischen 77
Staubgefäß n 297
Staubsauger m 77, 188
Staubtuch n 77
Staudamm m 300
Staudenrabatte f 85
stechen 90
Stechmücke f 295
Stechpalme f 296
Steckdose f 60
Stecker m 60
Stecknadel f 276
Steckschlüssel m 80
Steg m 258
Steigbügel m 242
Stein m 272, 275
Steingarten m 84
Steinobst n 126
Steiß- 52
Steißbein n 17
Stempel m 173
Stempelkissen n 173
Steppdecke f 71
Stepper m 250
sterben 26
stereo 269
steril 20, 47
Stern m 280
Sternanis m 133
Sternbild n 281
Sternfrucht f 128
Sternhyazinthen f 297
Stethoskop n 45

Steuer f 96
Steuerrakete f 281
Steuerung f 204, 269
Stich m 46, 277
Stichplatte f 276
Stichsäge f 78
Stichwahltaste f 276
Stickerei f 277
Stickrahmen m 277
Stiefel m 220
Stiefmutter f 23
Stiefsohn m 23
Stieftochter f 23
Stiefvater m 23
Stiel m 112, 187, 297
Stier m 185
Stillbüstenhalter m 53
stillen 53
Stillen n 53
Stimmbänder n 19
Stipendium n 169
Stirn f 14
Stirnmuskel m 16
Stirnriemen m 242
Stirnrunzeln n 25
Stock m 58, 91
Stoff m 276, 277
Stoffwindel f 30
stolz 25
Stop m 269
stopfen 277
Stoppball m 230
Stoppuhr f 166, 234
Stöpsel m 72, 166
Storch m 292
Stoß m 237, 239
Stößel m 68
Stoßstange f 198
Stoßzahn m 291
Stoßzeit f 209
Strafmaß n 181
Strafraum m 223
Strafregister n 181
Straftäter m 181
Strähnchen f 39
Strampelanzug m 30
Strand m 264
Strandhäuschen n 264
Strandsandale f 37
Strandtasche f 264
Strandtuch n 265
Strang m 277
Straße f 298
Straßen f 194
Straßenanzug m 32
Straßenarbeiten f 187
Straßenbahn f 196, 208
Straßenbaustelle f 195
Straßencafé n 148
Straßenecke f 298
Straßenlaterne f 298
Straßenmarkierungen f 194
Straßenrad n 206
Straßenschild n 298
Stratosphäre f 286
Strauß m 111, 292
Strebepfeiler m 301

Strecken n 251
Streichbürste f 83
Streichhölzer n 112
Stress m 55
Strichkode m 106
Stricken n 277
Strickjacke f 32
Stricknadel f 277
Strohhalm m 144, 154
Strom m 60
Stromanschluss m 266
Stromausfall m 60
Strom führende Schiene f 209
Stromkabel n 176
Stromnetz n 60
Stromschnellen f 284
Stromzähler m 60
Strumpfband n 35
Strümpfe f 33, 35
Strumpfhalter m 35
Strumpfhose f 35
Strunk m 122
Stuckrahmen m 63
Stück n 140, 311
Student m 169
Studentenheim n 168
Studioeinrichtung f 178
Stufenbarren m 235
Stuhl m 64
Stunde f 163
Stundenzeiger m
Sturm m 286
Sturz m 186
Stütze f 187
stutzen 90
Stützräder n 207
subtrahieren 165
suchen 177
Südafrika 317
Sudan 317
Süden m 312
Südfrüchte f 128
Südkorea 318
südliche Halbkugel f 283
Südpolarmeer n 313
Sukkulente f 87
Sultanine f 129
Sumo m 237
Sumpf m 285
Supermarkt m 106
Suppe f 153, 158
Suppenlöffel m 65
Suppenteller m 65
Surfbrett n 241
Surfer m 241
Suriname 315
süß 124, 127, 155
süßer Aufstrich m 134
Süßkartoffel f 125
Süßwaren f 107, 113
Süßwarengeschäft n 113
Süßwasserangeln n 245
Swasiland 317
Sweatshirt n 33
Symbol n 177
Symphonie f 256
Synagoge f 300

Synchronschwimmen n 239
synthetisch 31
Syrien 318
System n 176

T

Tabak m 112, 184
Tablett n 152, 154
Tablette f 109
Tachometer m 201, 204
Tadschikistan 318
Taekwondo n 236
Tafel f 162
Tafel Schokolade f 113
Tag m 306
Tagesdecke f 70
Tagesordnung f 174
Tai Chi m 236
Taille f 12
Taiwan 319
Takelung f 215, 240
Taktstock m 256
Taktstrich m 256
Tal n 284
Tamburin n 257
Tampon m 108
Tandem n 206
Tangelo f 126
Tankstelle f 199
Tankstellenplatz m 199
Tansania 317
Tante f 22
Tanzakademie f 169
Tänzerin f 191
Tanzmusik f 259
Tapedeck n 268
Tapete f 82
Tapetenkleister m 82
Tapezierbürste f 82
Tapezieren n 82
tapezieren 82
Tapezierer m 82
Tapeziermesser n 82
Tapezierschere f 82
Tapeziertisch m 82
Tapisserie f 277
Tarowurzel f 124
Tasche f 32, 37
Taschenlampe f 267
Taschenrechner m 165
Taschentuch n 36
Tasmanien 319
Tastatur f 172, 176
Taste f 176
Tastenfeld n 97, 99
Tätigkeiten f 77, 183
Tätowierung f 41
Taube f 292
tauchen 238
Tauchen n 239
Taucheranzug m 239
Tauchermaske f 239
Taufe f 26
Tausendfüßler m 295
Taxifahrer m 190
Taxistand m 213
Team n 229

356   français • deutsch

INDEX ALLEMAND • DEUTSCHES REGISTER

Techniken f 237
Teddy m 75
Tee m 144, 149, 184
Tee mit Milch m 149
Tee mit Zitrone m 149
Teebeutel m 144
Teeblätter n 144
Teekanne f 65
Teelöffel m 65
Teetasse f 65
Teich m 85
Teig m 138, 140
Teigschaber m 68
Teilchen n 140
Teiler m 173
teilnehmen 174
Teint m 41
Telefon m 99, 172
Telefonzelle f 99
Telegramm n 98
Teleprompter m 179
Teleskop n 281
Teller m 65
Tempel m 300
Temperatur f 286
Temperaturanzeige f 201
Tennis n 230
Tennisball m 230
Tennisplatz m 230
Tennisschläger m 230
Tennisschuh m 231
Tennisspieler m 231
Teppich m 63, 71
Tequila m 145
Termin m 45, 175
Terminal m 212
Terminkalender m 173, 175
Terminplaner m 175
Termite f 295
Terpentin n 83
Terrassencafé n 148
Territorium n 315
Tesafilm m 173
Tesafilmhalter m 173
Text m 259
Thailand 318
Theater n 254, 299
Theaterkostüm n 255
Theaterstück n 254
Theke f 142, 150
Therapeutin f 55
Thermometer n 45, 167
Thermosflasche f 267
Thermosphäre f 286
Thermostat m 61
Thermounterwäsche f 35
Thermowäsche f 267
Thriller m 255
Thymian m 133
Tiefe f 165
tiefes Ende n 239
tiefgefroren 121, 124
Tiefkühlkost f 107
Tiegel m 166
Tierärztin f 189
Tier n 292, 294
Tierfutter n 107

Tierhandlung f 115
Tiger m 291
Timor-Leste 319
Tintenfisch m 121, 295
Tisch m 64, 148, 167
Tischdecke f 64
Tischtennis n 231
Tischtennisschläger m 231
Titel m 168
Toast m 157
Toaster m 66
Tochter f 22
Toffee n 113
Togo 317
Toilette f 72
Toiletten f 104, 266
Toilettenartikel m 41, 107
Toilettenbürste f 72
Toilettensitz m 61, 72
Tomate f 125, 157
Tomatenketchup m 154
Tomatensaft m 144, 149
Ton m 275
Tonabnehmer m 258
Tonhöhe f 256
Tonicwater n 144
Tonleiter f 256
Tonmeister m 179
Tonne f 310
Tonspur f 255
Tonstudio n 179
Topas m 288
Töpfchen n 74
Töpferei f 275
Topfhandschuh m 69
Topfpflanze f 87, 110
Topinambur m 125
Tor n 85, 182, 221, 223, 224, 247
Torlinie f 220, 223, 224
Tornado m 287
Tornetz n 222
Torpfosten m 220, 222
Torraum m 221, 223
Törtchenform f 69
Torwart m 222, 224, 225
Touchdown m 220
Tourenfahrrad n 206
Tourer m 205
Tourist m 260
Touristenattraktion f 260
Touristenbus m 197
Touristeninformation f 261
Trab m 243
Trabrennen n 243
Tragbahre f 94
Tragebettchen n 75
Träger m 35, 186
trägerlos 34
Tragfläche f 210
Tragflügelboot n 215
trainieren 251
Trainingsanzug m 31, 32
Trainingshose f 33
Trainingsrad n 250
Trainingsschuh m 251

Traktor m 182
Tranchiergabel f 68
Träne f 51
Transfer m 223
Transformator m 60
Transmission f 202
Trapez n 164
Traubenkernöl n 134
Traubensaft m 144
traurig 25
Treppe f 59
Treppenabsatz m 59
Treppengeländer n 59
Treppengitter n 75
treten 207
Trethebel m 61
Triangel m 257
Trichter m 166
Triebwerk n 210
Trifle n 141
Trimester n 52
Trinidad und Tobago 314
Trittleiter f 82
Trizeps m 16
trocken 39, 41, 130, 145, 286, 321
Trockenblume f 111
Trockendock n 217
trocknen 76
Trockner m 76
Trog m 183
Trommel f 258
Trompete f 257
Tropen f 283
Tropfen m 109
Tropfer m 167
Tropfinfusion f 53
Troposphäre f 286
Trüffel m 113, 125
Truthahn m 185, 293
Tschad 317
Tschechische Republik 316
T-Shirt n 30, 33
Tuba f 257
Tube f 311
Tülle f 80
Tulpe f 111
Tunesien 317
Tunfisch m 120
Tür f 196, 209
Turbolader m 203
Türgriff m 200
Türkei f 316
Türkette f 59
Türkis m 289
Türklingel f 59
Türklopfer m 59
Turkmenistan 318
Türknauf m 59
Turm m 272, 300
Turmalin m 288
Turmspitze f 300
Turmsprung m 239
Turnen n 235
Turnerin f 235
Turnierplatz m 243
Türriegel m 59

Türverriegelung f 200
Tüte f 311
Typen m 205

U

U-Bahn m 209
U-Bahnplan m 209
Übelkeit f 44
über 320
überbelichtet 271
Überdach n 266
Überführung f 194
Übergepäck n 212
überholen 195
Überholspur f 194
Überlauf m 61
übermorgen 307
Übernachtung mit Frühstück f 101
Überpar n 233
überrascht 25
Überschallflugzeug n 211
Überschwemmung f 287
Überweisung f 49
U-Boot n 215
Übungen f 251
Übungsschwung m 233
Ufer n 284
Uganda 317
Uhr f 36, 62
Ukraine f 316
Ulme f 296
Ultraleichtflugzeug n 211
Ultraschall m 52
Ultraschallaufnahme f 52
Ultraviolettstrahlen m 286
um 320
Umfang m 164
Umhängetasche f 37
Umlaufbahn f 280
Umleitung f 195
umpflanzen 91
Umschlag m 98
umsteigen 209
Umwelt f 280
Umzug m 27
Unentschieden n 223
Unfall m 46
Ungarn 316
ungesalzen 137
ungültiger Schlag m 228
Uniform f 94, 189
Universität f 299
Universum n 280
Unkraut n 86
Unkrautvernichter m 91
unpasteurisiert 137
unscharf 271
unschuldig 181
unsicheres Fangen des Balls n 220
unter 320
Unterarm m 12
unterbelichtet 271
unterbrochen 99
unterer Kuchenteil m 141

Unterführung f 194
Untergrund m 91
Unterhemd n 33, 35
Unterpar n 233
Unterrock m 35
Unterschrift f 96, 98
Untersetzer m 150
Untersuchung f 45, 49
Unterwäsche f 32, 35
Unze f 310
Uranus m 280
Urlaub m 212
Urlaubsprospekt m 212
Urologie f 49
Urteil n 181
Uruguay 315
Usbekistan 318

V

Vanille f 132
Vanillepudding m 140
Vanuatu 319
Vase f 63
Vater m 22
Vatikanstadt f 316
V-Ausschnitt m 33
vegetarischer Hamburger m 155
Vene f 19
Venezuela 315
Ventil n 207
Ventilator m 60, 202
Venus f 280
Venusmuschel f 121
Verankerung f 217
Veranstaltungen f 243
verarbeitete Getreidearten f 130
verärgert 25
Verband m 47
verbinden 177
verbleit 199
Verbrechen n 94
Verdächtige m 94, 181
Verdauungssystem n 19
Verdeck n 75
Verdünnungsmittel n 83
Vereinigte Arabische Emirate 318
Vereinigte Staaten von Amerika 314
Verfallsdatum n 109
Verfügung f 180
Vergiftung f 46
Vergnügungspark m 262
vergrößern f 172
Vergrößerung f 271
Verkäufer m 104
Verkäuferin f 188
Verkaufsabteilung f 175
Verkehr m 194
Verkehrsampel f 194
Verkehrsflugzeug n 210, 212
Verkehrsinsel f 194
Verkehrspolizist m 195
Verkehrsschilder m 195
Verkehrsstau m 195

français • deutsch

357

deutsch

INDEX ALLEMAND • DEUTSCHES REGISTER

deutsch

verkleinern f 172
Verkühlung f 44
verlängern 168
verlängerte Limousine f 199
Verlängerung f 223
Verlängerungsschnur f 78
verlegen 25
Verletzung f 46
verlieren 273
Verlierer m 273
Verlobte m 24
Verlobte f 24
vermehren 91
Vermieter m 58
Vermittlung f 99
Verordnung f 109
verputzen 82
verrühren 67, 138
Verschluss m 36
Versicherung f 203
Versiegelungsmittel n 83
Versorgungsfahrzeug n 212
Verspätung f 209
Verstärker m 268
Verstauchung f 46
verstellbare Schrauben-schlüssel m 80
Versuch m 166, 221
Verteidiger m 223
Verteidigung f 181, 220
Verteidigungszone f 224
Verteiler m 203
Verwandte m 23
verwirrt 25
Vibrafon n 257
Videokassette f 269
Videorekorder m 269
Videospiel n 269
Vieh n 183, 185
vier 308
vierhundert 308
vierter 309
viertürig 200
vierzehn 308
vierzehn Tage 307
vierzehnter 309
vierzig 308
vierzig Minuten 304
vierzigster 309
Vietnam 318
Violinschlüssel m 256
Virus m 44
Visier n 205
Visum n 213
Vitamintabletten f 108
Vögel m 292
Vögelbeobachtung f 263
Vogelscheuche f 184
Volant m 71
voll 266, 321
Voll tanken, bitte 199
Volley m 231
Volleyball m 227
Vollkorn- 131
Vollkornbrot n 139

Vollkornmehl n 138
Vollmilch f 136
Vollmond m 280
Vollpension f 101
Volumen n 165, 311
vom Abschlag spielen 233
von Bord gehen 217
von, aus 320
vor 320
vorbestellen 168
Vordach n 58
vorderer Backenzahn m 50
Vorderrad n 196
Vorderzwiesel m 242
Vorfeld n 212
vorgeburtlich 52
vorgestern 307
Vorhand f 231
Vorhang m 63, 254
Vorhaut f 21
vorher aufgezeichnet 178
Vorkriegsmodell n 199
Vorladung f 180
Vorlauf m 269
Vorort m 299
Vorschlaghammer m 187
Vorspeise f 153
Vorteil m 230
vorzeitig 52
Vulkan m 283

W
Waage f 53, 98, 118, 310
Waagschale f 310
Wabenhonig m 134
Wachtel f 119
Wachtelei n 137
Wächter m 189
Wade f 13
Wadenbein n 17
Wadenmuskel m 16
Waffeln f 157
Wagen m 208
Wagenheber m 203
Wagentyp m 199
wählen 99
Wal m 290
Wald m 285
Walnuss f 129
Walnussöl n 134
Walross n 290
Walze f 187
wandern 263
Wanderritt m 243
Wanderschuh m 37
Wanderschuhe f 267
Wandlampe f 62
Wange f 14
Wanne f 83
Warenlager n 216
Warenregal n 106
warm 286
Wärmflasche f 70

Warnlicht n 201
Wartehäuschen n 197
Wartezimmer n 45
Waschautomat mit Trockner m 76
Waschbär m 290
Waschbecken n 38, 72
Waschpulver n 77
Wäsche f 76, 105
Wäschedienst m 101
Wäscheklammer f 76
Wäschekorb m 76
Wäscheleine f 76
waschen 38
Wäscheschleuder f 76
Waschmaschine f 76
Waschmittel n 77
Waschsalon m 115
Wasser n 144, 238
Wasser treten 239
Wasserball m 239, 265
Wasserbehandlung f 55
Wasserfall m 285
Wasserflasche f 206, 267
Wasserflugzeug n 211
Wassergarten m 84
Wasserglas n 65
Wasserhahn m 66
Wasserhindernis n 232
Wasserkammer f 61
Wasserkastanie f 124
Wasserkocher m 66
Wassermelone f 127
Wassermotorradsport m 241 n 66
Wasserpflanze f 86
Wasserschildkröte f 293
Wasserski n 241
Wasserskifahrer m 241
Wassersport m 241
Wasserstrahl m 95
Wasserwaage f 80, 187
Watstiefel m 244
Wattebällchen n 41
wattieren 277
WC n 61
weben 277
Website f 177
Webstuhl m 277
Wechselkurs m 97
Wechselstrom m 60
Wechselstube f 97
Wecker m 70
Wedge n 233
Weg m 58, 85
Wegschnecke f 295
Wegwerf- 109
Wegwerfwindel f 30
Wehe f 52
weiblich 20
weich 129, 321
Weichholz n 79
Weichkäse m 136
Weichspüler m 76
Weide f 182, 296
Weihnachten n 27
Wein m 145, 151

Weinberg m 183
Weinbrand m 145
weinen 25
Weinessig m 135
Weinglas n 65
Weinhandlung f 115
Weinkarte f 152
Weinstock m 183
weiß 39, 145, 272, 274
Weißbrot n 138, 139
weißes Fleisch n 118
weiße Haut f 126
weiße Johannisbeere f 127
weißer Reis m 130
weiße Schokolade f 113
weiße Bohnen f 131
Weißfisch m 120
Weißrussland 316
weit 320
Weitsichtigkeit f 51
Weitsprung m 235
Weizen m 130, 184
Weizenmehl n 138
Weizenschrot m 130
Welle f 241, 264
Wellenlänge f 179
Wellenreiten n 241
Welpe m 290
Weltkarte f 312
Weltraum m 280
Wendekreis des Krebses m 283
Wendekreis des Stein-bocks m 283
Werbung f 269
werdende Mutter f 52
werfen 221, 225, 227, 229
Werfer m 225, 229
Werferplatte f 228
Werft f 217
Werkbank f 78
Werkstatt f 199, 203
Werktag m 306
Werkzeuge n 187
Werkzeuggestell n 78
Werkzeuggürtel m 186
Werkzeugkasten m 80
Werkzeugleiste f 177
Wertpapiere n 97
Wespe f 295
Weste f 33
Westen m 312
Western m 255
Wette f 273
Wetter n 286
Wetzstein m 81
Whisky m 145
Wickelmatte f 74
Wickelraum m 104
Wickeltisch m 74
Widerhaken m 244
Wiederbelebung f 47
wiegen 310
Wiese f 285
Wild n 118
Wildbret n 119

Wildreis m 130
Wildwasser n 240
Wimper f 14, 51
Wimperntusche f 40
Wind m 241, 286
Windel f 75
windig 286
Windjacke f 33
Windpocken f 44
Windschutz m 265
Windschutzscheibe f 198, 205
Windsurfer m 241
Windsurfing n 241
Winkel m 164
Winkelmesser m 165
Winter m 31, 307
Wintersport m 247
Wippe f 263
Wirbel m 259
Wirbellosen f 295
Wirbelsäule f 17
Wirsingkohl m 123
Wirtschaftsprüfer m 97, 190
Wirtschaftswissenschaft f 169
wischen 77
Wissenschaft f 166
Wissenschaftler m 190
Woche f 306
Wochenende n 306
wöchentlich 307
Wodka m 145
Wodka mit Orangensaft m 151
Wohnblock m 59, 298
Wohngegend f 299
Wohnmobil n 266
Wohnung f 59
Wohnwagen m 266
Wohnzimmer n 62
Wok m 69
Wolf m 290
Wolke f 287
Wolkenkratzer m 299, 300
Wolle f 277
Wörterbuch n 163
Wunde f 46
Wundsalbe f 74
Wurf m 237
Würfel m 164, 272
Wurflinie f 225
Wurm m 295
Wurst f 155
Würstchen n 118, 157
Wurzel f 124, 296
Wurzeln f 39
Wüste f 285

Y
Yard n 310
Yoga n 54

Z
Zahlen f 308
zählen 165

358   français • deutsch